破产实务前沿

江平

破产实务前沿
第3辑

破产债权保障手册

HANDBOOK FOR

PROTECTION OF CREDITORS' CLAIM IN BANKRUPTCY

陈夏红 闻芳谊 主编

法律出版社 LAW PRESS·CHINA

第3届“破产实务前沿”编委会

目　录

卷首语

焦点：破产债权保障制度与实务

声　音

进　阶

跨境破产:动态与样本

卷首语

生命的本质

李曙光*

新冠肺炎疫情深重时,人的生命的本质逐渐显现:大多数人每天在封闭的社区活动,做着饭菜,叫着外卖,父母推着婴儿车让孩童晒晒太阳,老人们扎小堆聊聊天,生活这么平淡而无味,柴米油盐酱醋茶忙活,房车票妻孩五“子”烦恼。笛卡儿说“我思,故我在”,强调“自我”的观念。他解释道,自我是这样一个实体,“这个实体的全部本质或本性只是思想”。而大多数人的思想,在肆虐的疫情下,想到的就是简简单单的生活。

生命的本质就是生活。但自人类诞生以来,却总是命运多舛,生活也充满了另一面——悲剧。大约公元前500年,悲剧这一文学形式在希腊诞生。“悲剧之父”埃斯库罗斯把戏剧中出现的人物数量由单个增加为两个,允许人物之间冲突的产生,使戏剧充满张力。英国文学巨擘C. S. 路易斯在《痛苦的奥秘》中说:“尝试杜绝痛苦,你会发现你杜绝了生活本身。”

截至北京时间2020年6月30日8:00,全球新冠肺炎患者过千万例,死亡超50万例,具体为1031.6万例,死亡50.3万例,死亡率4.9%;疫情最严重的美国,患者连日确诊继续激增,连续30天日增2万例以上,累计已达268.1万例。中国疫情防控状况虽然处于积极向好的局面,但北京的突发疫情也说明疫情防控形势的严峻性、不确定性与复杂性。

这场疫情让我们的生活戏剧充斥着张力,每一位个人实体的生活都在悄然变化。因为疫情,我们不得不放弃我们的自由,放弃正常的交往与日常生活,调整自己

---

* 李曙光,中国政法大学破产法与企业重组研究中心主任、中国政法大学教授、博士生导师。

的未来预期。这场疫情也使人类赖以生存的市场经济活动与商业交易环境受到巨大影响，无数企业经营惨淡，许多公司关门歇业，众多员工黯然下岗，城镇待业人群激增。

为缓解这场疫情给人们生活带来的巨大冲击，为保市场主体继续生存，各国政府相继检索自己的政策工具箱，发现破产法及相关制度仍是处置突发大型公共危机与经济金融危机的不二之选，是非常好的制度工具。可以说，疫情带来最大的经济后果就是经济实体的破产。因此，在这场抗击疫情的战争中，破产法以它独特的制度价值扮演了关键角色。为挽救因疫情处于困境中的企业，许多国家政府纷纷推出一些围绕救助困境企业、困难家庭及个人的政策，立法机关出台对破产法条文的新解读，司法机关通过对涉疫情破产案件审理的一些特别规则与特别处理办法。

英国、澳大利亚与新西兰，发布债务休眠计划，放宽或暂停无力偿债交易法；巴西与瑞士暂停破产中的执行程序或行动；捷克放宽暂停董事破产申请义务；而日本则对困境中小企业贷款偿付制定新的规则。澳大利亚、加拿大法院甚至成立联合审判庭，两国法官共同审理跨境破产案件。

中国政府与司法机构也推出了一系列涉疫情相关的市场主体救助政策与破产司法政策。最高人民法院2020年5月推出的《涉疫情民商事案件审理指导意见》等司法政策，强调对涉疫情破产案件要快速审理，要通过庭外调解、庭外重组、预重整、重整等多种方法来挽救困境企业，对困境企业可采取分期付款、延长债务履行期限、变更合同价款等方式。在重整计划制定及其执行期限方面，可延期半年。发挥共益债务融资的制度功能，合理运用企业破产法规定的执行中止、保全解除、停息止付等制度，有效保全企业营运价值，为企业再生赢得空间，等等。

这场疫情给破产执业者带来了大量业务，也带来巨大的挑战。疫情重创的是人的生命与生活，也重创了无数富有生命力的企业。企业是最重要的人的生命生活载体，企业一旦消失，则影响无数人的生活甚至生命。

我们破产实务工作者，特别是破产管理人，不仅面临"首席重组官""专业清理师"这种职场的竞争考验，不仅面临做一个破产案特别是重整案件能从债权人债务人那拿到多少代理费用的职业诱惑，更要面对困境企业断炊时的焦虑徬徨，无措手足的困顿情景；更要面对这些鲜活的企业生命在无解肆虐的新冠病毒疫情前瞬间倒地而死的悲凉；更要面对因企业倒闭关门而丧失基本收入来源的下岗员工熄灭未来之火的眼神无光。

我们换位思考一下，面对突如其来、不期而遇的死神，你说诚实而不幸债务人会说什么？

我想活着，

我有机会

我还有希望！

在死亡面前挣扎是人的本能，也是困境企业的本能。问题是，我们破产人在我们处置困境企业的不良资产时，我们会考虑生命的本质问题吗？我们破产人在处理这些问题企业麻烦的时候会不会无动于衷？我们的法官、管理人、债委会代表在进行涉及债务企业前程决策之时会不会停顿一下考虑如何尊重企业的价值、尊重企业家的价值、尊重生命的价值这样的问题？这也是疫情和后疫情时代，带给我们每一位破产实务工作者的思考。

遵夏红之嘱，是为序。

2020年6月30日写于蓟门法大

《〈企业破产法〉司法解释(三)》解读

许胜锋　沈　凤　陈鹏飞　赵粹李　刘　艳*

第一条　人民法院裁定受理破产申请的,此前债务人尚未支付的公司强制清算费用、未终结的执行程序中产生的评估费、公告费、保管费等执行费用,可以参照企业破产法关于破产费用的规定,由债务人财产随时清偿。

此前债务人尚未支付的案件受理费、执行申请费,可以作为破产债权清偿。

许胜锋、沈凤:本条是对《最高人民法院关于执行案件移送破产审查若干问题的指导意见》(以下简称《执转破指导意见》)第15条规定的肯定及补充。在《执转破指导意见》第15条规定的基础上,本条增加了公司强制清算费用可以参照破产费用清偿的意见。根据《企业破产法》第41条的规定,破产费用发生在人民法院受理破产后。公司从强制清算转入破产程序,原强制清算中发生的清算费用,由于发生在人民法院受理破产申请之前,本不应属于破产费用。但是公司强制清算案件在案件性质上类似于企业破产案件,所发生的费用与破产费用性质相同,且强制清算中已经完成的清算事项的效力,如无违反企业破产法或者相关司法解释的情形,在破产程序中应当予以承认。故该等费用可以参照破产费用从债务人财产中随时清偿。此外,执行程序中产生的评估费、公告费、保管费等执行费用参照破产费用予以清偿也不再仅适用于执行转破产案件,而是在所有破产案件中均予适用。

刘艳:由于破产费用是在破产程序中为全体债权人的共同利益而支出的费用,

* 许胜锋,北京市中伦(深圳)律师事务所合伙人律师;沈凤,北京市中伦(深圳)律师事务所合伙人律师;陈鹏飞,重庆坤源衡泰律师事务所律师;赵粹李,重庆坤源衡泰律师事务所律师;刘艳,四川方法律师事务所主任,成都豪诚企业智库集团有限公司法律总顾问。

故《最高人民法院关于适用〈中华人民共和国企业破产法〉若干问题的规定(三)》(以下简称《破产法解释(三)》)未将破产申请受理前发生的案件受理费、执行申请费这类涉及个别债权人的个案费用参照破产费用处理,而是规定可以作为破产债权清偿。根据2007年4月1日施行的《最高人民法院关于适用〈诉讼费用交纳办法〉的通知》(法发〔2007〕16号,以下简称《诉讼费用交纳办法》)的相关规定,执行申请费不由申请人预交,由执行法院直接向被申请人收取。因此,被申请人破产时,如存在未付的执行申请费,执行法院应当通过参加破产程序实现对执行申请费的收取,这在实务操作中可能存在一定困难。《诉讼费用交纳办法》第3条规定原告胜诉的案件预交诉讼费用原则上应当"先退后收"。因此,在败诉的被告破产时,案件受理法院应当通过参加破产程序实现对案件受理费的收取。但是,前述规定有除外情形,即原告自愿承担诉讼费用或者同意被告直接向其支付的,诉讼费用无须"先退后收"。实践中,为尽量减少诉讼费用的"先退后收"、节约执行成本,部分法院在征得原告同意后直接在民事判决书中写明由败诉的被告将其应负担的案件受理费径行支付给原告。此时,因案件受理费形成的债权就应当由原告向管理人申报。

本条主要包含以下两层含义:

其一,对破产费用发生的时间作扩大化解释,不局限于《企业破产法》第41条关于破产费用发生于"人民法院受理破产申请后"的规定,有效解决了强制清算转破产、执行转破产的前期费用问题。其原理系基于强制清算程序、执行程序、破产程序均属于债务执行程序,只是执行程序系个别执行,强制清算和破产程序属于概况执行,其发生的费用性质相同。

其二,严格限制破产费用范围。破产费用应仅包括破产程序中必须支出的对债权人或债务人财产有利的支出。即使将时间前移,也应当严格限制费用范围。上述条文中对"案件受理费、执行申请费"就明确规定了只能作为破产债权清偿,且没有给予优先清偿的地位。也就是说,只能作为普通债权清偿。

实务中,很多管理人在通知已知债权人申报债权时,并没有将人民法院作为已知债权人通知,该操作具有重大瑕疵,可能导致管理人履职风险。事实上,实务中早就出现人民法院在企业重整后要求债务人企业缴纳案件受理费,但很多管理人仍然没有引起重视。在债务人企业陷入困境时,往往面临大量作为被告和被申请人的诉讼案件和执行案件,如管理人不通知人民法院申报债权,不仅存在履职不到位问题,而且将风险推给了重整后的债务人企业,由重整投资人来承担该风险。

第二条　破产申请受理后，经债权人会议决议通过，或者第一次债权人会议召开前经人民法院许可，管理人或者自行管理的债务人可以为债务人继续营业而借款。提供借款的债权人主张参照企业破产法第四十二条第四项的规定优先于普通破产债权清偿的，人民法院应予支持，但其主张优先于此前已就债务人特定财产享有担保的债权清偿的，人民法院不予支持。

管理人或者自行管理的债务人可以为前述借款设定抵押担保，抵押物在破产申请受理前已为其他债权人设定抵押的，债权人主张按照物权法第一百九十九条规定的顺序清偿，人民法院应予支持。

最高人民法院：本条是本司法解释的重要条款。破产程序启动后，债务人企业继续经营对于重整至关重要，对于清算程序中将企业作为营运资产出售也非常关键。而债务人继续经营的前提是能够获得新的借款，用来及时支付正常运营过程中的支出和相关费用，如果该类新产生的借款在破产程序中的清偿顺序不明确，出借人就不好判断其借款回收的风险，也就不敢向困境中的企业提供借款。为了鼓励对债务人继续经营提供资金支持，实现市场资源的优化配置，《破产法解释(三)》第2条明确规定，破产申请受理后，管理人或者自行管理的债务人为债务人继续营业的借款，符合法定程序的，可优先于普通破产债权清偿。同时，为了维护正常的商业交易秩序，尽量避免对此前已经设立的担保物权造成不利影响，《破产法解释(三)》同时规定该新发生的借款，不得优先于此前已经设立的担保物权。如果债务人要为该新借款设定抵押担保，而抵押物此前已经为其他债权人设定抵押的，担保物权人之间应当按照《物权法》第199条规定的清偿顺序实现权利。

许胜锋、沈凤：很多进入破产程序的债务人多因资金周转困难而陷入经营危机，此条规定明确了为债务人提供的融资将参照共益债务优先受偿，这必将吸引更多资本关注破产市场，进而使那些具有挽救价值的债务人有希望获得足够的资金支持。将破产期间的借款认定为共益债务，在此前的司法实践中已有体现，例如，广东省高级人民法院在审理深圳市亿商通进出口有限公司与东莞市清溪金卧牛实业有限公司破产债权确认纠纷二审案件时，判定债务人破产重整期间的借款应为共益债务。

陈鹏飞、赵粹李：本条是对管理人或自行管理的债务人在破产申请受理后借款的规定。《企业破产法》第42条规定："人民法院受理破产申请后发生的下列债务，为共益债务：……(四)为债务人继续营业而应支付的劳动报酬和社会保险费用以及由此产生的其他债务;”本条是对该款规定中的“其他债务”内涵的具体解释,目的是回应破产实务中债务人为继续营业融资难的问题,同时也规定了为继续营业而借款的程序。

刘艳:《企业破产法》仅规定管理人决定继续或者停止债务人的营业应当由债权人会议决议或人民法院许可(第一次债权人会议召开前),但并未对因继续营业而借款是否需要债权人会议决议或人民法院许可作出规定,本条规定对此予以完善,因为管理人或自行管理的债务人对外借款会影响原债权人的利益,理应由债权人会议决议通过。与此同时,本条规定有挂一漏万之嫌,因为《企业破产法》第42条第(四)项规定为“其他债务”,比如债务人为继续营业签订的买卖合同、租赁合同等产生的债务是否为共益债务?是否需要债权人会议通过或人民法院同意?在破产审判实践中无疑又将产生争议。

本条中“参照企业破产法第四十二条第四项的规定优先于普通破产债权清偿”极易产生误解,已经有业内人士将“普通破产债权”理解为《企业破产法》第113条第1款第(三)项规定的“普通破产债权”。如此理解,则是否意味着该借款不能优先于职工债权、税款及社保债权受偿。笔者认为,上述理解显然是误读,《企业破产法》第42条第(四)项是对共益债务的规定,按照规定共益债务应当是随时清偿,这里的“普通破产债权”应当理解为“除担保债权以外的债权”,但本条表述确实可能造成误解。

第三条　破产申请受理后,债务人欠缴款项产生的滞纳金,包括债务人未履行生效法律文书应当加倍支付的迟延利息和劳动保险金的滞纳金,债权人作为破产债权申报的,人民法院不予确认。

许胜锋、沈凤:本条是对《最高人民法院关于审理企业破产案件若干问题的规定》(法释〔2002〕23号,以下简称《破产案件若干规定》)第61条第1款第(二)项规定的重申与进一步明确。《破产案件若干规定》第61条第1款第(二)项明确规定“人民法院受理破产案件后债务人未支付应付款项的滞纳金,包括债务人未执行生效法律文书应当加倍支付的迟延利息和劳动保险金的滞纳金”不属于破产债权。由于语义理解的分歧,该条在司法实践中形成了两种意见:第一种认为,应付款项的滞纳金无论形成于破产申请受理之前或之后均不属于破产债权;第二种认为,应付款项的滞纳金形成于破产申请受理前的属于破产债权,形成于破产申请受理后的不属于破产债权。最高人民法院在给广东省高级人民法院的《关于人民法院受

理破产案件前债务人未付应付款项的滞纳金是否应当确认为破产债权请示的答复》[(2013)民二他字第9号]中明确“人民法院受理破产案件前债务人未付款项的滞纳金应确认为破产债权”。最高人民法院本次通过《破产法解释(三)》重申了前述意见。

刘艳:尽管《破产案件若干规定》尚未废止,但因很多条款已经不能适用,故废止是早晚的事,《破产法解释(三)》将其中仍然适用的条款纳入新的司法解释确有必要。故笔者认为,此处虽然容易引起误解,但仍应当理解为“破产申请受理前产生的滞纳金可以作为破产债权申报,破产申请受理后产生的滞纳金不能作为破产债权。”这与《最高人民法院关于人民法院受理破产案件前债务人未付应付款项的滞纳金是否应当确认为破产债权请示的答复》中明确“人民法院受理破产案件前债务人未付款项的滞纳金应确认为破产债权”相一致,也与《最高人民法院关于税务机关就破产企业欠缴税款产生的滞纳金提起的债权确认之诉应否受理问题的批复》(法释〔2012〕9号)“破产受理前的税款滞纳金为普通债权”的规定相切合。

另外,与《破产案件若干规定》相比,条文中存在细微的表述变化,即将“应付款项的滞纳金”改为“欠缴款项的滞纳金”,这种表述更为严谨,“欠缴款项”通常指国家机关收取的款项,而“应付款项”的范围就比较广,可以理解为破产企业的所有对外债务。

陈鹏飞、赵粹李:联系《最高人民法院印发〈全国法院破产审判工作会议纪要〉的通知》(以下简称《全国法院破产审判工作会议纪要》)第28条规定关于惩罚性赔偿金劣后清偿的观点,“滞纳金、加倍支付的延迟利息”属于惩罚性债权,依照破产法法理,不应将惩罚落实到广大债权人承担,即破产申请受理后滞纳金、加倍支付的延迟利息应当一律不作为破产债权确认。

第四条　保证人被裁定进入破产程序的,债权人有权申报其对保证人的保证债权。

主债务未到期的,保证债权在保证人破产申请受理时视为到期。一般保证的保证人主张行使先诉抗辩权的,人民法院不予支持,但债权人在一般保证人破产程序中的分配额应予提存,待一般保证人应承担的保证责任确定后再按照破产清偿比例予以分配。

保证人被确定应当承担保证责任的,保证人的管理人可以就保证人实际承担的清偿额向主债务人或其他债务人行使求偿权。

许胜锋、沈凤:本条是对保证人破产时债权人申报债权的规定。根据《担保法》的规定,保证的方式包括一般保证和连带责任保证,一般保证人享有先诉抗辩权。在一般保证人破产的情形下,如果允许其援引先诉抗辩权,可能会贻误债权人参与破产程序的,造成债权人的损失。因此,《破产法解释(三)》第4条第2款规定对一般保证人破产时行使先诉抗辩权进行了限制。由于一般保证人对债权人承担的是补充清偿责任,其责任范围以债务人不能履行的部分为限,为避免一般保证人超出其责任范围向债权人承担保证责任的,本条规定债权人在一般保证人破产程序中的分配额将先提存,待保证责任确定后再依法实施分配。第4条第3款规定明确了保证人承担保证责任后行使追偿权应当以实际承担的清偿额为限,而非在破产程序中确认的破产债权数额。保证人的管理人因行使追偿权所追回的资金,将根据《企业破产法》的规定追加分配给保证人的债权人。

陈鹏飞、赵粹李:《破产案件若干规定》第55条第1款第(十)项“债务人为保证人的,在破产宣告前已经被生效的法律文书确定承担的保证责任属于破产债权”的规定,在司法实践中存在很多误读,部分管理人甚至将该条解读为未取得生效法律文书的保证债权一律不属于破产债权,这与保证制度本身的功能明显相悖。本条第1款规定明确,债权人有权申报保证债权,而不必取得生效法律文书。

本条第2款规定主债务未到期的情形,并扩大解释《担保法》第17条第3款的规定,对一般保证人的先诉抗辩权予以限制,并设立了提存规则,在实践中具有可操作性。

第五条　债务人、保证人均被裁定进入破产程序的,债权人有权向债务人、保证人分别申报债权。

债权人向债务人、保证人均申报全部债权的,从一方破产程序中获得清偿后,其对另一方的债权额不作调整,但债权人的受偿额不得超出其债权总额。保证人履行保证责任后不再享有求偿权。

许胜锋、沈凤:本条主要解决债务人、保证人均被裁定进入破产程序时债权人申报债权及在各个破产程序中受偿的问题。本条规定的难点在于如何确定债权人有权申报的“全部债权”。对此,国外大致有三种立法模式:第一种为瑞士法主义,亦称成立时债权额主义或保留主义,认为债权人可以债权成立时的债权总额作为破产债权数额申报;第二种为法国法主义,亦称自愿清偿扣除额主义,将债权人已

得到的清偿区分为依破产程序所得的清偿和依非破产程序即一般民法方式所得到的清偿(称为自愿清偿),债权人可以债权成立时的债权扣除自愿清偿所剩余的数额作为破产债权数额申报;第三种为德日法主义,亦称为宣告时现存额主义或剔除主义,债权人可以申报债权时实际存在的剩余债权为标准,即以债权成立时的债权数额扣除其依据所有方式或者程序所受的清偿所剩余的数额作为破产债权数额申报。《破产法解释(三)》采纳德日立法模式,即在申报时债权人已经实际获得的清偿,无论是以何种方式或者程序受到的清偿,均应当予以扣除。申报后债权人在其他破产程序中获得的清偿可不予扣除,但债权人受偿的总额不能超过其债权总额。如果债权人最终获得的清偿数额超过其债权总额,超过部分,应当按照不当得利予以返还。

我们认为,任何源于同一债务的普通债权,只能在破产程序中得到与其他普通债权相同比例的清偿。由于债权人在保证人破产程序中获得的清偿无须在另一方程序中进行相应调整,保证人承担清偿责任后,自然不能向债务人追偿。

根据第5条的规定,在债务人、保证人均破产的情形下,承担了保证责任的保证人亦不能根据《全国法院破产审判工作会议纪要》第31条规定要求债务人向其转付已申报债权的债权人在破产程序中应得清偿部分。

刘艳:同一债权在破产程序中只能得到一次清偿。由于债权人在保证人破产程序中获得清偿后,在主债务人的破产程序中的债权额不作调整,故保证人自然不能在其履行保证责任后向主债务人进行追偿。但是,因为债权人在两边受偿的债权额不得超过其债权总额,尽管通常情况下破产程序的清偿率不高,但也不排除该债权在两边的债权清偿方案中应分配总额超过其债权总额的可能。在该情况下,如果保证人履行担保责任后不能行使追偿权,则对保证人、保证人的债权人都是极为不公平的。

故笔者认为,在债权人获得全额清偿的情况下,已经履行保证责任的保证人可以要求主债务人向其转付债权人的剩余分配款。如此,方才既保护了债权人利益,又依法保护了保证人的合法权益,达到与《担保法》有效衔接的效果。

第六条　管理人应当依照企业破产法第五十七条的规定对所申报的债权进行登记造册,详尽记载申报人的姓名、单位、代理人、申报债权额、担保情况、证据、联系方式等事项,形成债权申报登记册。

管理人应当依照企业破产法第五十七条的规定对债权的性质、数额、担保财产、是否超过诉讼时效期间、是否超过强制执行期间等情况进行审查、编制债权表并提交债权人会议核查。

债权表、债权申报登记册及债权申报材料在破产期间由管理人保管,债权人、债务人、债务人职工及其他利害关系人有权查阅。

许胜锋、沈凤:破产程序中,管理人受理债权申报及审查工作直接关系到债权人在破产程序中的权利行使、清偿顺位与受偿金额,审查结论对债权人实体权益影响重大。《企业破产法》规定了破产程序中的债权申报及审查程序,但对于管理人受理债权申报及审查的具体要求未进行明确规定。因此,《破产法解释(三)》第6条对此予以明确,即管理人受理债权申报应当详尽记载申报人的姓名、单位、代理人、申报债权额、担保情况、证据、联系方式等事项,债权审查过程中应对债权的性质、数额、担保财产、是否超过诉讼时效期间、是否超过强制执行期间等情况进行审查。此外,本条还进一步明确破产期间享有债权申报材料查阅权的利害关系人应当包括债权人、债务人、债务人职工及其他利害关系人,以便于债权人、债务人行使核查债权的权利。

陈鹏飞、赵粹李:本条进一步明确了利害关系人的查阅权。根据《企业破产法》第57条规定"管理人收到债权申报材料后,应当登记造册,对申报的债权进行审查,并编制债权表。债权表和债权申报材料由管理人保存,供利害关系人查阅",本条是对该条规定的具体规定,使该条规定在实践中更具有可操作性。

第七条　已经生效法律文书确定的债权,管理人应当予以确认。

管理人认为债权人据以申报债权的生效法律文书确定的债权错误,或者有证据证明债权人与债务人恶意通过诉讼、仲裁或者公证机关赋予强制执行力公证文书的形式虚构债权债务的,应当依法通过审判监督程序向作出该判决、裁定、调解书的人民法院或者上一级人民法院申请撤销生效法律文书,或者向受理破产申请的人民法院申请撤销或者不予执行仲裁裁决、不予执行公证债权文书后,重新确定债权。

许胜锋、沈凤:实务中,对于已经生效法律文书确定的债权错误,或者有证据证明债权人与债务人恶意通过诉讼、仲裁或者公证机关赋予强制执行力公证文书的形式虚构债权债务情形存在两种处理方式:一种方式为管理人经审查、复核对债权不予确认后,在由债权人提起的债权确认诉讼中进行审查处理;另一种方式为管理人通过审判监督程序申请撤销生效法律文书、或者申请撤销或者不予执行仲裁裁决、不予执行公证债权文书后,重新确认债权。生效法律文书具有执行效力,除法院依法定程序可以撤销生效法律文书外,其他主体无权否认及加以撤销。因此,《破产法解释(三)》对此问题予以明确,采纳前述第二种方式处理。此外,应当注意的是,《企业破产法》第四条规定,破产案件审理程序,本法没有规定的,适用民事诉讼法的有关规定。我们理解为,管理人作为债务人的代表人,申请撤销前述生效法律文书、仲裁裁决,不予执行公证债权文书,亦应当符合而不得超越《民事诉讼法》关于通过审判监督程序申请撤销生效法律文书,或者申请撤销或者不予执行仲裁裁决、不予执行公证债权文书的条件、要件等有关规定。

第八条　债务人、债权人对债权表记载的债权有异议的,应当说明理由和法律依据。经管理人解释或调整后,异议人仍然不服的,或者管理人不予解释或调整的,异议人应当在债权人会议核查结束后十五日内向人民法院提起债权确认的诉讼。当事人之间在破产申请受理前订立有仲裁条款或仲裁协议的,应当向选定的仲裁机构申请确认债权债务关系。

许胜锋:《企业破产法》第58条规定了债权人、债务人异议权。但是,对于异议的具体方式未有明确规定。实务中,债权人不积极行使异议权的情况屡有发生。《破产法解释(三)》对此进行明确,即债务人、债权人对债权表记载的债权有异议的,应当说明理由和法律依据。经管理人解释或调整后,异议人仍然不服的,或者管理人不予解释或调整的,异议人应当在债权人会议核查结束后15日内向人民法院提起债权确认的诉讼。该条规定将大大提高破产工作效率,避免诉累以及债权人无故拖延债权确认诉讼的启动影响破产程序的推进。此外应当注意的是,《破产法解释(三)》根据《民事诉讼法》第124条的规定,认可了当事人之间破产申请受理前仲裁条款及仲裁协议的效力,明确在此情况下应由双方选定的仲裁机构确认债权债务关系。该规定是对《企业破产法》第58条债权人、债务人异议权的进一步完善和补充。

刘艳:本条对债权异议的时间限制作出规定。《企业破产法》第58条虽然规定了债权人、债务人的异议权,但对行使期限却没有规定。这在很长时间内给管理人工作带来阻碍。通常情况下,为了加快推动破产程序,管理人通常会建议人民法院在第一次债权人会议上向债权人宣告债权异议的路径及两个期限:一个是向管理人提出书面异议的期限,另一个是对管理人的复审意见仍有异议而向人民法院起诉的期限。但严格来讲,这两种做法均没有法律依据,因此即使债权人超过这个期限起诉时,法院仍然受理。有的债权人认为这是对其权利的侵害,因为破产法并没有限制其行使异议权的时间,其在整个破产程序中都可以行使。本次司法解释能够明确,可谓亮点之一。

陈鹏飞、赵粹李:此外,本条对债权异议之诉的管辖问题也作出规定。根据《企业破产法》第58条之规定,债权异议之诉由受理破产申请的人民法院集中管辖。司法解释中规定存在仲裁协议的债权异议由约定的仲裁机构管辖,二者存在冲突。尽管该司法解释与《仲裁法》有效衔接,但不利于效率原则,受理破产申请的法院往往对破产案件及债权人情况最为熟悉,由其集中管辖能够提高案件审理效率,同时也能节约破产费用,特别是仲裁条款约定在外地的情况下。当然,最高人民法院应该也考虑到了上述情况,只是价值取舍问题。

对于债务人对债权存在异议,债务人应当由谁代表提起诉讼的问题,本条未规定。《司法解释(三)(征求意见稿)》对代表权的安排是以债务人法定代表人或股东为主,但本条却予以删除。若由管理人作为债务人代表提起诉讼,由于债权表本身就是管理人审查编制的,要求管理人对自己的意见提出异议甚至起诉,实际上是不可能的。因此具体应当如何操作,还需要进一步明确。

本条未对诉讼费用负担的问题作出规定是比较遗憾的。债务人提出异议产生诉讼,在未获人民法院支持的情况下,诉讼费用如果由债务人财产负担,无疑会导致全体债权人利益受损,该异议权存在被债务人滥用的风险。另外,由于管理人核查债权出现错误,导致债务人、债权人对他人债权提出异议,在获得法院支持的情况下,诉讼费若由被告(债权人)承担仍需利益衡量。

第九条　债务人对债权表记载的债权有异议向人民法院提起诉讼的,应将被异议债权人列为被告。债权人对债权表记载的他人债权有异议的,应将被异议债权人列为被告;债权人对债权表记载的本人债权有异议的,应将债务人列为被告。

对同一笔债权存在多个异议人,其他异议人申请参加诉讼的,应当列为共同原告。

许胜锋、沈凤：本条在本司法解释第8条的基础上明确了债务人、债权人提起的债权确认诉讼中的各方诉讼主体地位。实务中，针对债权人因对他人债权有异议而提起的债权确认诉讼应如何确定被异议债权人、债务人的诉讼主体地位问题争议较大，现有案例多采用以债务人为被告，被异议债权人为第三人或被告的方式。《破产法解释（三）》对此予以明确，即债权人对债权表记载的他人债权有异议的，应将被异议债权人列为被告。这种方式与债务人提起的债权确认诉讼中将被异议债权人列为被告的方式一致。而需要特别说明的是，我们理解，由于债权人与被异议债权人之间并无直接债权债务关系，债务人作为与被异议债权人之间存在直接利害关系的当事人，应当参加诉讼。而对于债务人在案件中的诉讼地位，按照本条规定关于在债权人对本人债权有异议的情况下债务人被列为被告的精神，在债权人对他人债权提起债权确认诉讼中，债务人可一并列为案件的被告。由于债权表由管理人编制，将债务人列为被告，而管理人作为债务人的代表参加诉讼也有利于法院的审理工作。

刘艳：本条对各方主体的诉讼地位作出规定，但仍有不完善之处。首先，债务人对债权表记载的债权有异议的，应将被异议债权人列为被告，此时不宜再由管理人代表债务人参加诉讼，应由债务人的法定代表人代表债务人参加诉讼，如法定代表人不能或拒绝参加诉讼的，可由股东会授权其他人参加诉讼。其次，债权人对债权表记载的他人债权有异议的，应将被异议债权人列为被告，但债权人是否对债务人享有债权以及其债权金额、债权性质需要债务人的配合方能查明，故建议将债务人作为共同被告参加诉讼，此时管理人可代表债务人参加诉讼。

第十条　单个债权人有权查阅债务人财产状况报告、债权人会议决议、债权人委员会决议、管理人监督报告等参与破产程序所必需的债务人财务和经营信息资料。管理人无正当理由不予提供的，债权人可以请求人民法院作出决定；人民法院应当在五日内作出决定。

上述信息资料涉及商业秘密的，债权人应当依法承担保密义务或者签署保密协议；涉及国家秘密的应当依照相关法律规定处理。

最高人民法院：知情权是债权人在破产程序中应当享有的重要程序性权利之一，目的是解决破产程序中的信息不对称问题。企业破产法更多是从债权人集体行使权利的角度，从管理人履职要求的方面，规定管理人应向债权人会议报告有关

情况,列席债权人会议并接受询问,但没有就单个债权人知情权的行使问题作出规定。而单个债权人的知情权对其行使权利而言十分重要,是其进行决策、行使表决权的前提基础,也是确保破产程序公开透明的必要保障。因此,《破产法解释(三)》第10条明确规定单个债权人有权查阅参与破产程序所必需的债务人财务和经营信息资料,同时明确了管理人无正当理由拒不提供时的救济途径,以充分保护单个债权人知情权的行使。应当注意的是,单个债权人知情权的行使应当与保护债务人商业秘密、国家秘密相协调。如果债权人查阅的信息资料涉及商业秘密的,债权人负有保密义务;如果涉及国家秘密,保密法等相关法律有禁止性规定,债权人应当遵守。

许胜锋:债权人作为破产程序的重要参与主体,对债权人知情权的保证是债权人积极参与破产程序、行使权利的基本前提。《破产法解释(三)》关注到此问题,并对单个债权人知情权作出明确规定,有利于债权人更好地参与破产程序和行使表决权。当然,从司法实务看,现在的破产案件债务规模越来越大、债权人人数也越来越多,债权人人数过千的案件并不鲜见,单个债权人知情权的行使应当限制在参与破产程序所必需的合理范围内,否则将可能给破产案件的办理增加不必要的麻烦和成本。

第十一条　债权人会议的决议除现场表决外,可以由管理人事先将相关决议事项告知债权人,采取通信、网络投票等非现场方式进行表决。采取非现场方式进行表决的,管理人应当在债权人会议召开后的三日内,以信函、电子邮件、公告等方式将表决结果告知参与表决的债权人。

根据企业破产法第八十二条规定,对重整计划草案进行分组表决时,权益因重整计划草案受到调整或者影响的债权人或者股东,有权参加表决;权益未受到调整或者影响的债权人或者股东,参照企业破产法第八十三条的规定,不参加重整计划草案的表决。

许胜锋、沈凤:本条第1款旨在对非现场召开的债权人会议进行规定。《企业破产法》并未对债权人会议的具体召开方式进行规定,以往的债权人会议均采取现场会议的方式。但是近年来随着网络科技以及信息通信技术手段的发展,以及破产案件的体量和债权人人数的日趋庞大,越来越多的案件的债权人会议采取网络等非现场会议方式召开并进行表决。网络等非现场会议方式将有效降低债权人会

议召开成本、减少会务组织的压力、超越地理限制并提高债权人出席率。最高人民法院于2016年制定的《关于企业破产案件信息公开的规定(试行)》第11条便肯定了在破产重整案件信息网上进行的网络投票结果与现场投票形成的表决结果具有同等法律效力。《破产法解释(三)》将非现场会议方式扩展至包括破产清算、破产和解以及破产重整等所有破产程序中,属于对于我国债权人会议召开模式的有益探索。根据《企业破产法》第64条的规定,债权人认为债权人会议的决议违反法律规定,损害其利益的,可以自债权人会议作出决议之日起15日内,请求人民法院裁定撤销该决议,责令债权人会议依法重新作出决议。由于前述债权人异议期限的规定的存在,债权人对债权人会议表决结果及时知情是其权利保护的必要前提。为了避免非现场会议方式无法及时将表决结果传达债权人的情况,本条规定了管理人应当于债权人会议召开后的3日内以信函等方式将表决结果告知参与表决的债权人,以保护债权人知情权以及异议权。

本条第2款旨在对重整计划中权益未受调整或影响的债权人或股东的表决权行使进行规定。该款主要借鉴了《美国联邦破产法》第1129条的规定,即法院批准重整计划的前提是所有受到损害的权利人组(impaired class)已经主动接受了重整计划,而相反未受损害的权利人组(unimpaired class)则被视为已经接受了重整计划。根据《美国联邦破产法》第1124条的规定,如果满足如下两个条件之一,则某权利组将被认为其权利未受损害:(1)重整计划并未改变该组中权利人的相关法定的、衡平的或合同的权利;(2)虽然存在先前的违约或到期情况,重整计划得以补救除单纯因破产申请而导致的违约外的其他所有的违约情况,恢复违约前存在的原始到期日,赔偿相关权利人因合理依赖于相关合同条款或可适用的法律而遭受的损害,并不另行改变相关权人的权利。在实践中,法院对于第1124条的适用较为严格,对于某一组权利人权利的微小的损害都将导致改组被视为受到损害的权利人组。《美国联邦破产法》的立法者认为若某一权利组的权益未受损害,则其实质上并未受到了破产重整程序的影响,重整计划亦无须向其征集投票。相反,受到损害的权利人组则是重整程序中谈判与博弈的参与主体,如果后者认为重整计划对其并无益处,则其可以拒绝接受重整计划,并援引相关法律规定保护其权利。本条规定吸纳了美国立法的相关思路,是在《企业破产法》第87条基础上的进一步完善,该条规定有利于明确重整程序中的谈判主体与主要矛盾,从而有利于重整程序的整体推进。

陈鹏飞、赵粹李:本条第1款是对债权人会议表决的程序性规定,争议不大。本条第2款规定较为重要,明确了只有权益因重整计划草案受到调整或影响的债权人或股东才有参与表决的权利。本条规定是解决实务中出现的将不会受到重整计划影响和调整的债权人分为一组表决,以达到《企业破产法》第87条中“至少有一组通过”条件的不当做法。让权利未受影响的债权人投票决定权利受到影响的债权人的利益,对后者是不公平的,表决结果也可能被人为操纵。

刘艳:本条规定对重整计划表决规则的变革对管理人工作存在以下影响:其一,精简了表决程序,提高了破产工作效率。其二,不用担心担保债权组因抵押物价值未能覆盖其全部债权而投反对票。有观点认为,只要担保债权人没有得到全额清偿,尽管其就担保物价值全额受偿,但未受偿部分转入了普通债权,在普通债权未能全额受偿的情况下,其担保债权仍然是被调整或影响的。笔者不认同该说法,重整计划草案表决分组时,担保债权人通常在两个组进行表决(担保物价值不足以清偿其全部担保债权额时),其在担保债权组进行表决时,其已经就担保物价值全额受偿,担保债权没有受调整,根据《破产法解释(三)》的规定,其不应当参加表决,而仅就其转入普通债权的债权额在普通债权组行使表决权。其三,不用再担心税务机关因其申报的滞纳金被确认为普通债权而导致其在税务债权组投反对票。其四,在普通债权分段清偿方案下,获得全额清偿的小额普通债权不能再行使表决权,重整计划草案能否通过将最终取决于大额普通债权的表决结果。为了能够达到《企业破产法》第84条规定的通过标准,管理人在制作普通债权分段清偿方案时,可能不再采取全额清偿方式。

第十二条　债权人会议的决议具有以下情形之一,损害债权人利益,债权人申请撤销的,人民法院应予支持:

(一)债权人会议的召开违反法定程序;

(二)债权人会议的表决违反法定程序;

(三)债权人会议的决议内容违法;

(四)债权人会议的决议超出债权人会议的职权范围。

人民法院可以裁定撤销全部或者部分事项决议,责令债权人会议依法重新作出决议。

债权人申请撤销债权人会议决议的,应当提出书面申请。债权人会议采取通信、网络投票等非现场方式进行表决的,债权人申请撤销的期限自债权人收到通知之日起算。

许胜锋、沈凤：本条主要规定了债权人申请撤销债权人会议决议的具体情形以及债权人申请撤销债权人会议决议的撤销期间起算点。

债权人会议的决议，对全体债权人均有约束力，除法律特别规定债权人会议决议须经法院裁定批准外，决议一经作出就对全体债权人产生约束力，无须法院的裁定批准。对于债权人认为债权人会议的决议损害其利益的，应有相应的救济程序以保障其权益，因此《企业破产法》第 64 条第 2 款规定："债权人认为债权人会议的决议违反法律规定，损害其利益的，可以自债权人会议作出决议之日起十五日内，请求人民法院裁定撤销该决议，责令债权人会议依法重新作出决议。"但前款法律规定仅对债权人申请撤销债权会议决议理由作了原则性规定，即"债权人会议决议违反法律规定"，该原则性规定缺乏可操作性及具体认定的标准，债权人会议的决议不仅涉及实体内容也涉及程序规范，都对债权人利益有直接的影响系基于此，本条对债权人申请撤销债权人会议决议事项进一步作了明确和完善。

一是明确债权人会议决议违反法律规定具体情形，即包括债权人会议的召开违反法定程序、债权人会议的表决违反法定程序和债权人会议的决议内容违法以及债权人会议的决议超出债权人会议的职权范围等四种情形。结合《企业破产法》的相关规定来看，《企业破产法》第 62 条、第 63 条对债权人会议的召开程序，第 64 条、第 84 条和第 97 条对债权人的会议的表决程序，第 61 条对债权人会议的职权等作出了明确的规定，债权人会议的违反法律规定主要是违反企业破产法前述该等法律规定召开债权人会议或进行表决程序的规定。而对于债权人会议决议的内容违反法律规定需结合决议内容及相关法规具体判断，但需要特别说明的是，债权人申请撤销的债权人会议决议，应当是债权人会议决议内容不需要法院裁定批准后才生效的会议决议，对于决议内容需要法院裁定批准后生效的会议决议，如和解协议草案、重整计划草案、破产财产分配方案等，因债权人会议决议作出后法院在裁定批准前，法院已对相关债权人会议的召开、决议作出的程序、会议决议内容的合法性作出审查，债权人对该等债权人会议决议不可申请撤销。

二是进一步完善债权人申请撤销债权人会议决议的时间起算点。根据《企业破产法》第 64 条第 2 款的规定，债权人可以自债权人会议作出决议之日起 15 日内提出申请，即债权人申请撤销债权人会议决议的撤销期间自债权人会议决议之日开始起算，该撤销期间的起算点是基于债权人会议现场表决的情形作出的，但债权人会议的决议除现场表决外，随着破产实践的发展变化，债权人会议也可以采取非现场方式进行表决，《破产法解释(三)》第 11 条第 1 款即规定非现场方式表决。对于采取非现场方式表决的,债权人知悉和收到债权人会议表决结果具有滞后性,但事实上债权人收到表决结果才能对表决结果是否损害其利益作出判断,进而才能决定是否申请撤销债权人会议决议,此时债权人行使该撤销权撤销期间起算点不应自债权人会议作出决议之日起算,而应自债权人收到债权人会议表决结果通知之日起算。因此,本条结合《破产法解释(三)》第11条第一款的规定作了进一步完善,明确债权人会议采取通信、网络投票等非现场方式进行表决的,债权人申请撤销的期限自债权人收到通知之日起算,以保障债权人申请撤销债权人会议决议的权利。

第十三条　债权人会议可以依照企业破产法第六十八条第一款第四项的规定,委托债权人委员会行使企业破产法第六十一条第一款第二、三、五项规定的债权人会议职权。债权人会议不得作出概括性授权,委托其行使债权人会议所有职权。

许胜锋、沈凤:本条主要规定了债权人会议对债权人委员会的授权范围。《企业破产法》第61条和第67条规定债权人会议可以决定债权人委员会的设立及债权人委员会成员的选任和更换。债权人委员会作为债权人会议的常设机关、附属机构,遵循债权人集体意志,代表债权人会议在职权范围内开展活动,负责对管理人活动以及破产程序的日常监督。根据《企业破产法》第68条的规定,债权人委员会主要行使监督债务人财产的管理和处分、监督破产财产分配和提议召开债权人会议等权利,在该些职权的履行过程中监督破产程序的进行,进而维护全体债权人的利益,同时规定债务人委员会也可以行使债权人会议委托的其他职权,但对于债权人会议委托的其他职权的范围以及具体内容有哪些,《企业破产法》却没有就此进一步进行详细解释与规定,容易造成实践中对于哪些职权能够由债权人会议委托债权人委员会行使的问题产生误区,对于债权人委员会行使所受委托的职权的效力产生影响。

首先,《企业破产法》第61条对债权人会议的职权列举性地明确规定了十项职权,债权人会议对债权人委员授权首先不能超过债权人会议职权的范围;其次,对于债权人会议职权范围内的事项,要考虑是否属于债权人会议的专属权利,如并非专属权利,从有利于债权人利益最大化的角度出发,才可以授权债权人委员会行使。结合《企业破产法》第61条的规定的债权人会议职权来看,核查债权,选任和更换债权人委员会成员，通过重整计划、和解协议、财产的管理方案、财产的变价方案、破产财产的分配方案等七项职权直接关系到每个债权人的切身利益的重大事项，属于债权人会议的专属权利，不可授权债权人委会行使。而由债权人会议委托债权人委员会行使申请人民法院更换管理人，审查管理人的费用和报酬的职权，可以更好地对管理人履行职务行为进行监督，通过债权人委员会对于破产程序的日常监督，使其对债务人的生产经营有着充分的了解；由债权人委员会决定继续或者停止债务人的营业，符合实际情况，也更为合理。基于此，本条明确规定债权人会议可以授权给债权人委员会议行使职权的具体范围，且债权人会议不得授权债权人委员会议行使所有的债权人会议职权。

第十四条　债权人委员会决定所议事项应获得全体成员过半数通过，并作成议事记录。债权人委员会成员对所议事项的决议有不同意见的，应当在记录中载明。

债权人委员会行使职权应当接受债权人会议的监督，以适当的方式向债权人会议及时汇报工作，并接受人民法院的指导。

许胜锋、沈凤：本条主要对债权人委员的表决规则进行了明确规定。《企业破产法》仅对债权人委员会的设立及其他职权作了规定，但对其表决规则以及债权人会议对债权人委员会如何实行有效的监督等未作出规定，导致实践中产生争议或不同的做法。

本条明确规定债权人委员会决定所议事项应获得全体成员过半数通过，为债权人委员会的议事规则提供了明确依据。债权人委员会作为债权人会议的常设机关、附属机构，其履行情况需接受债权人会议的监督和人民法院的指导，对于债权人委员会接受债权人会议监督的方式，《企业破产法》没有明确规定，本条规定债权人委员会要以适当方式向债权人会议汇报工作即系对债权人委员会接受债权人会议监督的方式的原则性规定。“以适当的方式”接受监督即说明了债权人委员会接受债权人会议监督可以以灵活的方式进行，我们认为，实践中可以采取债权人委员会定期或会后及时向债权人书面通报债权人委员会表决结果、履职情况，或者在债权人会议上报告债权人委员履职情况等方式进行，可视个案具体情况确定合理的方式。

第十五条　管理人处分企业破产法第六十九条规定的债务人重大财产的,应当事先制作财产管理或者变价方案并提交债权人会议进行表决,债权人会议表决未通过的,管理人不得处分。

管理人实施处分前,应当根据企业破产法第六十九条的规定,提前十日书面报告债权人委员会或者人民法院。债权人委员会可以依照企业破产法第六十八条第二款的规定,要求管理人对处分行为作出相应说明或者提供有关文件依据。

债权人委员会认为管理人实施的处分行为不符合债权人会议通过的财产管理或变价方案的,有权要求管理人纠正。管理人拒绝纠正的,债权人委员会可以请求人民法院作出决定。

人民法院认为管理人实施的处分行为不符合债权人会议通过的财产管理或变价方案的,应当责令管理人停止处分行为。管理人应当予以纠正,或者提交债权人会议重新表决通过后实施。

最高人民法院:本条主要规定了管理人处置《企业破产法》第69条规定的债务人重大财产时,债权人会议和债权人委员会如何行使决定权、监督权的问题。管理人对债务人重大财产的处分行为,会直接影响债权人的清偿利益,债权人作为破产程序中对债务人财产享有最终权利的主体,应当有权参与决定此类对其权益有重大影响的行为,这是确保债权人合法清偿利益不受损害的重要程序要求。

虽然《企业破产法》第69条只规定管理人实施处分时应当向债权人委员会报告,没有成立债权人委员会的,管理人应当向法院报告,但由于管理人此类重大财产处分行为均涉及债务人财产的管理或变价,从《企业破产法》对债权人会议的职权地位规定来看,应当属于债权人会议表决通过后才能实施的事项,因此,司法解释对此予以明确,即管理人处分债务人重大财产的,应当事先制作财产管理或者变价方案并提交债权人会议进行表决,债权人会议表决未通过的,管理人不得处分。这是对《企业破产法》第69条规定的补充。

此外,本条主要针对的是第一次债权人会议召开后,管理人实施的处分行为,第一次债权人会议召开前管理人实施处分的,仍应当按照《企业破产法》第26条的规定处理。

许胜锋、沈凤:本条主要规定了管理人处置《企业破产法》第69条规定的债务人重大财产时,债权人会议和债权人委员会如何行使决定权、监督权的问题,有利于规范管理人处置债务人财产的行为,加强债权人对管理人处置债务人财产行为监督，但根据本条第 1 款的规定，财产管理或者变价方案经债权人会议表决未通过的，管理人不得处分，该款规定的适用存在与《企业破产法》第 65 条及《全国法院破产审判工作会议纪要》第 26 条规定相衔接的问题。

首先，根据《企业破产法》第 65 条的规定，债务人财产管理方案或变价方案经债权人会议表决未通过的，由人民法院裁定，管理人应可根据人民法院裁定认可的债务人财产管理方案或变价方案对债务人的财产进行处置。其次，《全国法院破产审判工作会议纪要》第 26 条规定又对《企业破产法》第 65 条作出了适当改变与突破，即规定采用拍卖方式进行处置的，拍卖所得预计不足以支付评估拍卖费用，或者拍卖不成的，经债权人会议决议，可以采取作价变卖或实物分配方式。变卖或实物分配的方案经债权人会议两次表决仍未通过的，由人民法院裁定处理。因此，根据前述规定，债权人会议未表决通过财产管理方案、破产财产变价方案或经二次表决未通过变卖或实物分配的方案但经法院裁定认可的，管理人仍可对债权人财产进行处置，推动破产程序的进行。

第十六条　本规定自 2019 年 3 月 28 日起实施。

实施前本院发布的有关企业破产的司法解释，与本规定相抵触的，自本规定实施之日起不再适用。

许胜锋、沈凤：本条旨在对新旧司法解释的法律适用作出规定。在我国破产制度建立之后，最高人民法院曾经制定了大量的破产相关的司法解释以及司法解释性质的文件，其主要包括了针对《企业破产法（试行）》所发布的司法解释等相关文件，以及针对现行《企业破产法》所发布的司法解释等相关文件。这两类司法解释和司法解释性文件（尤其是最高人民法院于 2002 年制定的《破产案件若干规定》），很多并没有明文规定已经失效，现行《企业破产法》实施之后亦未及时对过往司法解释以及司法解释性文件系统梳理与归纳，这导致一些法律适用的冲突与矛盾时有发生。之前的司法解释以及相关司法解释性文件，其制定时的环境以及所面临实践问题与现在存在较大的差异，部分内容规定不再适应新环境下的破产实践的需要。因此，本司法解释在结合目前我国司法实践中的新问题与新发展的前提下，对现行破产法律体系进行有益的修改与完善并对特别问题进一步明确与细化。依据《立法法》规定的新法优于旧法的原则，与本司法解释相矛盾或抵触的旧司法解释与旧司法解释性文件则将不应再适用，而不存在矛盾的规定将继续存有效力。

破产案件信息化与《债权申报表》的改进

傅天信*

《最高人民法院关于适用〈中华人民共和国企业破产法〉若干问题的规定(三)》(以下简称《破产法解释(三)》)于2019年3月28日起施行,其对于破产案件中的信息的公开化、规范化有更高的要求。

首先,《破产法解释(三)》对于债权申报登记册的内容有了更详细的规定,明确规定管理人需要申报人的姓名、单位、代理人、申报债权额、担保情况、证据、联系方式等事项。同时,其明确规定第一次债权人会议提交的"债权表"中,需要显示"担保财产""诉讼时效"等信息。

其次,《破产法解释(三)》进一步明确债权人、债务人、债务人职工及其他利害关系人有权查阅债权表、债权申报登记册及债权申报材料,确保利害关系人的知情权。

再次,《破产法解释(三)》规定单个债权人有权查阅债务人财产状况报告、债权人会议决议、债权人委员会决议、管理人监督报告等参与破产程序所必需的债务人财务和经营信息资料。

最后,《破产法解释(三)》肯定网络投票的法律效力,其规定债权人会议的决议除现场表决外,可以由管理人事先将相关决议事项告知债权人,采取通信、网络投票等非现场方式进行表决。

《破产法解释(三)》对管理人工作信息提出更高的要求。目前,很多管理人的信息工作还停留在复制、粘贴甚至码字录入的阶段,制作简单的债权申报登记册。新的司法解释出台后,提高了信息工作的要求。另外,新的司法解释增加债权人与管理人的信息互动,如何快速地获取并向债权人呈现数据是管理人专业性的重要

* 傅天信,北京大成律师事务所律师。

体现。

破产案件信息化的核心是债权信息的收集、登记及处理，而《债权申报表》是承载这些信息最重要的文件。第一，其记录债权人的主要诉求内容，是管理人确认债权最重要的依据之一；第二，《债权申报表》是债权申报的重要凭证。管理人与债权人及其代理人可以通过电话、邮件、会面等方式保持沟通，但《债权申报表》有公章和签名背书，可作为直接证据，向法院提交和展示，且纸质媒介也最容易保存；第三，管理人对《债权申报表》中的各项信息的使用将贯穿整个破产程序，因此《债权申报表》的准确填写、汇总至关重要。

《债权申报表》具有很强的通用性，虽然有些案件中管理人需要收集某一类债权的特定信息，但其余大部分内容大体相同，比如债务人名称、债权人名称、代理人联系方式等。为了帮助管理人提高信息工作的全面性、准确性，综合考虑实践、法律和技术三个维度，结合《破产法解释（三）》的最新规定，笔者改进了《债权申报表》通用文件，模版已附于文章结尾。本文将对该表各项内容进行说明，希望能为管理人制作此法律文件提供参考。

一、改进目标及总体原则

（一）服务于破产案件全流程

虽然《债权申报表》是债权申报阶段发出的文件，但由于《债权申报表》服务于破产案件全部阶段，管理人应就《债权申报表》的格式和内容全面考虑，以避免后期重复工作。

从格式角度，管理人应在《债权申报表》的电子文档中从技术角度限定所需的数据类型和格式，以保证汇总信息的格式相同，减轻管理人数据整理的工作量。

从内容角度，管理人需充分考虑破产案件全局的数据需求，比如，(1)实质合并对债权表的影响；(2)资产评估工作中，需要债权人尽可能提供担保物信息；(3)实现担保债权，需要收集主债权信息，以摸清“担保链”的状况；(4)根据实际清偿阶段需要，提前统计债权人银行信息等问题。

需要强调的是，管理人应充分考虑第一次债权人会议债权表信息的需求，使管理人可以对下述信息进行快速统计及分类：区分普通债权和有特定财产担保的债权；统计有特定财产担保债权转为普通债权的债权数量及其分别对应的金额，暂无法确认债权的数量、金额以及无法确认原因，不予确认债权的数量、金额以及原因，各笔债权的诉讼时效情况。

(二)方便债权人

在满足管理人债权审核需要的前提下,《债权申报表》的内容和提交方式不应给债权人造成过多的负担和不便,尽可能避免使债权人重复提交信息或提交多余信息等问题。为债权人提供方便,可以增强其对管理人工作的信心和满意度,也可以减轻管理人解答债权人疑问的工作量。一定程度上,方便债权人也就是方便了管理人,例如,(1)为减轻债权人频繁提交文件的压力,笔者将《法定代表人证明》《授权委托书》的内容也都整合在《债权申报表》中,并且不需要债权人在后续程序中重复提交;当然这种方式可能跟目前管理人普遍做法有所区别,需要与法院沟通确认。(2)为方便债权人填写表格,笔者在表格中完善了一些细节,如债权人可以在下拉列表中选择债务人名称,申报金额的加总数据自动计算,提供破产受理当日外汇中间价公告的链接,对债权人可能产生困惑的内容做好注释等。

(三)充分利用信息化技术

实践中,大部分管理人使用的《债权申报表》的内容和格式都比较简单,一个重要的原因是大部分管理人都使用人工录入或者逐份复制粘贴的方式,无法高效、准确处理更大的数据量。笔者改进的《债权申报表》可与信息化的债权申报系统对接,满足更大量数据处理需求。

笔者改进的《债权申报表》中对于"代理权限信息"增加单独的控件,可以与"第一次债权人会议"使用的信息化系统结合,在债权人会议现场能快速核对到场人员身份与代理权限。

(四)方便与最高人民法院信息系统对接

随着最高人民法院对破产案件信息化工作的日益重视,"全国企业破产重整案件信息网"功能和内容不断完善,管理人应重视与该网站的数据对接工作,满足其数据上传要求。此次最高人民法院的司法解释承认网络投票的效力,也是在为"全国企业破产重整案件信息网"网络会议的推广排除制度障碍,管理人应及时关注相关动向。

二、《债权申报表》栏目具体介绍

（一）债权表的编号

1. 实践及法律层面分析

《债权申报表》中“编号”一栏由管理人填写，不需要债权人填写。实践中，需主要留意以下问题：

(1)目前破产重整案件同时涉及多家企业主体的情况较为多见，管理人可用一个数字表示不同债务人主体，再用一个数字表示每家债务人各债权人的债权表编号，中间用“-”连接，比如1-1就是编号为1的债务人第一家申报的债权人的债权表编号，以此类推。

(2)同一债务人的同一债权人如果有多个合同项下的多笔债权。笔者建议区分债权人的类型，要求经营性债权人可就多笔债权一并申报，只提交一个《债权申报表》；要求金融债权人就每一笔债权分别申报。主要考虑如下：

对于经营性债权，首先，其金额普遍较小，事实比较简单，分笔申报并不能给债权审核工作提供多少便利。其次，如各笔债权发生时间较为接近，涉及资金往来不容易区分，无法与相应的合同对应。对于有必要区分认定的经营性债权，管理人在审核时自行区分审核即可，不必增加债权人负担。

对于金融性债权，应要求其就每一笔债权分别提交一份债权申报表，并提交汇总表。首先，金融性债权涉及金额较大，每一笔单独审核更为保险。要求债权人提交总表和分表可以起到数据验证的作用，减少申报金额出错的可能。其次，金融债权种类较为复杂，不同合同可能涉及主债权、从债权；有特定财产担保的债权、普通债权等多种情况，各债权担保方式也可能不同，分笔登记、审核金融债权有助于“第一次债权人会议”债权表的制作。当同一债务人的同一债权人申报多笔金融债权时，可以增加一个数字区分不同笔债权，比如2-3代表编号为“2”的债务人的第3个申报的债权人的汇总表编号，2-3-1、2-3-2、2-3-3……代表其包括的分笔债权申报表编号。要求债权人提交申报总表主要为汇总金额，对表中的其他信息要求可简化。

(3)涉及实质合并的案件，集团内企业相互担保产生的债权仍然需要编号、登记。虽然实质合并企业所有资产和负债将一并处理，其相互之间的保证责任就将免除，但债权人依然有权对相关债权进行申报，管理人可将这部分债权在“第一次债权人会议”债权表上列为“不予确认金额”，这一点在《最高人民法院关于印发〈管理人破产程序工作文书样式(试行)〉的通知》中有明确规定。需要注意的是,集团企业间担保债权灭失的只涉及保证责任,相互提供的物权担保依然有效,如果不予登记可能漏掉债权人的这部分权益。另外,如果债权申报时间发生在法院作出实质合并裁定前,管理人理应把每个破产企业作为独立的法人主体对待,不应对合并重整事项做出预先判断。

2. 技术层面分析

管理人可以直接将各个《债权申报表》的电子文件名重命名为编号,登记时设置为"当读取编号一栏为空值时直接调用文件名称",这样就能实现"债权申报登记册"与各个《债权申报表》的同步更新。债权表的编号一定要考虑"第一次债权人会议"制作债权表的需要,使管理人能快速准确区分各种债权类型。

(二)债权申报人名称/姓名

1. 实践及法律层面分析

破产案件中债权人可能是自然人,也可能是法人或其他组织。分别讨论如下:

(1)自然人债权人。在债权申报阶段,自然人债权人可能因不熟悉电脑操作或不具备相关的硬件条件,无法电子录入信息并打印纸质申报表完成申报。管理人需要充分保障这部分债权人的利益。《债权申报须知》中应该说明,债权人可以手写填报《债权申报表》,但需债权人联络管理人索取纸质"申报表",向债权人传递"不鼓励手写申报,但手写的申报表同样有效"的信息,充分保障债权人权益。实践中,自然人债权人居住地可能与债务人主要办事机构所在地相距不远,债权人可能在收到申报材料后当面拜访管理人了解情况,管理人可以借机与其充分沟通。

(2)法人及其他组织债权人。该类债权人普遍有条件生成电子填写后打印并盖公章完成申报,但需要注意以下特殊情况:

第一,申报债权时,债权人名称与债权发生时有所变化,导致申报人名称与债务清册记载不一致。此时需要管理人核实后在"债权申报人名称/姓名"一栏注明其曾用名,方便后续审核债权。

第二,债权发生转移。法律并未禁止转让破产债权,但前提是债权人转让债权不会对其他债权人利益产生损害。债权转让后由新债权人申报债权的,管理人应在此栏标注原债权人的名称,方便后续审核工作。

第三,债券持有人的申报。破产重整案件可能涉及债券持有人申报债权。实践中主要债券持有主体包括基金、信托和资管计划等,如×××私募基金、×××投资基金、×××集合资金信托计划、×××资产管理计划。目前,这些基金、信托和资管计划并没有独立的法律和诉讼主体地位,其本身法律地位比较模糊,一般由产品发行人代替产品申报债权,申报人名称一栏需要同时标明发行人与产品名称。虽然这些产品法律和诉讼地位较模糊,但都有为满足监管要求而设立的独立监管账户,《债权申报表》中“债权人银行账户信息”一栏填写产品的银行监管账户信息更有利于保障债券持有人利益。

2. 技术层面分析

在电子版的债权申报登记册上可以为每个债权人名称设置“超链接”,链接到其对应的工商注册信息,方便管理人核实其曾用名,并初步判断其与债务人是否属于关联企业,帮助发现虚假申报的线索。

(三)债权申报日期、债务人名称

1. 实践及法律层面分析

“债权申报日期”一栏,与判断是否逾期申报紧密相关。

(1)债权申报文件中都会规定债权申报的截止日期,但实践中管理人往往对逾期申报采取比较宽容的态度。一方面,债权人很可能因为邮寄或者联系人员的变动等客观原因很晚才得到通知,难以将过错归咎于债权人。另一方面,“第一次债权人会议”结束后一段时间内,管理人工作节奏会有一段比较舒缓的阶段,管理人有时间继续接受债权人的债权申报。《美国破产法》虽然也规定申报截止日期(bar date),但也对逾期申报采取比较宽容的态度,其破产法规定只要债权人逾期申报是由于可以被原谅的过失(excusable neglect),就可以被视为有效的申报,而这种过失的证明标准并不高。

(2)法律规定,逾期未申报的,要承担因审查和确认补充申报债权所产生的费用。有些管理人依据此条收取逾期申报收取额外的费用,建议债权人及时申报债权,避免额外成本。

(3)《破产法解释(三)》明确规定债权表需要列明时效信息,申报日期对于判断诉讼时效中断非常重要。最高人民法院的司法解释意在使管理人向债权人了解每笔债权的时效情况,以做出监督。而为达到此目的,管理人还应该披露合同签订日期、履行情况以及中断情况,或者接受这些数据的查询。

2. 技术层面分析

笔者认为,不宜在《债权申报表》中设置“债权申报日期”供债权人填写。从债权人及其代理人完成《债权申报表》的填写，到其内部审批流程结束，再到正式向管理人申报债权，往往历时较长，如何填写申报日期会给债权人带来困扰。最好的解决办法是以管理人现场签收日期为准，由管理人填写此信息。

关于"债务人名称"一栏，建议管理人以"下拉列表"的形式显示债务人名称。其好处在于：一是减少管理人后期的校对工作，因为在债权统计过程中，债权人有可能错误地输入债务人名称，或者因为债务人曾经变更过名称，导致出现多个债务人名称；二是方便债权人，减少债权人核查债务人全称的工作；三是如果同时有多个企业主体进入破产程序，对不同主体的债权人发送同一份债权申报文件时，防止债权人填写债务人名称出现不一致、错填、漏填等问题。

（四）债权人及代理人信息

1. 实践及法律层面分析

《债权申报表》重要作用之一是汇总债权人及其代理人的联络信息，以便后续通知。《破产法解释（三）》也明确规定，债权申报登记册需要记录代理人的信息及联系方式。发送通知并与债权人确认是否收到通知是管理人工作中既重要又十分枯燥的内容，如果《债权申报表》设计科学，能大幅提升管理人的工作效率。

笔者改进的《债权申报表》中债权人及代理人信息统计区域，主要有以下几个要点：

第一，需要统计自然人债权人身份证号、法人及其他组织法定代表人身份证号（以及统一社会信用代码），这些信息需要上传最高人民法院"全国企业破产重整案件信息网"系统，而且容易遗漏，与其他信息一并统计可以避免后期重复工作。

第二，《债权申报表》要给债权人填写多名代理人信息留有空间，同时需要其填写一个主要联络代理人，明确告知其应与管理人保持通讯畅通，减少管理人与债权人沟通的时间成本。

2. 技术层面分析

管理人可以通过《债权申报表》要求债权人明确列明代理人的代理权限。其好处在于：一是可以免除债权人另外填写《授权委托书》并盖章的工作；二是可以与现场债权人会议签到系统对接，利用数据库中的授权代理人信息核实入场人员身份和代理权限，免除债权人为已授权代理人参加债权人会议重复提交《授权委托书》的麻烦。

(五)未履行完毕合同的处理

1. 实践及法律层面分析

《企业破产法》第18条规定:“人民法院受理破产申请后,管理人对破产申请受理前成立而债务人和对方当事人均未履行完毕的合同,有权决定解除或者继续履行,并通知对方当事人。管理人自破产申请受理之日起二个月内未通知对方当事人,或者自收到对方当事人催告之日起三十日内未答复的,视为解除合同。管理人决定继续履行合同的,对方当事人应当履行;但是,对方当事人有权要求管理人提供担保。管理人不提供担保的,视为解除合同。”

在债权申报阶段,管理人有必要通过《债权申报表》及时掌握未履行完毕合同的信息。当债权人收到债务人破产裁定通知后,对于未履行完毕的合同普遍持消极的态度,其可能不熟悉“共益债权”的概念,也可能未掌握债务人的财产状况,对管理人能否提供有效担保缺乏信心。为了实现债权人利益最大化,管理人应主动开展调查工作。因此,可以通过《债权申报表》向债权人调查相关情况。

笔者在表中设置“合同约定的到期日期”一栏,如果债权人填写的日期在破产裁定受理日后,说明此合同未履行完毕。借贷合同、融资租赁合同等金融类合同可能有明确的“约定到期时间”,但未履行完毕的经营性合同一般难以准确判断这个时间点,而更具继续履行可能性的往往是这类合同。所以,笔者在申报表上列了一栏“未履行完毕合同情况及继续履行意愿说明”,帮助管理人了解具体情况及债权人继续履行意愿。

《破产法解释(三)》增强了对债权人知情权的保障,充分了解债务人的财务状况能提高债权人继续履行合同的信息,也能促进再融资市场的发展,进一步保护破产企业的营运价值。

2. 技术层面分析

在《债权申报表》中所有需要债权人填写日期的单元格,都需要统一设置日期格式。在债权人选定单元格时,就应提示其填写的日期格式。在债权人填写格式错误时,应设有文本框提示,保证债权人填写的所有日期格式一致,方便后期数据处理。

(六)债权人银行账户信息、申报债权金额

1. 实践及法律层面分析

在《债权申报表》中统计债权人银行账户信息可方便清偿阶段工作。在统计债

权人银行账户信息时,需要注意以下几点:第一,“开户名称”应该与债权人名称一致;如果债权人为“基金”或者“资管产品”,其银行账户应为此产品的监管账户。第二,“开户银行”需填写全称,具体到分行或支行。

2. 技术层面分析

第一,申报债权金额“本金”“利息”“其他”几栏需债权人填写,相关单元格格式应设置为“会计专用”、保留两位小数,并添加“¥”作为人民币的货币标识符。如果合同交易金额为外币,应使用破产裁定当天人民银行公布的交易商中间价汇率兑换为人民币。管理人可以给出破产裁定当日“人民币汇率中间价公告”的超链接,方便债权人查找相关汇率信息。

第二,实践中债权人习惯在“其他”一栏中解释其金额具体组成部分,通常主要为律师费、保全费、诉讼费用等。在笔者设计的《债权申报表》中“其他”栏已设置为只能填写金额,为满足债权人需要,增加了一栏“‘其他’金额说明”。

第三,“合计”栏金额可设置为自动计算前三个数据之和,禁止债权人填写此栏,避免债权人计算错误(实践中并不鲜见)。

(七)实践及法律层面分析有特定财产担保债权的处理

有特定财产担保的债权人可就物权担保部分优先受偿,在债权表上需单独列出。在很多国家的破产法中,有特定财产担保的债权人一般是处于旁观者地位,相关权利受到限制。在《美国破产法》中,有特定财产担保的债权人无权参与债权人委员会;而英联邦的破产法一般规定债权人可以直接接管担保财产。这些做法建立在一个前提下,即债权人要求实现的担保物价值可以全额覆盖债权金额,债权人可通过实现担保物权来实现债权,其与普通债权人相比不应再享有过多的破产法上的权利。但在我国现有的金融环境下,不充分的、重复的物权担保非常普遍,不稳定的资产价格也增加了担保财产处置难度,导致债权人所申报的有特定财产担保的债权很大一部分需转为普通债权。

笔者在《债权申报表》中区分了两种债权类型:“主债权”和“担保债权”,两者是互斥的,但都可能涉及担保物权。具体而言:

(1)债务人作为主债务人,可在自己所有物上设置物权担保。表中列明了债务人可能提供的“抵押”“质押”“留置”三种物权担保形式。实践中最常见的物权担保形式为不动产抵押、动产抵押与质押、股权质押、保证金质押等。债权人除了需要填写担保金额,也需要填写担保物的具体情况和登记机关,方便管理人评估担保物以及向登记机关核实情况。同时,在重整计划执行过程中可能涉及抵押物和质押物担保物权的解除,也需管理人掌握登记机关的信息。

(2)债务人作为担保人可能为主债权人提供物权担保。这时还需统计主债权人以及其他担保人提供的物权担保情况,以理清实现担保物权的顺序。需要特别注意,即使主债务人与债务人实质合并破产,担保人提供的物权担保也依然有效。

担保物的特定化是对其进行评估、处置的前提,而实践中很多金融机构只是完成了形式上的法律手续,在债务人破产时无法指认担保物,比如银行在债务人提供的一批生产设备上设置了抵押权,抵押权合同上写明了产品的型号和规格,但是银行业务人员无法确认担保设备到底包括哪些。管理人可在《债权申报表》中提醒债权人提供照片等证据,或者需办理此业务的人员协助指认担保物,方便开展后续评估、拍卖等工作。

(八)担保债权的处理

1. 实践及法律层面分析

担保债权的产生原因是债务人担任保证人或者提供物权担保而对债权人负有实际债务或者或有债务。当债务人为一般保证人,且债权经过强制执行程序仍然无法实现;或者当债务人为连带保证人,主债权已经到期,债务人在破产时所负债务相对确定的,但是如何确认债权实践中争议较大,管理人可能会在“第一次债权人会议”时把这些债权列为“暂未确认金额”债权,等待主债权的处理结果。

如果主债权在债务人破产时尚未到期,很多债权人仍会向管理人申报债权。管理人如果以债权未发生为由拒绝债权人可能会造成矛盾。而且破产程序可能持续时间较长,待担保债权实现条件达成后再要求债权人申报可能增加债权人负担,管理人普遍接受债权人申报主债权未到期的担保债权。《破产法解释(三)》对于这种通常做法予以认可,其规定“主债务未到期的,保证债权在保证人破产申请受理时视为到期”。对于未到期的担保债权建议管理人接受申报,债权表中也列为“暂未确认金额”债权。

对于担保债权,要统计主债务人的名称,以及债务人提供的是保证担保还是物权担保。在实质合并的情况下,可通过主债务人的名称筛选出实质合并后集团企业之间的保证债权。同时,担保债权的发生也可能是债务人提供物权担保,需要在《债权申报表》中单独统计,另外还需统计主债权人和其他债权人提供的担保情况,以确定担保物权的实现顺序。

2. 技术层面分析

担保债权与主债权是对立的两种债权，同一笔债权只可能为其中一种，在技术上，可以通过自定义的“数据验证功能”，设置如果填写其中一种的债权的任意单元格，就无法填写另一种类债权所属的单元格。但因担保债权通常只涉及金融债权，其他债权人准确理解担保债权的含义需一定法律基础。替代方案是设计两个《债权申报表》，将两种债权类型分开，减少债权人困扰。

（九）实践及法律层面分析涉诉案件的处理

代表债务人参加诉讼是破产管理人的重要任务，管理人可以通过《债权申报表》向债权人采集相关涉诉信息，避免债务人因故不能及时提供涉诉信息，导致管理人不能及时准备应诉，甚至错过开庭时间。

三、结语

本文对《债权申报表》的改进及解释主要源于笔者的管理人履职实践总结。因个人认识和经验所限，难免存在不足，笔者会在实践中不断思考并继续完善。《破产法解释（三）》的出台，预示着破产法实践将向着更加专业化、标准化、科学化、信息化的方向发展，希望此文能给破产管理人提供一些启发。

附件：

债权申报表

<table>
<tr><td>编号：</td><td colspan="4"></td></tr>
<tr><td colspan="5">单位盖章：
自然人签字、捺印：</td></tr>
<tr><td>债权人名称/姓名</td><td colspan="2"></td><td>法人及其他组织债权人
统一社会信用代码</td><td></td></tr>
<tr><td>债务人名称</td><td colspan="4"></td></tr>
<tr><td>债权发生日期</td><td colspan="2"></td><td>合同约定的债权到期日期</td><td></td></tr>
<tr><td>法人及其他组织债权人
法定代表人姓名</td><td colspan="2"></td><td>企业法定代表人身份证号/
自然人债权人身份证号</td><td></td></tr>
<tr><td rowspan="2">债权人通讯信息</td><td>通讯地址</td><td></td><td>法人或其他组织债权人
联系人姓名、职务</td><td></td></tr>
<tr><td>电子邮箱</td><td></td><td>自然人债权人/法人或其他组织
债权人联系方式（手机）</td><td></td></tr>
</table>

续表

<table>
<tr><td rowspan="6">主要联络代理人信息（只能填写一位代理人信息）

* 主要联络代理人需要保证联系方式通畅，对管理人的短信和邮件应及时回复</td><td>代理人姓名</td><td></td><td>代理人身份证号/律师执业证号</td><td></td></tr>
<tr><td>代理人通讯地址</td><td></td><td>代理人单位及职务</td><td></td></tr>
<tr><td>电子邮箱</td><td></td><td>代理人联系方式（手机）</td><td></td></tr>
<tr><td rowspan="3">代理权限范围</td><td colspan="3">☑代为申报债权和其他各项权利、递交申报材料并受领回执　☑书面或口头向管理人陈述委托人的立场、观点和主张　☑代为与管理人联系，签署有关文件　☑参加债权人会议，参与表决并发表意见</td></tr>
<tr><td>其他授权事项及备注</td><td colspan="2"></td></tr>
<tr><td colspan="3">备注：如代理人人数多于两人，请将其余代理人信息也填在“其他代理人信息”栏中，如果各代理人授权范围不一致，请在“其他授权事项及备注”栏说明，否则视为此栏各代理人权限一致</td></tr>
<tr><td rowspan="3">债权人银行账户信息</td><td>开启名称</td><td colspan="3"></td></tr>
<tr><td>开启银行（全称）</td><td colspan="3"></td></tr>
<tr><td>银行账号</td><td colspan="3"></td></tr>
<tr><td rowspan="4">申报债权金额（元）</td><td>本金（元）</td><td>利息（元）</td><td>其他（元）</td><td>合计（元）</td></tr>
<tr><td></td><td></td><td></td><td>¥ -</td></tr>
<tr><td>“其他（元）”金额说明</td><td colspan="3"></td></tr>
<tr><td colspan="4">破产宣告当日中国外汇交易中心受权公布人民币汇率中间价公告</td></tr>
<tr><td>债权发生事由及债权金额、利息（若有）的计算依据、计算方式及计算过程</td><td colspan="4"></td></tr>
<tr><td>未履行完毕合同情况及继续履行意愿说明（如有）</td><td colspan="4"></td></tr>
<tr><td rowspan="7">申报债权种类 A：主债权</td><td rowspan="2">抵押金额</td><td rowspan="2"></td><td>抵押物具体情况</td><td></td></tr>
<tr><td>抵押权登记机关</td><td></td></tr>
<tr><td rowspan="2">质押金额</td><td rowspan="2"></td><td>质押物具体情况</td><td></td></tr>
<tr><td>质押权登记机关</td><td></td></tr>
<tr><td>留置金额</td><td></td><td>留置物具体情况</td><td></td></tr>
<tr><td>保证人及保证金额范围、类型（连带/补充）</td><td colspan="3"></td></tr>
<tr><td colspan="4">备注：对于物权担保，债权人需要提供能使担保物特定化的证据或者协助指认担保物</td></tr>
<tr><td rowspan="4">申报债权种类 B：担保债权</td><td>主债务人名称</td><td></td><td>主债权合同编号（如有）</td><td></td><td>主债务到期日期</td><td></td></tr>
<tr><td>债务人为主债务人提供的保证类型</td><td></td><td>其他保证人名称及提供保证类型</td><td></td></tr>
<tr><td>债务人为主债务人提供物权担保情况（如有）</td><td colspan="3"></td></tr>
<tr><td>主债务人及其他债务人提供物权担保情况</td><td colspan="3"></td></tr>
<tr><td>是否为建设工程优先权</td><td></td><td>建设工程优先权产生的原因及事由</td><td colspan="2"></td></tr>
</table>

续表

<table>
<tr><td rowspan="5">债权诉讼/仲裁情况</td><td>诉讼/仲裁阶段</td><td></td><td>下次开庭时间</td><td></td></tr>
<tr><td>案号</td><td></td><td>执行案号</td><td></td></tr>
<tr><td>受理法院
（仲裁机构）名称</td><td></td><td>主办法官姓名
及联系方式</td><td></td></tr>
<tr><td>财产保全情况</td><td colspan="3"></td></tr>
<tr><td>主要案由、
诉讼过程及结果</td><td colspan="3"></td></tr>
<tr><td rowspan="12">债权申报文件清单</td><td>文件序号</td><td>文件名称</td><td>证明内容</td><td>是否核
对原件</td></tr>
<tr><td></td><td></td><td></td><td></td></tr>
<tr><td></td><td></td><td></td><td></td></tr>
<tr><td></td><td></td><td></td><td></td></tr>
<tr><td></td><td></td><td></td><td></td></tr>
<tr><td></td><td></td><td></td><td></td></tr>
<tr><td></td><td></td><td></td><td></td></tr>
<tr><td></td><td></td><td></td><td></td></tr>
<tr><td></td><td></td><td></td><td></td></tr>
<tr><td></td><td></td><td></td><td></td></tr>
<tr><td></td><td></td><td></td><td></td></tr>
<tr><td></td><td></td><td></td><td></td></tr>
<tr><td>声明和保证</td><td colspan="4">本公司/人保证所提供的上述信息均真实、准确，如变更联系方式信息，将及时书面通知管理人。因前述信息变更未及时通知管理人，本公司/人保证自愿承担由此产生的一切法律后果

申报债权人（签字或盖章）：
委托代理人（签字）：
年　　月　　日</td></tr>
<tr><td>备注</td><td colspan="4"></td></tr>
<tr><td colspan="5">债权申报材料提交人签章：　　　　　接收人签名：　　　　　申报时间：　　　年　　月　　日</td></tr>
</table>

如何安抚破产案件中债权人情绪

吴一波*

> 十一点钟光景,大群的债权人在林家铺子里吵闹得异常厉害。恒源庄和其他的债权人争执怎样分配底货。铺子里虽然淘空,但连“生财”合计,也足够偿还债权者七成,然而谁都只想给自己争得九成或竟至十成。商会长说得舌头都有点僵硬了,却没有结果。
>
> ——茅盾《林家铺子》

上面这一幕展现的是林老板破产“跑路”后,债权人齐聚林家铺子要求分配财产的吵闹场景。尽管这只是一部八十年前的小说,但它却形象地描绘了破产案件中债权人情绪激昂、难以稳定的合理情境。现实案件中,债权人的情绪由于受到外部新闻报道、重整方案内容等多方面的影响,往往具有极强的不稳定性。情绪激动者轻则与管理人、债务人沟通不畅,重则群体上访,甚至采取暴力手段,影响社会安定团结。对于破产从业者,尤其是破产管理人来说,如何安抚债权人因破产而带来的各种不稳定情绪,是摆在其面前的重要难题。

“天下熙熙,皆为利来;天下攘攘,皆为利往。”司马迁在《史记·货殖列传》中早已道出芸芸众生为利而忙的本质。债权人之所以情绪不稳定,很大程度上是他觉得自己的利益受到损害,现有的救济措施不能让他满意,因此对症下药便显得尤为重要。债权人不满意什么,那我们就有的放矢地解答,让他在充分了解债务人困境情况的同时,体会到管理人的辛苦与负责。很多债权人在参与破产程序时,往往将对债务人破产前拖欠钱款的愤慨带入当中,把管理人想当然地归入“敌方”阵营,将所有不满撒到管理人头上。对于管理人来说,我们需要在与债权人沟通时从多个

---

* 吴一波,上海国瓴律师事务所律师。

方面消除敌意，更多地站在债权人角度去思考很多问题的处理方式，帮助他们改变对破产本身及对破产管理人的错误认识。笔者从业时间虽然不久，但前前后后接待多位情绪迥异的债权人，也参与过不少矛盾纠纷的化解，因此将结合下面这一段经历分享些许心得。

东北某大型国企（以下简称“甲公司”）破产重整案中，由于企业负债数额过高，尽管引入了战略投资者，但是重整计划草案对于普通经营类债权人超过50万元的部分只能给予20%左右的清偿比例或者提供债转股的方式。部分普通经营类债权人（主要以民营企业为主）获知上述重整计划内容后，情绪极为激动，有5家债权人甚至带着部分员工，直接找到管理人办公室，要求对话。笔者作为管理人团队的一名成员，与另一位同事负责接待，为便于行文，笔者将当时的接待过程还原如下：

债权人A：你们管理人怎么当的？和甲公司一起想赖账不还了是吧，你们口口声声说要维护债权人利益，干的活却是帮着甲公司逃废债务。告诉你们，20%的清偿率我们绝不接受，债权人会议上我们肯定投反对票，重整才这么点清偿比例，不如清算了拉倒，说不定还能高些呢！

债权人B：我们这些供应商真的很不容易，这么多年一直给甲公司供应原料，现在欠我将近1000万元的货款，只能给200多万元，我连员工工资都发不出去了。如果你们清偿比例不提高到70%，我就带领所有员工来你们管理人这天天闹，你们不管我就去法院政府闹，必要时直接去北京上访！

债权人C、D、E：……

在债权人发言伊始，笔者就嘱咐同事多泡几杯茶给对方，尽到基本待客之道的同时也能稍微缓和一下紧张的气氛。在债权人表达不满的时候，我和同事有针对性地做好相关笔记，耐心倾听对方的诉求。只有充分听取债权人意见后，对方才有可能倾听我们的一些观点，这是破产从业者尤其需要注意的地方。因此，借着债权人喝茶的空隙，我和同事开始了我们的沟通反馈：

笔者：对于在座各位因甲公司破产而带来各项损失这一点，我们管理人非常清楚，这年头做实业着实不易，尤其大家还是民企，确实很辛苦。我刚刚仔细听了大家的意见，核心要点其实说白了就是提高清偿比例，多拿些钱回去，对吧？

（此时略作停顿，笔者从债权人的脸色与少量应和声中感受到其情绪已稍稍平复。）

笔者：刚刚有朋友说20%的清偿率太低，不如清算了拉倒，那你们知道把公司清算掉、彻底关门，咱们能获得的清偿率是多少？

债权人 A、B：多少？

笔者：3% 左右。

债权人：怎么可能这么低！

笔者：确实就是这么低，表面上看甲公司确实有不少资产如机器、土地、房屋等，但上面这些具备较高价值的资产都已经抵押。质押给银行了，银行是有优先权的。清算的话，这部分优质资产都是变现后优先支付给银行的，然后咱们普通债权人才能参与剩余资产的分配，评估公司算下来差不多就是 3% 的清偿比例。按各位的想法，全部都投反对票，把公司清算掉，不要 20%，而是选择 3%，大家这笔账算的不够精明。其实重整计划里对这方面写得很详尽，估计大家没注意，直接翻到清偿方案那部分去了，不信的话可以再重新看一下。（债权人纷纷开始翻阅重整计划，破产清算能获更多清偿的幻想此时基本已经破灭。）

笔者：接下来我们聊一下重整的清偿率，20% 大家觉得很低，参照的是正常交易过程中几乎 100% 回款的标准，问题是甲公司现在还是一家正常公司吗？显然不是啊，只剩下空架子，并没有自我"造血"功能。这一次给咱们所有债权人分配的偿债资金都是靠战略投资人带进企业的，"僧多粥少"的道理相信大家都懂，所有资金平摊给 1000 多家债权人，偿债比例只能达到这么多。我给大家列举一下这几年影响比较大的破产重整案件的清偿率：江西赛维是 6.62%、浙江造船是 4%、山西联盛是 8.82%……而我们重整计划的偿债比例已经达到 20%，说实话算是比较高的了。

债权人 D：那你们可以给我们这些中小民营企业多分一些比例嘛，那些大国企、银行又不差钱，我们民营企业真的很艰难……

笔者：对于我们管理人来说，巴不得让大家 100% 获得偿付，这些钱又不是我们管理人自己掏腰包，给大家多分一些又能如何？我可以这么想，却没法这么做。第一，我们管理人所有的工作都受债权人和法院的监督，给你们多分一些，对其他债权人就无法做到公平对待，法院也不会允许其他债权人利益受损。第二，我们在做重整计划时，也明白债权人的利益肯定是受损的，只能在权利层面保证大家受到同等公平对待。就好比管理人拿着少量的米去煮饭，我们知道这点饭大家都吃不饱，大家都有怨气，那么这个时候管理人能做的就是尽量给大家分配得更公平一些，尽量避免大家在吃不饱的怨气上再生出不公平的怨气来。第三，刚刚有朋友认为给的太少，说要带员工去上访，但是正如我所强调的，我们管理人在履职过程中的所有工作是经得起债权人和法院核查的。如果是我们管理人勾结债务人逃废债务，那你的上访或许还能有效挽回损失；但如果你只是单纯觉得清偿比例太低就去上访的话,在1000多家债权人的眼皮下从破产企业获得更高比例的清偿,现实吗?要是这招管用的话,那些大型国企债权人都不用派人去信访,直接由主管领导和政府高层打声招呼不就解决了吗?

债权人E:我们大概明白了,管理人你们也确实不容易,但我们这几家企业这次真的亏了很多啊,去年一年赚的钱填这次的窟窿都不够。

笔者:我们管理人对这一点是非常理解的,都是出来赚点钱混口饭吃,谁都不容易。但是话说回来,做生意不就是有赚有赔,各种经营风险都有的嘛,各位老总在其他地方赚钱的时候肯定不会想到找我们管理人的吧!像我们这两个律师胆子小,总是担心各种风险,只能给别人打工,所以这辈子估计也挣不到钱了。(苦笑)

债权人一下子乐了:不至于的,你们律师没那么穷。不过你们刚刚讲的内容我们基本都明白了,还是希望你们能再和各级领导多沟通,看看能不能有调整的空间。(债权人准备起身离开)

笔者:没问题的,你们的诉求我都记录下了,待会就和我们领导作专门汇报。很感激各位能够与我们及时沟通,也希望大家回去和认识的债权人讲讲今天的内容,咱们一起共同推进甲公司重整事项,尽早让大家回笼资金。(与各位债权人握手并送至楼下)

送走后,我和同事长舒了一口气,面对一群债权人的不满情绪与各种问题,着实难以处理。但细细回想这次对话过程中我们作为管理人,没有只围绕着"重整计划就是这样的,无法修改"这一思路展开,而是更多地站在债权人角度将一些观点输出,进而逐步获得债权人的理解,这或许是一种更为有效的交流方式。

法律的生命在于经验,每位破产从业者执业过程中都会遇到情绪不稳的债权人,很多时候与他们所讨论的内容都是超出破产法本身的。唯有多经历,多向有经验的前辈学习,不断自我总结,我们才能稳稳当当地走好这一条不平凡的"破"路!

实现“三高”债权人会议的三大法宝

黄赛琼*

而每一个破产法官或者管理人都希望自己承办的破产案件办得质量好、效率高，都希望得到债权人的好评与肯定。近期，由笔者参与审理的杭州富阳润丰粮食加工有限公司等三企业合并破产清算案（以下简称“润丰案”）的债权人会议就达到预期的“三高”效果。

怎么个三“高”法？首先，到会人数占应到会债权人人数的96.56%，是为“第一高”，即高到会率；其次，各表决事项的赞成人数占出席会议人数的比例为100%，赞成人数所代表的债权额占无财产担保债权总额的比例为99.72%，是为“第二高”，即高通过率；最后，本次债权人会议按照富阳法院的以往惯例，设置了债权人对破产案件管理人工作的评价环节，据统计，债权人对管理人履职的评价平均满意度为96.58%，是为“第三高”，即高满意度。

有人不禁会问，要想实现“三高”的目标，有没有诀窍？答案当然是肯定的。“三高”债权人会议的实现离不开富阳法院破产审判的三大法宝，即一个中心、一条路径、一项服务。

“一个中心”，指的就是坚持以债权人权益保障最大化为中心，快速修复因企业破产而破损的社会经济关系。大家都知道，在破产清算案件普通债权清偿率普遍在10%以下的当今，债权人的满意度可想而知不会太高。那么，怎样才能提升债权人的满意度呢？笔者认为，价值观是关键所在。破产法官也好，破产管理人也罢，心中有着怎样的价值观，其办理案件的效果也往往千差万别。由此，富阳法院要求我们破产法官秉持最大限度保护债权人合法权益的理念，敦促管理人快速推进债权申报与审查、资产核查与归集、债务人监督、应收款核查与催讨等法定职责。

---

* 黄赛琼，杭州市富阳区人民法院法官。

除了修炼“内功”之外,还要学习有用的“招式”。没有正确的“招式”,“内功”再好也使出不来。招式一,在管理人办公驻点设立举报信箱,第一时间了解债权人的诉求和意见;招式二,在债权人会议流程中设置债务人代表向债权人鞠躬和破产原因陈述环节,从而缓解债权人的负面情绪;招式三,债权人会议中设立对管理人的履职评价、对债务人的评价环节,有助于我院对管理人的履职予以全面的监督。

“一条路径”指的是项目化路径。什么是项目化路径?简单来说,就是把破产事务分节点进行“分段划块”,并以项目为对象系统管理,通过将任务分解为一个个小项目达到高效率的计划、组织、实施、指导和控制的目的,从而实现破产审判的预期目标。根据项目化运行指引,富阳法院在受理的破产案件中按总体目标及项目各自目标要求良性运行,并推进破产案件的进展,以债权人会议为一个重要的时间节点,确定不同的项目化小组,债权人会议前基本确定资产管理、债权申报与审查、财务审计、应收款核查与催收、劳资协调、继续运行、诉讼事务、综合事务八大项目组进行推进(见图1)。债权人会议后,进入资产处置阶段,管理人可在项目化指引的框架下,将项目灵活分组,根据案件推进的具体情况,大致分为大资产组、大负债组、财务审计组、综合事务组(见图2)。润丰案中,管理人在法院的指导下,在承办案件的第一时间即组建了由6名专业律师、2名实习律师、1名专业会计组成的专业团队,设立了资产管理组、债权申报组、财务审计组等项目化工作组,按总体目标及项目各自目标要求良性运行,并针对项目交叉点衔接配合。与此同时,为了使对管理人的履职评价更为客观、全面和公正,形成正面激励机制,我们在与润丰公司管理人就破产案件对接时,即向其送达《管理人履职考评办法》,告知考评的主体、项目、

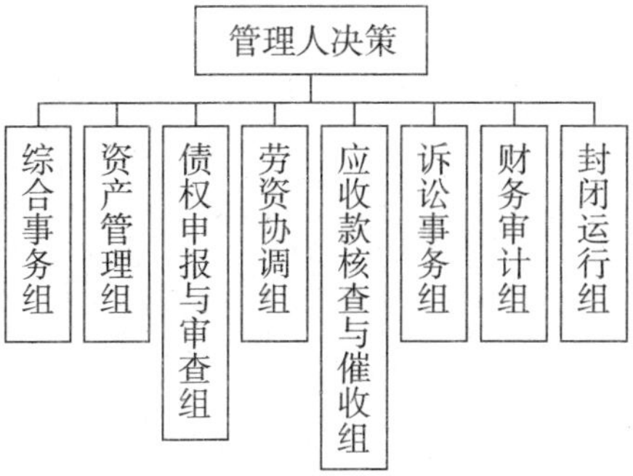

图1　债权人会议前的项目组构成

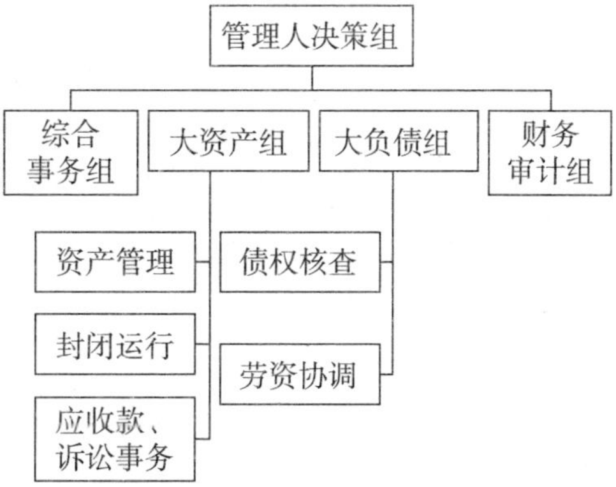

图2　债权人会议后的项目组构成

标准、流程及权数分布，并要求其签署管理人履职承诺书、保密承诺书等，从而倒逼管理人充分发挥主观能动性，实现人力资源的优化配置，使润丰及其关联企业合并破产案能够更加公平、高效、合理。

“一项服务”指的是全面开启贴心管家服务。我们认为，管理人在破产案件中充当的是“大管家”的角色，应当秉持“大服务”的理念，为债权人提供贴心的“管家服务”。我们也是这样要求润丰公司管理人的，他们也实实在在地做到了。为了让债权人少跑一次，他们主动开通了电子邮箱和百度云账号，将债权申报程序及所需提交的材料放入邮箱与百度云账号内，方便债权人自行下载；为充分保障债权人的知情权，他们积极开设微信公众号，每周定期向债权人推送破产信息；为让债权人感受到来自法律的人文关怀，他们利用自身股权并购、商务谈判的专业优势，将实务经验较为丰富的律师派驻到工作驻点接受债权人申报，并细致、耐心地做好债权人的联系、沟通工作；为全力提升会议资料的可读性、理解力与知晓度，他们日以继夜做足会议前期准备，打造可视化会议资料，报告事项力求图文并茂，审查及表决事项着重要点提示；为避免将债权人会议开成“僵尸”会议，他们简化会议流程，将以往的大包大揽变为提示核心要点，该次债权人会议用时控制在 1 小时之内，相比以往类似案件效率提升了 50% 左右。

准确认定民间借贷债权的路径与方法

张玉青　杨　帆*

一、问题的提出

在破产实践中我们常接触一些民营企业破产案件，这些企业破产大多与民间借贷有关。企业进入破产程序、债权人申报债权后，管理人常规的做法是：依据申报人提交的证据、企业的会计资料和破产受理后中介机构作出的审计报告，对民间借贷债权审查认定。从破产法及相关规定上讲，管理人的做法并无不妥。但如果按照常规做法认定债权，就会出现大量的不实或虚假认定。虚假错误的认定不仅违反了《企业破产法》第27条对管理人应当勤勉尽责、忠实执行职务的要求，更会直接侵害其他债权人的利益，同时对管理人的社会声誉也会造成严重不良影响。

二、产生错误认定的原因

目前在民间借贷债权的认定错误的原因，主要可以分为主客观两个方面：

（一）主观原因

首先，管理人对民间借贷债权产生背景的复杂性普遍认识不足，认为凭借已有的法律知识和从业经验，完全能够对债权进行准确认定。但实际上民间借贷债权的复杂性具有以下特点：

1. 民间借贷时间长，从企业成立之初就靠民间借贷起家，时间跨越几年甚至十几年；

2. 资金往（来）数额达几亿元、十几亿元，甚至几十亿元，数额巨大；

---

* 张玉青，唐山新生企业破产清算事务所有限公司负责人；杨帆，唐山新生企业破产清算事务所有限公司负责人。

3. 涉及借贷人数几十人、上百人，直至数百人，人员众多；

4. 手续繁多，利息标准不一；

5. 债务人关于民间借贷部分的账目不全或没有账目，财务管理混乱；

6. 已支付的利息中，很多已超过法定最高标准；

7. 债务人大多已与债权人签订对账单，对账单的形成原因复杂，最终的欠款数往往包含很多复利、“砍头息”等法律不支持的利益。

其次，部分管理人虽在接管破产企业时，虽已认识到民间借贷的复杂性，但因考虑到如果对每笔借贷金额、利息支付时间、支付金额、是否应当扣减本金等项目逐一核实，很难在第一次债权人会议前将民间借贷债权认定完毕。管理人为了工作的快捷，更愿意选择按照债权人单方提供的证据，如收据、借条、对账单等直接将载明金额认定为债权。

（二）客观原因

1. 申报人持有的生效法律文书证明力强，管理人否定其效力的程序复杂、成本过高。

很多民间借贷的申报人在企业资金链断裂后、进入破产前，已经将自己的债权通过诉讼确认。但是在这种阶段很多企业已经没有能力出庭应诉，法院只能凭借原告单方的证据予以认定。由于原告对事实的刻意隐瞒，很多的生效判决认定的债权金额与事实相悖。

根据《最高人民法院关于适用〈中华人民共和国破产法〉若干问题的规定（三）》（以下简称《破产法解释（三）》）第7条的规定，“已经生效法律文书确定的债权，管理人应当予以确认。管理人认为债权人据以申报债权的生效法律文书确定的债权错误，或者有证据证明债权人与债务人恶意通过诉讼、仲裁或者公证机关赋予强制执行力公证文书的形式虚构债权债务的，应当依法通过审判监督程序向作出该判决、裁定、调解书的人民法院或者上一级人民法院申请撤销生效法律文书，或者向受理破产申请的人民法院申请撤销或者不予执行仲裁裁决、不予执行公证债权文书后，重新确定债权。”

大多破产企业进入破产程序后，生效判决已经超出再审期限，无法通过当事人自行提起再审。鉴于以上原因，很多管理人即便是发现已生效的判决书中对事实认定错误，也很难下定决心对生效判决提起审判监督程序。

2. 债务人的相关知情人员在核实民间借贷过程中，对管理人的配合度低。

很多的民间借贷债权人系原企业股东、高管等的亲属、朋友,因无法偿还已经面临很多指责和压力,如果再对部分已经获得的利息进行核算,必然导致债权金额减少。这必然导致债务人在该笔债权的认定中,不愿配合。

3. 民间借贷往来中,债务人多使用个人账户,不易核实。

很多企业的民间,在收、付过程中,均使用个人账户,且很多账户的单位业务与个人业务严重混同,区分的难度过大。

4. 民间借贷中,指定还款情况较多,关联人认定困难。

很多职业放贷人在借贷业务中,指定付款人和指定收款人众多,再加上破产企业的财务管理大多混乱、指定付款和指定收款大多通过口头方式,没有财务手续,最终导致的结果就是借款金额和已付金额不清,企业认可的指定收款人和申报人认可的收款人不一致。

三、准确认定民间借贷债权债务关系的路径

为了准确认定民间借贷债权进行,我们在工作中重点加强了对债务人资金往来的专项审计工作。审计区间为债务人依法设立之日至债务人进入破产程序之日。具体形式有两种:一是由管理人配合专业的审计机构审计;二是由管理人组织专业人员内部审计。具体选择哪种形式可根据企业资料获取的难易程度以及是否筹集到相应破产清算费用而确定。如果难以获取审计资料或获取资料的周期较长,或未能筹集到相应的破产清算费用,就克服困难组织自己的会计团队内审。

通过专项审计,基本上能够提取债务人与申报人真实的资金往来交易数据,并通过资料的录入、编辑、分析、整理、修正等工作,全面了解债务人与申报人之间真实的资金往来情况,并依据民间借贷法律规定,依法核定债务人破产受理前欠付申报人的本金及利息,从而为债权认定以及解决债权认定纠纷打下坚实的基础。我们工作的流程及做法如下:

(一)收集银行流水资料

全面收集债务人及其关联方的银行流水资料,关联方包括关联单位和关联个人。关联个人虽以个人名义在银行开户,但实际账户的控制、使用人为债务人的财务人员,或实际控制人的亲属、下属,债务人利用关联单位、个人的银行卡从事收、付款业务。为此,首先需要确定债务人及关联方的范围及所涉及全部账号、卡号。我们担任管理人的案件关联单位最多涉及八家,关联个人最多达 12 人之多;每个关联

单位及个人又在不同的银行开立多张银行卡，有的债务人开卡量达到84张。我们要通过多种渠道获取债务人、关联方全部账号、银行卡号所涉及的银行历史交易明细，包括收入、支出交易、对方户名、账号信息。为确定关联方的范围及卡号，管理人需要向债务人的实际控制人、经营管理人员了解债务人经营中使用关联方名称、账号及卡号的详细资料，同时随着资料调取工作及债权申报工作的深入，也会发现债务人使用的关联账号、卡号，并制作纳入审计范围的银行对账单统计表(见表1)。

表1 纳入审计范围的银行对账单

序号	姓名（单位）	银行	银行账号	资料名称	资料所属期间	资料页数	备注
1							
⋮							

审计范围确定后，管理人组织相关单位及个人全力以赴调取银行流水资料。调取工作的开始，要千方百计说服债务人的实际控制人配合资料调取工作。如果债务人及实际控制人无法完成该项工作，需要管理人组织专门人员到银行调取。具体途径为：

1. 单位账户，主要利用留守财务人员及管理人聘用的财务人员使用单位开户手续及公章、法定代表人身份证复印件调取；

2. 管理人协调、组织、联系找开卡本人到银行调取；

3. 管理人组织律师凭法院出具的调证函调取；

4. 以上方法无法调取的，申请破产案件合议庭调取。

在资料调取前，要培训从事这方面工作的人员，并要求银行出具的资金交易明细中要显示对方户名及账户信息。尽管对银行提出要求，但由于银行众多，在提供信息服务方面，我国银行业尚未形成统一的资料信息提供标准，管理人收到资料后，一些资料仍会缺乏对方的交易信息。因此，还需要管理人搜集实际业务过程中产生的银行进账单、存取款业务回单等证据。

（二）录入、编辑银行流水资料

组织专业人员对获取的银行流水资料录入、编辑，并通过相关证据材料补充缺乏对方交易信息的部分(见表2)。

表 2　×××公司及关联方资金明细

序号	银行	户名	账号	日期	摘要	借方金额	贷方金额	对方账号	对方户名	实际业务人	备注	单据编号
1												
⋮												
合计												

首先需要确定录入表格的名称、格式(见表2)。这一阶段的工作要求细致准确。录入前切记,录入信息要按 Excel 表格要求的格式录入,防止合并报表进行编辑时无法进行,修改时将费时费力。由于工作量巨大,需要由多人分头完成录入工作,然后再将分头录入的表格合并。在录入过程中和工作完成后,要安排专门人员核对录入信息,及时纠正录入错误。

录入完成后,需要按时间顺序将流水进行排序。排序完成后需要完成的事项有:

1. 根据企业的特点,将小笔交易剔除,剔除数额几百元、几千元不等,根据债务人行业特点确定;

2. 将在债务人控制的银行卡内部之间往来的等额空转的单笔款项剔除;

3. 根据管理人掌握的收支票据,如银行进账单、存取款业务回单、现金缴款单、业务结算单、业务凭证、打款记录等对缺乏对方交易明细的录入资料补充录入。票据收集完成后,需要将票据整理粘贴编号,装订成册备查。

最终,形成债务人历史资金往来明细数据库,数据库建立后可以查阅债务人某一时间资金往来的具体信息。

(三)建立资金往来明细表

为债权人建立资金往来明细表,并根据债权申报人提交的银行资金进账单等证据修正资金往来明细表。资金往来数据库建立后,根据债务人掌握的已知债权人名称及债权申报人名称为每一债权人建立资金往来明细表(现金交易的除外,见表3)。

表3　×××资金往来明细

序号	银行	户名	账号	日期	摘要	借方金额	贷方金额	对方账号	对方户名	实际业务人	备注	单据编号
1												
⋮												
合计												

表格左侧账号为债务人及关联人账号，表格右侧为对方账号和实际业务人的账号。在民间借贷中有许多借贷人借用他人卡号转账，这就需要管理人调查。调查主要渠道为：

1. 向债务人了解实际业务人借用他人账号收付款的信息；
2. 通过债权人及其提交的证据了解借用他人卡号收付款的信息；
3. 调取债务人针对个别债权人的银行现金取款及存款（对方账户）记录；
4. 调取相关诉讼资料。

管理人调取相关证据后，对于借用他人卡号的出借人，将相关卡号交易信息合并，列明对方户名及实际业务人。随着债权认定工作的深入，如果发现债权人提供了新的借用他人银行卡进行资金转款的，经核实如客观存在，需要调整资金往来明细表。全部债权人资金往来明细表形成后相当于为债务人建立了一套资金往来历史明细账。

（四）核定资金明细及债权

根据资金往来明细表所反映的资金往来数据，并结合申报人提供的借款合同、借条、收款收据、欠条等相关证据，依据《最高人民法院关于审理民间借贷案件适用法律若干问题的规定》及《最高人民法院关于依法妥善审理民间借贷案件的通知》，核定申报人申报的借款本息（见表4）。

表4　×××资金明细及债权核定

序号	日期	摘要	收款金额	付款金额	计息日起	计息日止	计息天数	同期银行利率	法律保护利率	法律保护利息	当次欠息	抵消本金	剩余本金
1													
⋮													
合计													

核定标准:(1)对已付清利息的期间内如果出现超出合同约定或超过年息36%的部分扣划欠款本金;(2)未付清利息的按年息24%核定欠款本息;(3)每笔往来款按间隔天数计算利息,最终利息计算至破产申请受理日;(4)根据最终计算结果核定欠款的本息。

(五)确定认定债权的依据

将最终核定的债权结果及资金往来明细表作为债权本金、利息认定的依据,并以管理人的名义,出具对债权不予认定或对具体数额予以认定的意见。对于没有异议的债权,由债权人填写认定表予以认可;对有异议的债权,通知其通过诉讼解决。

四、结语

上述的路径和方法,虽然加大管理人很多工作量,但实践证明收效明显。通过以上方法,能大大减少债权认定额,去除许多虚假申报的债权,尤其是与债务人有长期民间借贷业务的高利贷债权人。申报的债权成百上千万,通过核定工作的开展认定并不欠付其债权本息,可以彻底打消部分债权人浑水摸鱼、心存侥幸的心理,在大量的数据面前,不得不接受管理人对债权的认定结果;对不接受债权认定结果的人,即便通过诉讼,管理人也能依据资金往来明细等相关证据,对债权人的债权认定主张有力的抗辩。尤其是一些缺席判决,通过管理人掌握的一手资金往来数据,对判决书中的错误一目了然。部分债权人虽有生效判决,但面对真实准确的回款数据,大部分也认可管理人对判决认定的债权核减的做法。

破产案件中债权人的代理业务发掘

郭霏霏*

随着我国深入推进供给侧结构性改革,推进“僵尸企业”的有序出清,优化营商环境,2017 年至 2019 年成为我国破产案件的高速增长期,破产已成为法律行业热门领域,破产法领域的专业人才也自然随之增长。众所周知,对律师而言,传统的破产业务主要集中在担任破产管理人方面,但是能否入选破产管理人的重要评选因素包括办理破产案件的经验及业绩等,且各省高院更新破产管理人名册的频率并不高,那么,陆续加入“破产大军”但无相关破产管理人经验的律师们该何去何从?此时,破产律师亟须发掘破产业务中新的增长点。

从参与破产程序的主体层面出发,我们不妨思考,参与破产程序主体数量最多的是什么呢? 毋庸置疑,那一定是债权人。那么,破产企业的债权人的代理,是否是破产律师值得发掘的破产业务?

一、代理破产企业债权人业务值得发掘的理由

笔者认为,代理破产企业债权人的业务是值得破产律师去发掘的,除了基于债权人的数量优势外,主要还包括以下三点:

(一)债权人对破产相关的法律知识匮乏

鉴于破产发展前期大众对于破产的偏见和误解,以及我国破产制度的应用范围较小,致使与破产相关的法律法规的普及度不高。作为债权人在遇到破产案件时,大多是处在被动接受及被动安排的状态,对其作为债权人应享有的权利并不知晓,或者知晓但不知如何行使其权利。

---

* 郭霏霏,江西凌科安时律师事务所金融证券部律师。

笔者亦曾在办理执行案件过程中，见证某破产企业债权人与其案件的执行法官长时间无效沟通的过程。只因案件的被执行人已进入破产程序，破产企业所涉财产的保全措施均已依法解除，执行法院无法执行破产企业的财产。在此情形下，债权人不知其应当尽快去破产法院申报债权，而在深究执行法官为何不去执行破产企业的财产；执行法官因不了解破产的相关法律规定，亦不能向其作出解释或给予其详细的指导。此时，若有破产律师的参与，既可安抚债权人不安的心态，亦可为执行法官答疑解惑，减少该无效沟通情形的发生，充分体现出破产律师的价值。随着我国破产案件的不断增加，因债权人对破产相关的法律知识的缺乏，债权人对破产律师的需求也将越来越大。

（二）单个债权人在破产程序中的可参与度有所提高

关于债权人权利相关的法律规定，在《最高人民法院关于适用〈中华人民共和国企业破产法〉若干问题的规定（三）》（以下简称《破产法解释（三）》）出台前，就早已零散分布在《企业破产法》及相关司法解释中，但实践中单个债权人在破产程序中的参与度并不高，因为债权人权利的行使主要集中在债权人会议中的表决过程，鉴于单个债权人掌握破产企业信息的不对称，其大多数时候都是被动接受，而无法发表其真正认可的意见。

随着2019年3月《破产法解释（三）》的出台，上述问题也得到有效解决。根据《破产法解释（三）》第10条第1款规定："单个债权人有权查阅债务人财产状况报告、债权人会议决议、债权人委员会决议、管理人监督报告等参与破产程序所必需的债务人财务和经营信息资料。管理人无正当理由不予提供的，债权人可以请求人民法院作出决定；人民法院应当在五日内作出决定。"该规定确立单个债权人对破产企业的知情权并为其提供相应的保障，单个债权人可依法发挥主观能动性，去掌握破产企业的相关信息，提高单个债权人在破产程序中的可参与度。

基于《破产法解释（三）》赋予单个债权人的权利，破产律师在代理的过程中更能充分发挥破产律师的专业能力，方便、高效地为债权人提供优质的法律服务。破产律师作为单个债权人的代理人，可积极行使单个债权人的知情权，获取更加全面、详细的有关破产企业的相关信息。破产律师可根据已获取的相关信息，就债权人会议表决事项，为单个债权人提供专业的法律分析意见或建议；就破产程序中涉及合并破产清算或重整等对债权人利益有重大影响的事项，提供专业的法律分析意见及建议，并积极参与听证程序，发表专业意见；就破产程序中获知的不利事项依法提出异议或申请撤销等。

另外,我国破产制度正在与国际接轨。为优化营商环境,世界银行倡导在破产程序中由债权人选任管理人。假使我国借鉴该做法,那么债权人在破产程序中的参与度将得到进一步的提升,债权人代理人的可作为空间将进一步加大。

(三)破产律师的加入有利于破产程序的规范化

完善破产制度是优化我国营商环境不可或缺的一部分,但对于债权人来说,破产则意味着其债权的落空或部分落空,其心中大多是抵触、对立及恐慌的心理,易对管理人及破产法院带有不满情绪。而破产律师的加入,可以起到普法作用,使其对破产能有一个正确的认识,有利于保障破产程序的顺利推进。

另外,随着近几年我国破产行业高速发展,司法部门陆续出台《全国法院破产审判工作会议纪要》及司法解释,但审判过程中仍存在程序不规范情形。笔者近期代理的有关破产债权人的破产案件中,就发现有两处破产程序不规范的情形:一个是关于破产立案审查的时限问题,《企业破产法》第10条明确规定:"债务人对申请有异议的,应当自收到人民法院的通知之日起七日内向人民法院提出。人民法院应当自异议期满之日起十日内裁定是否受理。……有特殊情况需要延长前两款规定的裁定受理期限的,经上一级人民法院批准,可以延长十五日。"但该案自笔者提交破产清算申请至破产法院裁定受理,竟长达58日。另一个是合并破产重整听证会的公告问题,根据《全国法院破产审判工作会议纪要》第33条规定,"人民法院收到实质合并申请后,应当及时通知相关利害关系人并组织听证"。但该案不仅没有书面通知已知债权人,甚至未能在"全国企业破产重整案件信息网"发布听证公告,导致债权人在看到实质合并裁定后,方才知晓听证事宜,错过本可以在听证时发表意见及了解债务人详细情况的机会。虽然在合并重整的裁定作出后,仍有其他救济的权利,但其终究存在不规范之处。在这两起案件中,法官、管理人实务操作的不规范之处对于专业律师来说显而易见,破产律师的加入可以及时督促管理人或法院补正以救济己方的权利,但对于缺乏专业知识的当事人而言,他们甚至不知道自己的权利已经被损害。

故笔者认为,破产律师的加入,能与法官、破产管理人就案件进行有效沟通、相互学习,同时亦可起到部分监督的作用,有利于推动我国破产业务水平的提高,推进破产程序的规范化。

二、拓展破产企业债权人业务的方法

破产律师在破产程序中,可为破产企业债权人有效主张权利,提供咨询及建议、提供参与破产程序等方面的专业法律服务。除等待有需求的破产债权人找上门,我们又该如何积极地拓展业务呢? 笔者根据自身的经验,将拓展业务的方法简单归结为一句话:把每一个诉讼业务都当作项目去做。即跳出诉讼案件本身而系统地关注对手方的资产、信用、涉诉情况等信息,综合多种手段实现委托人诉求。

笔者认为,我们需要打破诉讼思维的惯性,用做项目的思维,去做诉讼业务。即将我们常见的诉讼—执行—执转破的诉讼业务模式(以下简称"模式一"),转变为诉讼 + 破产—执行 + 破产的业务模式(以下简称"模式二")。

模式一中的执转破,更倾向于解决执行难问题,从债权人角度考虑略显被动。该业务模式系在进入执行程序时,才考虑主动启动破产程序,然而此时启动破产程序,如果债务人资信状况不佳的情况早已存在,待到执行程序时,债权人的偿债可能比例将大大降低。

模式二并非简单的理解为在诉讼的同时申请破产,在执行的同时申请破产。而是应当结合笔者前文所述,用项目思维去做诉讼业务,即根据最有利于债权人的原则,来选择使用诉讼、破产及执行三种方式的先后顺序。模式二更体现于债权人把握全局观,在案件启动之初,就已根据债权人的诉求规划好整体方案。

举个例子,假设你所代理的案件中,你已知晓债务人有财产正因其他案件处于执行处置过程,而本案债权人还未提起民事诉讼,那么依据《最高人民法院关于适用〈中华人民共和国民事诉讼法〉的解释》的规定,申请参与分配时应当取得执行依据,但诉讼程序一般需经 3 ~6 个月,此期间过于漫长,未必能在执行完毕前取得相关的判决书或调解书等执行依据。而根据《企业破产法》相关规定,一般仅需 22 日即可确定是否受理。若裁定受理,根据《企业破产法》第 19 条的规定,"人民法院受理破产申请后,有关债务人财产的保全措施应当解除,执行程序应当中止"。此时就能起到阻断其执行程序的作用。也就是说,在诉讼案件的代理方案中,不妨根据每个案件的不同情况,以使债权人获得尽可能多而快速的回款为目的,自由决定是否添加破产程序,设计出对债权人最优的实施方案及路径。

当然,启动破产程序一定需要以该公司符合破产条件为前提,因此确定该公司是否符合破产条件尤为重要。笔者一般通过以下方式来关注公司的资产情况,第一,通过全国企业信用信息公示系统,关注企业的经营状况,包括但不限于关注年报、是否吊销或被处罚等情况;第二,通过中国裁判文书网及中国执行信息公开网查询信息,预估其是否存在资不抵债或缺乏清偿能力的情形,是否符合申请破产的条件;第三,若为上市公司,则通过巨潮资讯网关注该公司近况,看其是否存在已披露的相关资产风险。

三、代理破产企业债权人时需注意的事项

首先,与破产管理人、法院保持密切的沟通,积极跟进破产企业案件进展。虽然我国破产案件已呈现井喷式增长,但也不乏少数法院及破产管理人对相关法律规定不熟悉,致使某些事项未予通知或人为地对债权人封锁消息,从而出现对债权人不利的因素。保持密切的沟通及积极的跟进,能尽量避免此类事件的发生。此外,密切的沟通也能获取更多细致的消息,在与客户汇报过程中也能增强客户的体验感。

其次,注意优先受偿权、抵销权的行使。在破产程序中破产律师应先行辨别债权是否享有优先受偿权,是否存在可行使抵销权的情形。尤其需要注意的是抵销权应当在破产清算前行使,否则将视为放弃。

最后,在存在多个债务人、保证人的案件中,注意继续追究除破产企业之外其他债务人、保证人的责任。根据《破产法解释(三)》第5条的规定,"债务人、保证人均被裁定进入破产程序的,债权人有权向债务人、保证人分别申报债权。债权人向债务人、保证人均申报全部债权的,从一方破产程序中获得清偿后,其对另一方的债权额不作调整,但债权人的受偿额不得超出其债权总额。保证人履行保证责任后不再享有求偿权。"可见,在主债务人破产程序终结后,不影响其他债务人、保证人就未受清偿的债权部分,依法继续承担清偿责任。

四、结语

另外,破产律师除担任破产管理人、代理破产企业债权人业务外,还可根据破产程序参与者的不同,挖掘出其他破产业务,例如,为经营陷入困境的企业提供预重整、重整拯救、债务重组、草拟重整计划草案等方面的法律服务;为政府人员组成的清算组提供专项法律顾问服务;为重整案件的投资方提供法律咨询、融资平台对接服务等。随着我国破产制度与国际的接轨,也非常期待破产律师可以参与跨境的破产业务及相关的交流活动。

共益债务认定的新思路

刘　霞*

一、共益债务的法律规范

共益债务的法律规范主要规定在《企业破产法》及《最高人民法院关于适用〈中华人民共和国企业破产法〉若干问题的规定(二)》(以下简称《破产法解释(二)》)中,其中《企业破产法》第42条以列举的方式,将进入破产程序后发生的六种情形认定为共益债务,并在第43条中明确规定"破产费用和共益债务由债务人财产随时清偿";《破产法解释(二)》则分别在第4条、第11条、第30条、第31条、第32条、第33条、第36条、第37条、第38条分别规定了应作为共益债务处理的情形。

《破产法解释(二)》规定的共益债务情形看似纷繁复杂,但对比分析后发现,该规定情形其实都是《企业破产法》第42条规定列举情形的具体表现形式。

以下为笔者针对该两部法律规范中所涉共益债务情形的梳理(见图1):

* 刘霞,江西凌科安时律师事务所金融证券部负责律师。

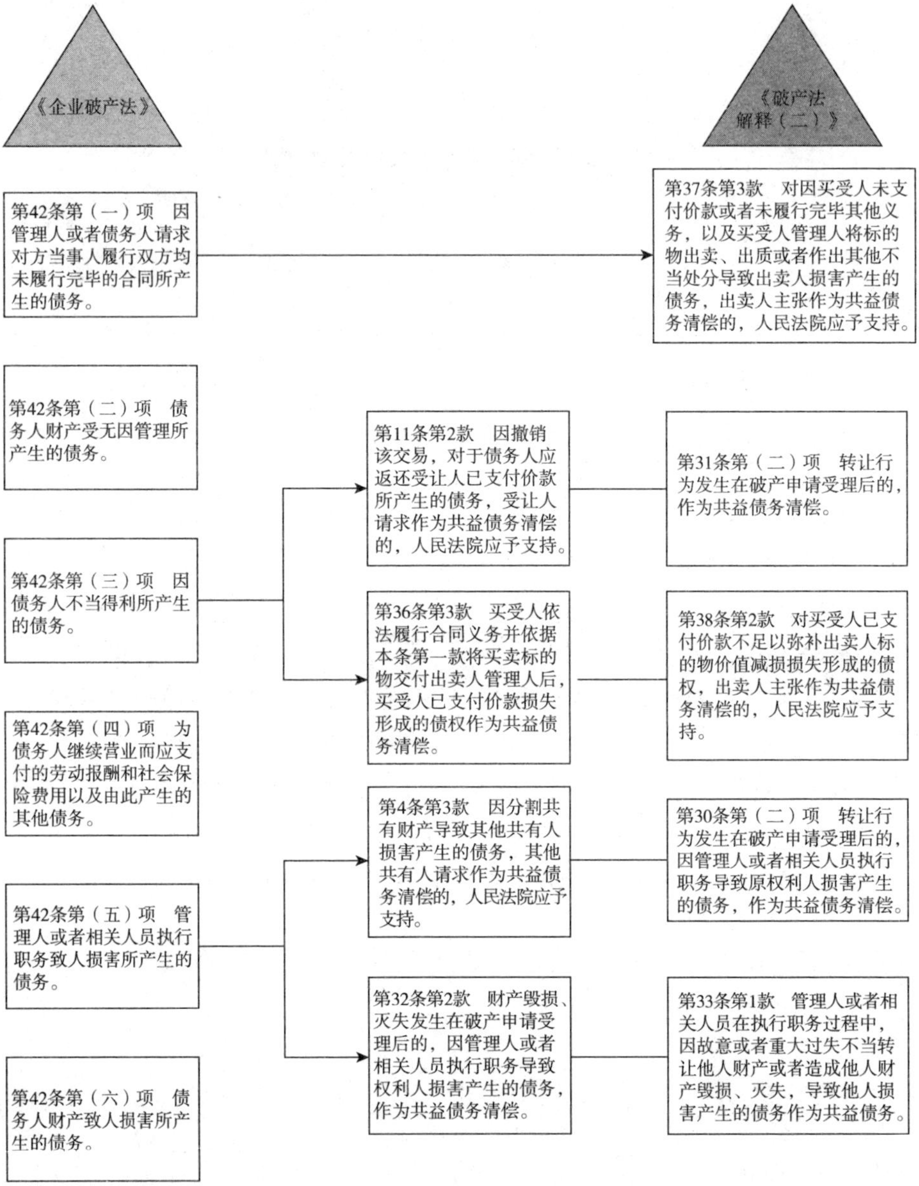

图1　《企业破产法》与《破产法解释（二）》有关共益债务情形梳理

二、共益债务法律规范适用在实务中所遇争议

(一)重整中新融资债务的认定问题

所涉案件:广东省深圳市亿商通进出口有限公司(以下简称"亿商通公司")与广东省东莞市清溪金卧牛实业有限公司(以下简称"金卧牛公司")借款合同纠纷案。①

所涉案号:一审:(2013)东中法民二初字第3号

二审:(2014)粤高法民二破终字第2号

案情简介:2008年5月28日,广东省东莞市中级人民法院裁定受理金卧牛公司申请重整一案。2008年8月14日,金卧牛公司及其管理人与亿商通公司签订一份协议,约定:亿商通公司借给金卧牛公司100万元,金卧牛公司只能把该款用于重整期间继续营业而应支付的劳动报酬、水电、安保和社保等费用以及由此产生的其他费用,不得挪用。还款期限:(1)在重整期间,金卧牛公司进入正常生产六个月后一次性清偿;(2)若进入破产清算程序,根据《企业破产法》第42条、第43条的规定,由金卧牛公司的财产随时清偿。后因金卧牛公司不能执行经批准的重整计划,广东省东莞市中级人民法院于2009年10月26日裁定终止金卧牛公司重整计划的执行,并宣告其破产。亿商通公司诉至法院请求判令:金卧牛公司偿还借款100万元及利息(从2010年4月8日起按同期人民银行贷款利率计至付清止),并将上述款项列为金卧牛公司共益债务,由破产财产优先支付。

广东省东莞市中级人民法院认为:关于亿商通公司出借的100万元款项是否为金卧牛公司共益债务的问题。首先,双方确认该100万元款项系借款。只有《企业破产法》第42条规定的债务才属于共益债务,但其中并未包括重整期间的借款债务。其次,虽然协议约定借款只能用于重整期间金卧牛公司继续营业而应支付的相关费用,但该约定并不能改变100万元款项系借款的性质,且借款协议系无效合同,款项是否实际用于约定用途亦无证据证实。亿商通公司主张100万元借款为金卧牛公司共益债务缺乏事实和法律依据。

广东省高级人民法院认为:关于该债务是否属共益债务问题。金卧牛公司向亿商通公司借款100万元发生于该公司重整期间,其对收到该100万元的事实并无

---

① 参见李震东:《重整中的新融资债务属于破产程序中的共益债务》,载《人民司法》2014年第24期,第43~45页。

异议。该借款系经由金卧牛公司管理人确认且约定用于公司重整期间继续营业而应支付的相关费用之目的，系为维护全体权利人和破产财产利益而发生，属于《企业破产法》第 42 条第 1 款第（四）项规定的“为债务人继续营业而应支付的劳动报酬和社会保险费用以及由此产生的其他债务”情形，依法应当认定为金卧牛公司的共益债务。金卧牛公司在借得该 100 万元款项后如何使用该款，并非是否认该债务为共益债务的充分依据。

笔者评析：本案中关于破产重整期间的借款能否被认定为共益债务，两级法院的争议焦点是对于《企业破产法》第 42 条的适用问题。一审法院认为重整期间的借款债务不属于第 42 条列举的情形，而二审法院认为该情形符合第 42 条第 1 款第（四）项的规定，该规定的重点在于“为债务人继续营业”而发生的相关债务，借款发生的直接动因是破产重整资金的需要，系“为债务人继续营业”而发生的债务。

笔者认同二审法院的观点，而且该争议在《最高人民法院关于适用〈中华人民共和国企业破产法〉若干问题的规定（三）》（以下简称《破产法解释（三）》）出台后已经得到了基本解决。缘何说是“基本”解决呢？因为《破产法解释（三）》关于该类借款的性质用语为“参照”共益债务，且就该类借款的清偿顺序亦与共益债务优先清偿与随时清偿不同，《破产法解释（三）》仅规定优先于普通破产债权清偿，该类借款是否优先于职工债权、税款债权清偿，《破产法解释（三）》未作规定。笔者认为，《破产法解释（三）》规定了为债务人继续经营的借款需要经过债权人会议决议通过方可，《破产法解释（三）》对于借款性质及清偿顺序的规定，其实质是将是否需要借款、借款的清偿顺序交给债权人和出借人协商决定，债权人作为受债务人企业对外借款影响最大的利益主体，其可通过对债务人企业的前景预测，来判断借款是否必要以及是否应给予借款主体优先于职工债权和税款债权的清偿地位，而出借人就该笔借款的优先清偿地位，也影响到出借人的借款意愿、借款回报率等，其实质是将债务人企业借款回归债权人和出借人的双方博弈，由利益攸关方自行协商决定及承担后果，《破产法解释（三）》背后深意值得嘉许。同此理，假设借款最终未达到预期目标，未实现“共益”目的，鉴于借款事项已经债权人会议决议通过，笔者认为出借人仍可按原约定就该笔债权享有优先清偿。

（二）破产前发生的“共益”性质债务的认定问题

所涉案件：广东广和律师事务所（以下简称“广和律所”）、北京和君创业管理咨询有限公司（以下简称“和君公司”）、国浩律师（深圳）事务所（以下简称“国浩律

所”）诉唯冠科技（深圳）有限公司（以下简称“唯冠公司”）委托合同纠纷案。① （见图 2）

所涉案号：一审：（2012）深盐法民二初字第 325 号

二审：（2013）深中法商终字第 2273、2274、2276 号

案情简介（见图 2）及一审、二审观点：

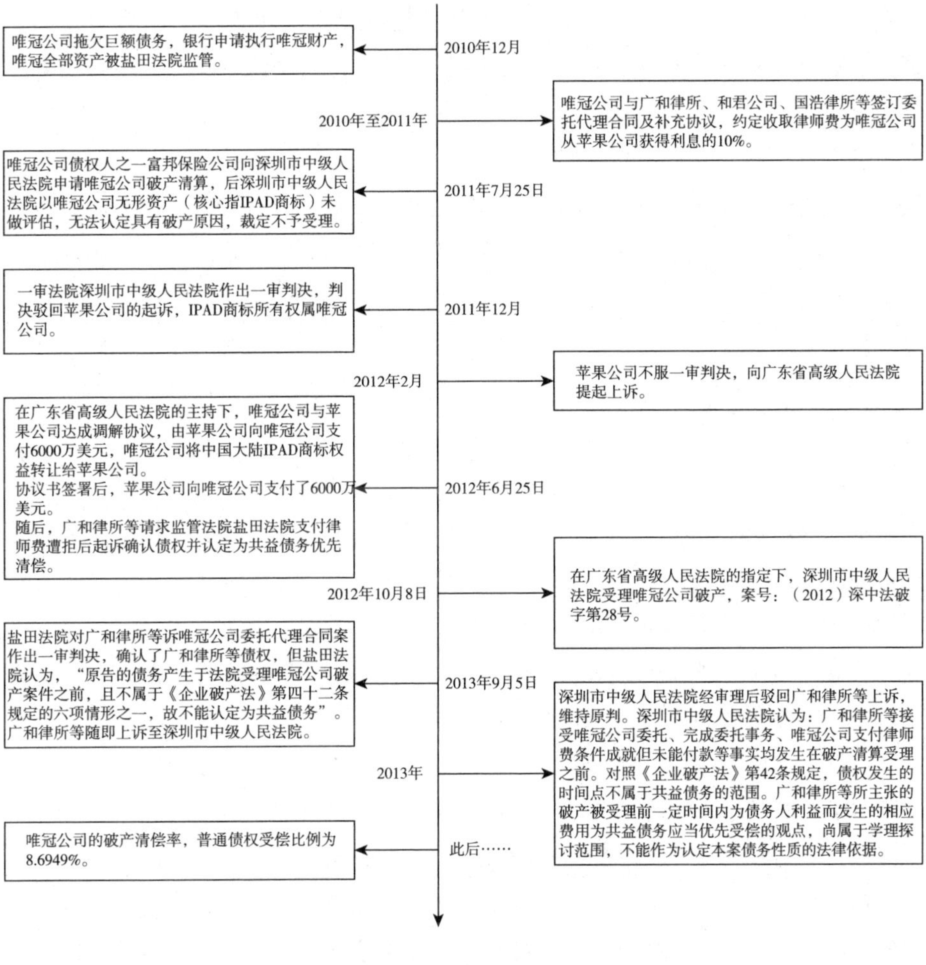

图 2　唯冠公司案时间轴

笔者评析：该案起因系唯冠公司名下“IPAD”商标案律师费支付事宜，该案二审判决作出后，在律师界掀起了轩然大波。在该案中，广和律所等代理方的工作，在唯

---

① 参见黎伟、代晴：《关于企业破产清算中共益债务的几点思考》，载《晟典律师评论》2016 年第 8 期，第 133 ~ 142 页。

冠公司负债累累的情况下,为唯冠公司增加了6000万美元(按当时美元兑人民币中间价汇率6.323元计算,约合人民币37,938万元)的巨额财产。而据公开信息显示,唯冠公司可分配的财产金额为人民币38,258万元左右,由此可见,在"IPAD"商标案中代理律师的工作增加了唯冠公司破产后债权人的受偿率,如果没有代理方的付出,唯冠公司极有可能面临无产可破的境地。代理人的工作,实质上为全体债权人争取到了更大利益,符合实质上的"共益"性,但是因为该代理行为发生在法院受理唯冠公司破产之前,根据目前的法律规范,认定为共益债务确实存在无法突破的法律障碍。

事实上,在企业濒临破产之时,相关人员为拯救企业实施的行为而产生的债权,其在客观上也达到了为全体债权人利益的结果,在此情形下是否可认定为共益债务,也确实是值得思考的问题。有学者提出,建议将认定共益债务的时间外延扩展至债务人"严重资不抵债、濒临破产"之时,该提议有一定的积极作用,但目前确实还是理论探讨。

三、共益债务的定义

上述实务在适用法律规范的过程中出现的问题,核心是对于共益债务的认定。不得不承认的是,法律始终具有一定程度的滞后性,这也是考验法律制定者智慧的重要方面,这要求法律制定者在制定法律的过程中,法律规范应具有一定程度上的周延性,但为了立法的威信和准确,周延性又应在一定的限度内。

共益债务在法律规范适用上的争议,应回到共益债务本身的定义上讨论。关于共益债务的定义,破产法专家学者、破产法起草组、最高人民法院均有过相关的释义:范健、王建文将"共益债务"定义为"在破产程序开始后,为了全体债权人的共同利益以及破产程序的顺利进行而负担的债务";韩长印认为共益债务"是指破产程序进行中,为了全体债权人的利益所发生的债务和因债务人财产所发生的债务的总称";破产法起草组编著释义中对共益债务的定义是"破产程序中为全体债权人的共同利益由债务人财产及管理人而产生的债务"①;最高人民法院在(2017)最高法民申4530号民事裁定书中,认为共益债务,是指破产管理人在破产程序中为全体债权人的共同利益或促进程序进行所负担的债务,是管理人或债务人的自主民

① 陈伟:《共益债务的认定——从"绝对程序标准"到"双重标准"》,载《南京航空航天大学学报》(社会科学版)2017年第1期,第22~26页。

事法律行为。①

上述定义虽然细节处不尽相同,但却共同揭示了共益债务的两个认定特征:第一,时间上,债权发生时间只能在破产程序中,即破产受理后、破产终结前的债权,才有可能被认定为共益债务;第二,须是为了全体债权人的利益而产生的债务,此处"全体债权人利益",区别于"部分债权人利益",如现实中经常存在的,破产债务人的财产全部或大部分处于抵押状态,此时如为了抵押财产的保值增值而产生的债务,则不宜认定为共益债务,该部分债务应由部分债权人承担。

除上述两个认定特征之外,在上述不同定义中也能看到其他的认定标准,即上述"为全体债权人利益"标准的另一并列标准,概念表述上有"为破产程序的顺利进行而负担的债务""因债务人财产所发生的债务""促进程序进行所负担的债务"。对照《企业破产法》第 42 条列举的共益债务情形,第一、二、三、四项规定体现的原则即"为全体债权人利益",但第五、六项规定(管理人或相关人员执行职务致人损害、债务人财产致人损害)其表现形式,并不会使债务人财产增值保值,从而"为全体债权人利益"服务,甚至该情形认定为共益债务后会一定程度上损害债权人的利益。笔者认为,该两项规定被列为共益债务背后的原因,最重要的是保障破产程序顺利进行,破产程序中的致损情形具有不确定性,管理人的履职或债务人财产的管理是破产程序推进的关键。其次,该规定也在一定程度上体现出更高层次地维护社会公正、稳定的目的。当然,该两项规定在实践中所导致的因不同时间(破产程序期间或之前)所产生的侵权损害,而使损害赔偿具有完全不同清偿待遇的情形,也被众多学者讨论和诟病。

综上所述,笔者认为,共益债务的定义应为,债务人进入破产程序后,为全体债权人共同利益或者为破产程序的顺利进行而负担的债务。

四、共益债务的认定建议

在剖析共益债务定义的基础上,针对现有法律规范及适用中产生的问题,笔者对于共益债务的认定有如下建议:

(一)明晰定义并周延法律规范外延

如上所述,虽然目前各专家学者、破产起草组及最高人民法院均对共益债务有

① 参见(2017)最高法民申 4530 号。

相关定义,但未从法律规范上明确关于共益债务的定义。明晰共益债务的定义,对于判断共益债务具有非常重要的作用,并能切实给实务问题中的争议提供明确的指引,避免对共益债务认定上的争议,建议由最高人民法院对于共益债务的定义进行释法,以明晰定义。

目前法律规范的共益债务情形仅有《企业破产法》第42条所规定的6项情形,周延性小,无兜底条款,导致在实务认定中产生法律障碍。故笔者建议在确定共益债务基本特征的基础上,对该条款规定增加兜底条款,拓宽法律规范外延,适当增加共益债务认定的弹性。

(二)参照共益债权清偿借款

如前所述,《破产法解释(三)》将是否借款的决策和借款清偿顺序,交给债权人会议决议,笔者认为在债权人会议决议通过借款事项且出借人认可后,该类借款的清偿顺序即已确定,但是市场瞬息万变,假使债务人的借款最终未达到使债务人财产增加,而使债权人受益的目标,亦属于债权人对决策应承担的合理风险。因《破产法解释(三)》中规定的"参照"共益债务规定处理,该类借款如按破产债权申报,则该类借款优先清偿方案仍需债权人会议通过财产分配方案,而在借款目标未达成后,出借人借款的优先清偿将降低其他债权人的清偿率,故此时该类借款如果仍按破产债权申报和分配,债权人考量自身清偿率将使得财产分配方案无法顺利通过,此举将使该类借款实际的优先清偿受到阻碍,影响市场上出借人的参与意愿,亦影响破产程序的效率。故笔者建议就此类借款,在实际操作中参照共益债权,无须申报债权,在出借人向管理人提出后,由管理人以债务人财产随时清偿。

(三)提前共益债务的认定节点

法律赋予共益债务的优先清偿地位,为企业破产后的继续运营提供了良好的法律保障。但是在企业面临严重资不抵债、濒临破产时,债务人对资金存在迫切的需求,同时此时资金的介入对于破产财产的增值保值亦可能产生较大的积极意义,但此时出借人鉴于债务人的资产状况和对债务人进入破产后出借人自身债权沦为普通债权的担忧,借款意愿会非常低,故讨论是否将共益债务的认定时间节点适当提前至破产前,有一定的实践意义。

如上述讨论的唯冠破产案件中的代理人,在唯冠严重资不抵债但尚未进入破产的情形下,其为了全体债权人利益,为了给债权人争取最大受偿可能,为债务人进行代理,事实上也达到了增加债务人财产的目的,笔者认为在类似情形下认定共益债务有一定的合理性。但该时间外延拓展到什么时候较为恰当、应以什么标准作为情形判断,都还需要进一步的探讨。

五、结语

破产共益债务的认定直接影响相关债权人的受偿率和受偿时点,在实务中向来是各债权人寸土必争之地,因我国《企业破产法》及相关法律法规对共益债务规定尚不全面,使实务界对共益债务的定义和认识尚有诸多分歧。笔者建议管理人在共益债务的实务操作中,从法理上围绕共益债务的定义认定,从程序上重视债权人会议决议,尊重债权人的集体意志,必要时通过破产法院的异议债权判决程序,妥善处理共益债务的认定之争。

声　音

中国破产法的实施和改革完善

——在2019年国际破产法协会(INSOL)研讨会上的致辞

刘贵祥*

各位专家、学者、各位来宾：

大家上午好！

很高兴再次受邀参加国际破产协会中国年会。作为在破产法改革和发展方面具有重要影响的国际组织，国际破产协会始终注重同世界不同国家和地区交流合作，在推动各国破产法立法改革和司法创新、促进破产执业队伍专业化建设等方面做出了积极努力。在此，我对本次研讨会的召开表示祝贺！对主办方国际破产协会、中国政法大学破产法与企业重组研究中心等表示衷心感谢！向长期以来支持人民法院破产审判工作、积极推动破产法治发展完善的社会各界致以诚挚的敬意！

党的十八大以来，以习近平同志为核心的党中央高度重视发展社会主义市场经济。党的十九大进一步提出要加快完善我国社会主义市场经济体制，建立现代化经济体系，建立和完善包括破产制度在内的市场主体救治和退出机制。习近平总书记指出，完善市场主体退出制度，对推进供给侧结构性改革、完善优胜劣汰的市场机制、激发市场主体竞争活力、推动经济高质量发展具有重要意义。要遵循市场化、法治化原则，提高市场重组、出清的质量和效率。

破产法是市场经济法律体系中的一项基础性法律制度。破产法的制度设计及实施状况事关优胜劣汰竞争机制是否确立，事关市场主体退出机制能否顺利运行，事关市场在资源配置中起决定性作用是否有效贯彻，事关供给侧结构性改革能否

* 刘贵祥，最高人民法院审判委员会副部级专职委员。

顺利推进,意义重大。改革开放以来,中国破产立法经过三十多年的不断探索,逐步趋于完善,当前已经形成了与中国社会主义市场经济要求基本适应的破产法律制度体系。中国法院通过实施破产法,妥善审理了大量的破产案件,为企业改制、经济转型、社会发展作出了积极贡献,在生动丰富的破产审判实践中诠释彰显了破产制度对市场经济发展的促进作用和保障价值。

一是坚持法治化方向,不断完善破产审判制度机制。自 2007 年以来,最高人民法院在立法机构的授权下相继制定了多个司法解释和司法政策性文件,及时总结审判实践经验,推动破产审判工作开展。继 2018 年 3 月出台《全国法院破产审判工作会议纪要》后,2019 年 3 月最高人民法院发布的《最高人民法院关于适用〈中华人民共和国破产法〉若干问题的规定(三)》,通过明确破产受理后借款的清偿顺序、单个债权人的知情权、债权人会议表决机制、管理人处分债务人重大财产的权限和程序等问题,进一步保障债权人等利害关系人在破产程序中的合法权利。2019 年 11 月发布的《全国民商事审判工作会议纪要》中,进一步对受理后债务人的财产保全和诉讼处理、重整中债务人自行管理条件、重整中担保物权的恢复行使、重整程序与清算程序的衔接、无法清算案件的审理与责任承担等问题提出了完善措施。

二是坚持市场化方向,不断提升破产审判效率。(1)继续推进破产审判专业化建设。截至 2018 年年底,全国法院已经设立 98 家清算与破产审判庭。2019 年年初,深圳、北京、上海三地先后设立破产法庭,开启了专业化迈向独立化的进程,具有标志性意义。2019 年 2 月 28 日,最高人民法院下发《关于强制清算与破产案件单独绩效考核的通知》,进一步为破产审判专业化提供保障。(2)继续推进破产审判的信息化应用。全国企业破产重整案件信息网自 2016 年投入使用后,经过多次优化升级,不但完善了平台办理案件的类型,而且实现了对破产程序的全程追踪,并通过与执行查控系统对接,便利破产案件中对债务人财产的查询,降低企业破产成本。此外,通过网络召开债权人会议的方式也进一步得到推广,截至 2019 年 8 月底,已召开 272 场网络债权人会议,涉及债权人 22 万余人,破产债权 8000 多亿元,处置破产财产近 3000 亿元,有效促进资本、技术、生产要素的自由流动和重新配置。(3)继续推进破产案件简易审理。在最高人民法院的指导下,多个地方法院结合各地实际先后制定破产案件简易审理的指引,对事实清楚、债权债务关系明确、债务人资产较少的破产案件,在坚持依法受理和不损害利害关系人合法权益的前提下,适当简化审理程序,缩短办案周期。

三是坚持统筹协调,不断完善配套保障机制。为了协调解决破产程序中的各类问题,最高人民法院一直积极推动法院与政府破产案件协调、破产费用保障、管理人行业自律等破产审判配套机制,以期为破产法的实施创造良好有利的外部环境。其中,破产经费保障问题、破产重整的税收支持问题已经得到有关部门高度重视。此外,截至2019年上半年,全国各省市区共成立了42家破产管理人协会,各地共出台关于政府法院联动协调处理破产案件的文件30个,有效推进了破产制度实施。

当然,我们也要清醒地认识到,《企业破产法》实施过程中还面临不少困难,存在诸多问题,随着社会转型和法治完善,《企业破产法》自身也必然要与时俱进、改革完善,以便更好地规范、保障和促进新时代中国特色社会主义市场经济的发展。目前,《企业破产法》的立法完善已经正式提上议事日程。下面,我结合中国破产审判实践,就中国破产法的改革完善谈几点想法,供大家参考。

一、如何完善破产程序启动的激励和约束机制

"徒法不足以自行",破产制度功能的发挥离不开破产制度的及时有效实施。对于重整而言,只有尽早启动挽救程序,才能提高重整程序的有效性,防止企业病入膏肓才开始重整;对破产清算而言,可以防止企业财产进一步减损流失直至无产可破时才开始启动破产清算程序,有利于债权人利益最大化。现行《企业破产法》对于破产程序的启动采取当事人申请主义,缺乏对于及时启动破产程序的激励约束机制,导致很多本该破产的企业长期游离在破产程序之外,企业资产不断损耗流失,最终形成了大量"无产可破"的"僵尸企业"。对此,应当坚持激励与约束并举的原则,一方面继续加大破产保护理念的宣传和落实,对经营失败的诚信市场主体予以积极救治和适当宽容,破除对企业破产污名化的观念,完善债务人自行管理的适用范围等制度设计,鼓励债务人自愿及时启动破产程序化解债务危机;另一方面合理确定相关主体在破产程序终结后的责任,并借鉴国外经验,规定公司股东、高管、实际控制人在特定情形下,负有及时启动破产程序的义务,以此约束有关人员及时启动破产程序。

此外,虽然是否申请企业破产,是债权人或债务人的私权自治范畴,但破产法不仅具有保障债务公平清偿,保护债权人、债务人合法权益的私法属性,而且还具有保障市场经济优胜劣汰规则,充分发挥效用、维护市场有序运行的社会法属性。在"僵尸企业"逐年不断积累,"雪球"越滚越大,市场主体退出机制不完善的情况下,国家公权力适当介入和调整破产程序的启动,以之作为当事人申请主义的补

充,具有一定的合理性、必要性和正当性。尤其是在执转破程序中,完全采取当事人申请主义,在当事人不同意的情况下,执行程序不能向破产程序转换。这就导致大量符合破产原因的执行不能案件长期滞留在执行程序中,无法及时转入破产程序实现市场出清,也成为制约破产审判工作推进的一个障碍。因此,可以考虑增设特定条件下人民法院依职权启动破产程序的规定,将其范围限于执行案件移送破产审查的情形,作为依申请启动的有益补充,有效解决破产程序启动问题。

二、如何进一步完善债权人权利体系

完善债权人的权利体系对于破产法的修改完善具有特殊重要的作用,也是破产法实施在微观层面的落脚点。从近年世界银行发布的《全球营商环境报告》中“办理破产”指标得分来看,中国《企业破产法》有关债权人参与破产程序的相关制度规定还不够完善,影响了破产制度维护债权人合法权益、服务供给侧结构性改革的效果。对此,在破产法修改中,需要从两个方面加以完善:一是在实体上构建以知情权、表决权和监督权为核心的债权人权利体系;二是在程序上理顺上下级法院之间的审判监督、当事人权益保障与破产程序推进不可逆性之间的关系。

首先,债权人的知情权保障具有重要意义和基础作用,构成债权人有效行使其他权利的前提和基础。目前《企业破产法》中有一些相应的规定,但是,审判实践中反映出来的突出问题是存在大量的信息不对称,尤其是单个债权人对于破产程序中的重要事项、财务资料、决策内容和过程等知情权保障不足。《破产法解释(三)》对单个债权人知情权进行了完善,并得到世界银行的认可,破产法的修改中,可以对此加以吸收借鉴。当然,对于知情权的限度、清算与重整程序中债权人知情权的区别、上市公司重整中债务人企业或管理人的信息披露义务等内容,还需要在法律修改过程中进一步研究。

其次,债权人的表决权与债权人会议的表决机制、《企业破产法》规定的债权人会议的职权范围密切相关。《企业破产法》第61条规定的内容构成了债权人表决权行使的基本范围,但是基于清算程序和重整程序的不同特点和侧重,债权人的表决权是否需要分别规定值得研究。另外,基于当前信息化的快速发展,对于非现场方式的债权人会议表决机制也需要予以明确。

最后,债权人的监督权需要加强。从被监督的主体上看,债权人的监督权可以区分为对债权人会议、债权人委员会的监督、对管理人的监督和对人民法院的监督等。监督权还体现为当债权人的权益受到侵害时,法律是否提供了充分、有效的救济途径。《企业破产法》第 64 条规定了债权人申请撤销债权人会议决议的内容，但申请撤销的权利需要与破产程序的推进衔接协调，债权人会议决议一旦撤销，相关当事人的权利如何救济值得研究。

三、进一步完善重整相关制度规定

重整制度综合利用各类法律规范协调解决破产所面临的社会问题，使其被公认为目前预防企业破产最为积极、有效的法律制度。自从我国《企业破产法》明确规定重整制度以来，包括上市公司在内的许多企业已经通过重整制度解决了债务危机，实现了企业的挽救。但仍需要进一步完善重整制度的规定，加强可操作性。

一是关于重整的适用范围。从国外立法及实践看，基于重整程序具有历时较长、程序比较复杂、社会成本较高的特点，因此通常适用于股份有限公司、金融机构以及规模较大、对国计民生有重要影响的大型有限公司。从实施效果看，重整程序也并非优化资源配置的唯一手段，破产清算在淘汰落后产能方面的作用同样值得重视，甚至不可替代。《企业破产法》虽然没有对重整程序的适用主体进行限制，但从避免滥用重整程序带来资源浪费以及防止利用重整程序逃废债务给债权人利益造成更大损害等角度考虑，应当强调，重整程序的适用应当建立在企业具有挽救价值和挽救可能性的基础上，其中，对于企业经营规模较小、虽有挽救必要但重整成本明显高于重整收益的困难企业，可以引导当事人通过和解方式挽救企业。

二是关于重整控制权。《企业破产法》第 73 条明确了管理人在企业破产重整期间的主要控制权主体地位。这一方面赋予管理人介入企业经营的职权，有利于保证客观公正地对债务人财产管理和处分，另一方面也有利于对企业在破产嫌疑期间所发生的交易行为进行彻底审查，追讨不当减少的债务人财产。但是，重整不仅仅是公平地分配破产财产、清偿债务，更重要的是由债务人、债权人及重组方等市场主体通过协商、博弈，依据损失共担、收益共享的原则拯救企业。从实践来看，由于重整事务的复杂性、涉及业务的多面性，目前以律师事务所、会计师事务所为主体的管理人，在办理大型企业重整案件时，常常面临履职能力与重整事务要求不相匹配的难题。对此，一方面需要通过调整管理人结构、增强管理人业务能力加以解决，另一方面也要通过完善债务人自行管理机制，丰富企业重整控制权的主体，建立更加符合市场化需求的重整控制权分配机制，从而促进重整成功。

三是关于预重整。英美等国家经过实践探索，发展出了一套将法庭外重组与法庭内重整优势相结合、有利于节约重整成本、提高重整效率的新型企业拯救模式,我国业界称为“预重整”。由于预重整兼顾了当事人的意思自治和司法程序的强制性,有利于节约庭内重整时间,提高重整效率,因此已经得到了中国司法实践的高度重视,实务中出现了一批通过预重整拯救企业的案例。但由于缺乏制度支持,理论和实践中需要进一步探索和讨论临时管理人在预重整中的职责和权利边界,临时管理人、债务人和债权人在预重整中的行为如何在重整程序中延伸,如何保证债务人信息披露的充分性,如何解决庭外重组中的财产冻结等问题,同时还要注意因为进行预重整反而降低重整程序的效率,人为抬高重整申请门槛的问题。

除以上几个方面之外,破产简易程序、个人破产、关联企业破产、跨境破产等制度规则的建立和完善,都是当前中国破产法改革的重要内容,需要理论和实务部门进一步加强研究,全面分析论证,必要时就有关制度甚至可以开展一定的试点,以便为立法提供坚实的理论基础和实践经验。

当前,在新发展理念的指引下,中国社会主义市场经济由高速增长转向高质量发展阶段,供给侧结构性改革的推进、“僵尸企业”的清理,对破产法治建设提出了新的要求,破产法的改革完善又站在了一个新的历史起点。衷心希望与会嘉宾能够充分利用这次研讨会的机会,积极为中国破产法的改革和发展建言献策,共同促进中国破产法律制度的优化。最后,预祝本次研讨会取得圆满成功!

谢谢大家!

进 阶

破产管理人的托管经营指南

张亚琼 黄 赢*

一、问题提出

随着我国经济进入新的发展阶段，本轮改革的重点在于“去产能”“去库存”“去杠杆”，不断推动市场优胜劣汰机制，破产制度作为市场主体退出机制的重要途径之一，近几年破产案件呈现倍数上升趋势。不断增多的案件，对管理人来说是机遇，但也对管理人各方面能力提出挑战。根据《企业破产法》第25条的规定，管理人的职责包括接管债务人的财产、决定债务人的内部管理事务等九个方面，同时根据第73条和第74条的规定，在一定条件下允许债务人自行管理和营业，管理人负责管理财产和营业事务的，可以聘任债务人的经营管理人员负责营业事务。在破产程序中，债权人获得公平清偿是该机制的重要作用，而破产财产是债权人实现权利的基础，由此引发了对破产财产经营风险防控的必要性和合理性的思考。

实践中，决定债务人继续营业后，法院和债权人往往因为各种顾虑，不愿由债务人自行经营，此时根据法律规定须由管理人负责经营事务。然而，我国的管理人一般为律师、会计师等专业人员，大多并不具有负责营业的能力，特别是目前进入破产程序的债务人千差万别，管理人难以胜任不同行业、不同体量公司的经营事务。在这种情况下，出现了不少管理人委托第三方公司托管经营破产企业的案例。管理人委托第三方公司经营破产企业的行为，还处于初期实践阶段，就委托方式、委托范围、委托费用等还未形成共识。在破产程序中，在债务人不能自行经营情况

---

* 张亚琼，法学博士，武汉市破产管理人协会会长，湖北山河律师事务所合伙人；黄赢，湖北山河律师事务所律师。

下，托管经营作为管理人继续对债务人企业营业的有效途径，有必要从实务层面进行深入探讨。

二、破产程序中托管经营的实践价值

（一）托管经营有利于防范商业运营、安全生产等风险

在破产实践中，已有大量在重整或清算期间进行托管经营的案例，管理人多从防范商业运营和安全生产的角度予以运用。

案例1：徐州强盛城市煤气有限公司破产重整案

2010年1月14日，江苏省徐州市贾汪区人民法院裁定受理徐州强盛城市煤气有限公司（以下简称“强盛公司”）破产重整案。强盛公司属煤焦化行业，为高危行业，且不能停产，焦炉的炉温必须保持在700℃以上，否则会造成焦炉本体爆裂，仅焦炉直接损失就会达到5000万元。在这种情况下，为了保证企业的正常生产，避免化学气体泄漏及焦炉本体遭破坏等安全事故发生，最终在法院指导下由管理人依法确定第三方托管经营。①

本案的特点在于，一旦停业，会造成巨额经济损失，致使重整基本无望，但是继续营业过程中会存在安全隐患。而管理人作为中介机构，不具备安全经营等方面的管理经验和能力。为此，法院指导管理人以选聘优质托管经营人的方式，解决两难局面，为后续寻找重整投资人赢得时间。

债权人利益最大化是破产制度的基本原则之一。重整程序中，各方都应承担其社会责任，避免在风险回避心理的驱使下，对生产经营存在安全风险的企业一味采取停产停业方式管理。相反，当继续经营可以对重整成功或者破产财产最大化产生有利影响时，在保障安全的基础上应积极促成。此时，管理人不具备相关经营管理能力时，采取委托经营方式无疑是有效途径。

案例2：浙江玻璃股份有限公司及其关联公司合并破产案

2012年6月28日，浙江省绍兴市中级人民法院裁定受理债权人对浙江玻璃股份有限公司（以下简称“浙江玻璃”）的重整申请。因重整计划草案未能获得债权人会议通过，2013年3月25日，绍兴中级人民法院依法裁定终止重整程序，转入破产清算。然而，玻璃生产的生产线停产，将涉及停火冷窑、危化品处置等安全问题，并

① 王利：《柳暗花明又一村——徐州强盛城市煤气有限公司破产重整案纪实》，载《人民法院报》2011年2月9日，第3版。

将导致资产大幅贬值和维护费用大幅增加。经债权人会议同意,管理人采取"托管经营"的方式,委托第三方公司继续生产经营,实现了破产清算条件下的正常生产,使大部分职工保持了稳定的工作和经济收入。①

本案的特点在于,停产会涉及各方面安全问题。这种特殊情况并不多见,但是管理人在接管特殊企业时,均应对是否存在生产安全隐患向债务人及高管询问和调查,避免发生事故。一旦发现属于对安全生产管理要求较高的行业,应积极选聘专业人员或机构,还可以申请法院协调主管部门予以协助。这种特殊生产行业,除了日常生产安全管理外,还可能存在特殊证照和许可的年度审批程序。如果管理人经营过程中,未完成年检,且发生安全事故,无论事故主要原因是否为未完成年检,都可能被追究相关责任。综合日常安全生产、证照许可审批和破产企业经营全面管理等方面,管理人委托第三方专业公司可能是一种较为妥当的方式,且有效避免管理人风险。

(二)托管经营有利于破产财产价值最大化

案例3:广西柳州鹿寨金利水泥公司破产重整案

2017年4月15日,柳州市中级人民法院受理广西柳州鹿寨金利水泥公司(以下简称"金利公司")破产清算案。管理人接管后基于当时水泥生产行业向好的行情和金利公司的品牌效应,以债务人的名义申请重整,法院受理了金利公司破产重整申请。② 在重整程序中,管理人通过委托第三方专业公司积极开展生产运营,大大提升了企业的运营价值。最终,借助向好的行情和重整托管期间的良好收益,管理人再次发布的公告成功招募投资人,并顺利表决通过重整计划草案。③

本案无论是由清算程序转重整程序,还是成功招募投资人和最终重整计划表决成功,都离不开继续经营产生良好收益这个推手。破产程序中产生良好收益,管理人仅仅采取保守经营策略是无法做到的。委托第三方专业公司并促使受托方发挥主动作用,由此可能产生两个方面的有利情形:一方面,在合理约定委托报酬的前提下,可以提高受托方的经营积极性,可能产生较高利润,产生的利润在支付委

---

① 《浙江玻璃股份有限公司及其关联公司合并破产案》,载中国法院网:https://www.chinacourt.org/article/detail/2016/06/id/1909055.shtml,最后访问日期:2019年12月25日。

② 《广西柳州鹿寨金利水泥公司破产托管案》,载鹿寨县人民政府网:http://www.luzhai.gov.cn/doc/2018/04/30/188846.shtml,最后访问日期:2019年12月25日。

③ 丁立波:《破产走向重生!柳州鹿寨金利水泥公司演绎凤凰涅槃神话》,载广西法院网:http://gxfy.chinacourt.gov.cn/article/detail/2018/10/id/3552916.shtml,最后访问日期:2019年12月25日。

托报酬后可能高于停止经营或者其他模式的经营；另一方面，破产期间经营获取的良好收益可以加强意向投资人和债权人的信心，最终促使重整成功。

（三）托管经营可以作为债务人自行经营和管理人人员经营的补充

需要指出的是，无论是债务人自行经营或者管理人经营，债务人或者管理人行使的都是经营控制权，而例如决定重整期间是否营业、重整计划投票、重要资产或者营业的转让等最终控制权均握在债权人手上。①

就经营控制权来说，依据我国《企业破产法》的规定，仅规定债务人自行经营和管理人经营两种模式。管理人委托第三人托管经营，从法律层面分析，应当属于管理人经营的一种情形，并非与前述两种模式并列。但从实践角度，管理人工作人员或者聘请管理人员经营——本文暂以"管理人人员经营"代指该情形——与委托第三方公司经营显然有所不同。委托第三方公司经营，避免了管理人人员经营的专业能力不足或者商业意识不够的弊端，也避免了债务人自行经营的利益冲突问题。

1. 弥补破产程序中债务人自行经营的不足

债务人自行管理存在道德风险和激烈的利益冲突。② 美国破产法的重整原则上是由"占有中的债务人"自行经营，除非债务人违反被信任者义务才会由托管人管理。③ 债务人自行经营模式，从其制度本意来说更多地偏向对债务人的保护而非对债权人的保护。但是实践表明，债务人进入破产程序，往往是由债务人的不当行为造成的，此时继续由债务人继续经营，可能无法对重整期间公司的经营作出真实的评价和监管。另外，在已经因为债务人行为进入破产程序的情况下，想要由债务人取得交易伙伴的信任已经较为困难，可能会对继续经营产生不利影响。④ 在美国破产法上，债务人自行管理制度重整程序有别于破产清算、和解程序的重要特征。然而在我国，通过对公开的上市公司重整计划的统计可得出，采取债务人自行管理人模式的案例比例偏低，表明在实践中该模式较少被适用。⑤ 这种差异主要是我国

---

① 许胜峰：《重整中债务人自行管理制度价值及风险的实用性研究》，载《中国政法大学学报》2017年第3期，第43页。

② 高丝敏：《我国破产重整中债务人自行管理制度的完善——以信义义务为视角》，载《中国政法大学学报》2017年第3期，第56页。

③ 陶蛟龙、史和新：《司法实务视野下破产重整制度若干问题研究》，载《法律适用》2012年第11期，第30页。

④ 刘雯丽：《国外重整企业控制权模式对我国的启示》，载《民商法研究》2017年第1期，第64页。

⑤ 高丝敏：《我国破产重整中债务人自行管理制度的完善——以信义义务为视角》，载《中国政法大学学报》2017年第3期，第56页。

和美国制度设计的不同造成的。我国重整后的企业往往由新的投资人接管，重整期间继续由原股东组成的股东大会或股东会决策债务人经营可能产生道德风险和利益冲突。

适用程序的限制也是债务人自行经营模式的劣势之一。依据我国《企业破产法》的规定，债务人自行经营仅仅在重整程序中，然而通过分析案例可以发现实践中破产清算程序也可能有继续经营的需求。

2. 填补破产程序中管理人经营的缺憾

《企业破产法》赋予了破产管理人公司经营控制人、监督人、清算组和终止破产重整程序提出人等众多角色，但从破产管理人的组成和运行机制来看，破产管理人既不能扮演好所有的角色，也不能够轻易地在众多角色之间穿梭。[①] 因专业领域的限制，管理人经营确实存在经营管理能力不足、商业意识不够、风险防范能力不够等方面的问题。我国破产管理人多为律师或者会计师，并非公司管理人员，在经营管理能力方面有天然不足，往往在经营中过多着眼于法律和财务问题，缺乏商业意识。通过托管经营，管理人可以通过吸纳商业经济背景的人才来弥补“短板”。

对管理人自我保护方面来说，管理人经营或者聘用债务人职工经营，若经营失利损害相关利害关系人的利益，甚至发生人身损害时，可能会出现由管理人承担相应责任的情形。如果由管理人委托第三方公司经营管理，则可以很大程度上减少经营风险和安全隐患，第三方公司作为法人组织一般具备更完备的经营管理能力和安全管控能力，也具备更强的抗风险能力。

三、托管经营在当前破产程序中适用的问题与困境

（一）规范依据不足

我国《企业破产法》第 73 条规定：“在重整期间，经债务人申请，人民法院批准，债务人可以在管理人的监督下自行管理财产和营业事务。有前款规定情形的，依照本法规定已接管债务人财产和营业事务的管理人应当向债务人移交财产和营业事务，本法规定的管理人的职权由债务人行使。”第 74 条规定：“管理人负责管理财产和营业事务的，可以聘任债务人的经营管理人员负责营业事务。”我国《企业破产法》仅规定了债务人自行经营模式和管理人经营模式，对管理人委托第三方经营管

---

① 齐明：《破产重整期间的企业控制权刍议——兼评〈破产法〉第 73 条》，载《当代法学》2010 年第 5 期，第 100 页。

理及其适用条件及权利义务责任分配均未予以明确。目前，在破产程序中进行委托经营的，一般参照我国《合同法》第 21 章“委托合同”的有关规定，但在破产程序中法律依据稍显不足。

(二)委托经营的适用条件不明确

因缺乏明确的规范性依据，破产程序中托管经营的实践样态差别较大。实务中，容易出现一些不甚合理的状况。

其一，在债务人自行营业不能的情况下，管理人自身经营管理能力不足却拒不适用托管经营。实务中，部分管理人机构因缺乏足够的经营管理能力和决策能力，往往对重整期间债务人企业是否继续经营不置可否。根据《最高人民法院关于审理企业破产案件若干问题的规定》第 33 条的规定，“债务人自破产宣告之日起停止生产经营活动。为债权人利益确有必要继续生产经营的，须经人民法院许可”。在破产清算程序中，宣告破产后，不继续经营是原则，继续生产经营是例外，同时在 6 ~ 9 个月的有限重整期间内，有些管理人会以较为保守的态度决定是否营业、拟定经营策略。这导致从商业角度具有营运价值的企业，在破产程序中可能被决定不再营业，无疑将导致债务人企业营运价值的降低，不仅可能因为生产营业的连续性降低对投资人的吸引力，而且可能造成重整投资价值减少，损害债权人利益。

其二，对于明显缺乏营运价值的企业，管理人为了追求重整效果强行适用托管经营。实务中另一种情形是，多数破产企业已丧失继续经营的基础以及未来的营运价值。但部分管理人为了片面追求整体重整的效果，在不具备委托经营的条件下强行将债务人企业委托第三方进场营业。此时不但不能达到维护和增加企业营业价值的目的，反而增加了营业成本和共益债务负担，也会进一步损害债权人利益。

(三)托管经营合同签订不规范

在确定进行托管经营的情况下，需要由管理人与受托方签订托管经营合同，对双方的权利义务明确约定，其中重点是关于托管权限和期限的问题。实务中，部分管理人对于托管经营合同重视不足，导致主要条款约定不明确，进而引发诸多问题。例如，对于主要经营范围是商业地产租赁的破产企业，如果放任由受托方自主经营，则受利益驱使受托方对外签订期限较长的商铺租赁协议，可能导致商铺的租赁期限超过重整期限。重整后的破产企业如果需要进行整体战略调整，则需要解除该租赁协议，产生违约金。这种情况对整体重整效果的实现显然是不利的。

（四）委托报酬的确定方式不明确

破产程序中关于受托方托管报酬的确定方式，实践主要有租赁模式以及委托管理模式两类。采用租赁模式，是将资产整体交受托方经营，不论受托方经营收益多少，仅需向破产企业支付固定费用，受托方风险自担。而委托管理模式，是管理人将经营控制权的全部或者部分内容委托给第三方公司，由第三方公司在受托范围内经营，经营过程中获取的收益归破产公司所有，但须向第三方公司支付委托报酬。

两种确定报酬的模式各有利弊。采取前一种方式，固定费用较难在破产程序中确定，金额高则无法招募合适的承租人，金额低则债权人利益受损难以取得其同意。采用委托方式的，可以采用支付固定委托报酬的方式，但可能无法调动受托人的积极性；还可以采用较复杂的经营收益分成的模式，经营收益越高向受托人支付的费用越高。委托报酬的约定是一个较为复杂的问题，也是破产程序中托管经营的一个核心问题，稍有不慎可能引发重大经营损失。例如，中核钛白公司前期托管经营失败的原因，可能包括中核钛白与东佳集团签订的托管协议中托管费用的计算方法不合理。①

（五）对受托方监管不力可能引发新的矛盾争议

引入第三方进行托管经营，初衷是为提升破产企业的价值和减轻管理人经营责任、压力，但是实践中常发生因监管问题导致受托方与破产企业之间的纠纷。究其原因，一方面是受托方自身经营能力不足。比如，受托方经营管理不到位导致破产企业产生损失，受托方损害破产企业利益，甚至侵占破产企业资产，此时需要向受托方主张赔偿责任。如果无法双方协商解决的，还可能产生诉讼。再如，管理人耗费大量精力选定受托方后，受托方进行短暂接管后发现破产企业本身问题过多而解除委托协议，进而给持续经营带来较大的损害。

另一方面是管理人履行监督职责不力。实践中，管理人的监督程度和范围在不同案件中存在巨大差异。监督程度弱、范围小，可能造成第三方公司侵害破产企业利益；但如果管理人过多干预经营事项，则一定程度上丧失了委托经营的初衷和

---

① 栾甫贵、张敏：《僵尸化中核钛白退出路径的分析及启示》，载《财务与会计》2018 年第 13 期，第 16 页。

意义。

四、破产程序中托管经营的规范与适用

(一)制度依据的完善

考虑到我国公司的控制权实质是股东控制,而我国重整实践中往往会引入新的外部重组方,债务人自行经营模式在我国的适用与美国的模式已经存在较大差异。另外,管理人经营面临着管理经营能力不足、安全防范意识不足和商业意识不足等问题。因此,委托第三方主体经营的方式有较大适用空间。为避免适用规则不同,以法律法规、司法解释等方式予以一定的指导有其必要性,特别是管理人的委托范围权限、管理人确定报酬的原则等方面。以便提高重整程序中确定受托方的效率,避免管理人滥用职权,更应避免管理人通过与受托人约定过高的报酬从中获利的情形。在具体制度规范出台前,破产程序中委托第三方托管经营的,管理人应当依据《企业破产法》《合同法》《公司法》等有关规定予以审慎适用。

(二)明确托管经营的适用条件

为规范破产程序中托管经营适用混乱的情况,有必要在立法层面确定托管经营的适用条件。从破产立法上债权人利益最大化、保护债务人营运价值原则出发,结合当前的破产实践,可以从以下几方面确定托管经营在破产程序中的适用条件:

1. 托管经营有利于债务人企业营运价值的增加,而不是相反。如前所述,在债务人企业明显缺乏继续营业条件下,强行进行托管经营只会适得其反。实务中,在宏观层面可通过企业的技术工艺、生产销售、行业前景、资源背景等综合考察债务人是否具有继续经营价值;在微观层面可以通过比较托管经营成本和预期收益等财务指标,核算托管经营是否有利于保护或提升破产财产价值。如果都能得到正向反馈,则原则上应鼓励债务人企业继续经营。例如,南通新大港储破产案、南通华瑞置业破产案以及华祥房地产公司破产案等,均通过破产期间的经营使债务人财产保值增值,提高了各方债权人的清偿率,同时保护了债务人权益。

2. 破产中的债务人企业不符合自行经营的条件。在相同条件下,债务人自行经营显然比托管经营更有利于保存企业的营运价值,并降低企业继续经营的成本和费用。根据最高人民法院发布的《全国法院民商事审判工作会议纪要》(法〔2019〕254 号)第 111 条之规定,债务人同时符合下列条件的,人民法院可以根据申请批准

债务人在管理人的监督下自行管理财产和营业事务:(1)债务人的内部治理机制仍正常运转;(2)债务人自行管理有利于债务人继续经营;(3)债务人不存在隐匿、转移财产的行为;(4)债务人不存在其他严重损害债权人利益的行为。据此,在符合上述规定条件情况下,理应适用债务人自行经营,而不是由管理人另行委托第三方进行管理和营业。

3. 能够有效招募受托方,进而弥补管理人经营管理能力的"短板"。在不能适用债务人自行管理和营业的前提下,如果企业具备进行营业的必要,同时存在管理人经营管理能力不足的问题,此时就有必要尽快招募符合条件的受托方进行托管经营。当然,介于破产程序的时效性,受托方的招募应当及时果断,而不能久拖不决影响破产程序的正常推进。

4. 受托方不存在损害债务人企业财产或严重损害债权人利益的行为。无论是债务人自行经营还是由管理人托管经营,只要在企业继续营业期间发生隐匿、转移财产的行为,以及其他严重损害债权人利益的行为,均属于"触碰红线"。管理人应当立即向法院申请责令终止继续营业,收回相应的管理和经营权限。

(三)通过签订托管协议明确托管双方的权利义务关系

托管协议是确定委托方和受托方权利义务关系的重要依据。实务中,管理人应在与受托方进行充分协商的基础上,依法与其签订托管协议。其中,尤其应对托管权限范围和托管期限进行明确约定。

其一,关于托管权限范围的确定。一般认为,在破产程序中债务人自行管理条件下,监督权、调查及检查权、撤销及追讨财产型职权、登记申报债权与制作债权表的职责应当由管理人行使;其他重整事务性职权则由债务人行使。① 同时《全国法院民商事审判工作会议纪要》第111条中亦明确,在自行经营情况下企业破产法规定的管理人职权中有关财产管理和营业经营的职权应当由债务人行使。自行经营中管理人与债务人职责权限的划分为托管经营中的权限范围约定提供借鉴,实务中在取得债权人会议授权或法院许可的前提下,管理人应尽可能列明托管经营条件下受托方的管理经营权限范围,具体可包括:决定内部管理事务的范围;决定债务人企业的日常开支等必要开支的范围;对外签订协议的范围;购买生产所需原材料等物品的范围;决定聘用职工的人选和工资标准及职工人数的范

① 王欣新、李江鸿:《论破产重整中的债务人自行管理制度》,载《政治与法律》2009年第11期,第83页。

围等。

其二,关于托管期限的约定。签订委托第三方经营管理的,应当从有利于债务人重整挽救的角度出发对委托期限进行明确约定。依据《合同法》第 410 条的规定,委托人或者受托人可以随时解除委托合同,但是解除合同给对方造成损失的,除不可归责于该当事人的事由以外,应当赔偿损失。因此建议委托期限限定在重整期间内为宜,如果超过,可以在协议中明确委托方在重整计划生效或宣告破产时享有解除权。

(四)合理确定托管报酬标准

委托第三方经营,向其支付合理报酬,一定范围内可以提高受托方的经营积极性,进而产生激励效应,鼓励受托方取得更大的经营收益。依据《合同法》第 404 条、第 405 条之规定,委托人应当向受托人支付报酬,而受托人经营过程中取得的财产应当归破产企业所有。若委托报酬过低的,难以吸引第三方公司接受委托;若委托报酬过高,则易引起债权人反对并降低经营收益。实务中,可根据企业经营的预期收益和实际经营状况,根据一定期间内(如按季度或半年)企业的整体经营收益按适当比例确定受托方的托管报酬的基础标准,如果能超额可以另行提高标准,以鼓励经营积极性。同时,对于委托报酬的确定以及经营过程中的收支情况,可以定期向法院、债权人委员会或者债权人报告和披露。

托管期间结束后,应及时对托管经营中的收支情况进行审计。通过审计可以准确、公平地评估经营期间损益,及时确定破产财产或者共益债务、破产费用。若委托协议约定委托报酬与经营收益有关的,可以据此计算报酬并与托管方及时结算。

(五)加强对受托方的监督管理

破产程序中,可采取公开招募的方式选定受托方,可从委托报酬、委托经营方案、第三方公司规模等多方面综合考虑确定。招募过程中,需要全面向意向受托方披露破产企业的信息,但对商业秘密等应谨慎把控,要求其做出保密承诺。为确保托管经营的稳定,避免受托方随意撤场给债务人造成损害,必要情况下可以要求受托方缴纳履约保证金,在其全面履行托管职责的情况下予以退还。

托管经营开始后,应根据托管协议约定给予受托方充分的经营管理权限,同时适时加强监督管理。具体可从以下几个方面考虑:要求受托方提供担保;要求受托人保守受托企业的商业秘密；受托方对企业进行重大的公司担保、贷款、处分公司资产、购置重大资产，或解雇一定数量的员工，应征得委托人的同意或授权；受托人以债务人名义与受托人关联企业的交易行为需征得委托人的同意；要求受托人定期报告工作和财务收支情况，如遇重大情况须向法院和债权人委员会报告等。

如何判断上市公司是否具有重整价值

朱　峰*

一、问题的提出

近年来,我国社会主义市场经济的增长模式已由过去的高速增长转为高质量增长,然经济运行的周期性以及结构性问题在发展过程中亦逐渐凸显,加之国际经济形势整体下行以及中美贸易摩擦等外部不利因素影响,我国经济在结构转型调整的过程中阵痛明显,不少A股上市公司业已存在资产负债率居高不下的状况,因经营不善或扩张过快等原因陷入财务困境的上市公司数量亦呈现迅速增长之势。

截至2019年9月20日,沪深两市已有68家A股上市公司自行申请或被债权人申请破产重整,其中51家已被法院裁定执行完毕。在此过程中,也存在一些申请破产重整的上市公司被法院依法转为破产清算[①]或撤回重整申请或重整计划未通过的情况。如何确认陷入债务危机的上市公司应当破产重整还是破产清算？作出相应判断所依据的价值判断体系应如何构建？本文将围绕该问题初步论证,以期为上市公司、债权人、法院、管理人、重整投资人等相关方对破产重整价值判断事项提供决策参考。

二、破产重整价值判断的基础思维

破产重整的价值判断其实是一个综合性的工作,不仅涉及法学思维,也涉及会计学思维、社会学思维等一系列的学科思维。综合、全面、系统地把握上述思维在重整价值判断中的地位与作用,是认识与理解破产重整价值判断体系的基础。

---

* 朱峰,国浩律师(上海)事务所合伙人、律师。

① 主要为港股上市公司,境内A股暂无上市公司破产重整转清算的案例。经不完全统计,港股上市公司中由破产重整转为破产清算的公司有浙江玻璃(证券代码739.HK)、富贵鸟(证券代码1819.HK)等。

以法学思维而言，维护破产重整的公平、正义是核心价值。自2007年我国《企业破产法》开始施行至2019年3月《最高人民法院关于适用〈中华人民共和国企业破产法〉若干问题的规定（三）》（以下简称《破产法解释（三）》）的出台，其具体的制度设计都能体现出我国的企业破产制度越来越注重对多方利益主体的权益保护，并逐步重视与加强对各方利益平衡相关机制的构建。我国破产法律制度对于破产重整价值的判断是从保护多方利益主体的公平、正义角度出发的，而并非以仅仅关注债权人一方的利益保护为中心。[①]

以会计学思维而言，"成本效益原则"（cost - benefit principle）的核心观念是一项活动的收益必须大于其成本。破产法范畴内各主体之间的行为实质是一种"交易"，而该种"交易"在耗费资源的同时，并不能如同生产活动那般直接产生社会财富创造效益，它的作用是制止社会财富被浪费。那么在这一特殊交易中，至少应当遵循"卡尔多—希克斯"效益观，即一项交易在满足交易双方的利益时，第三者的总成本不超过交易的总收益，或者说从结果中获得的收益完全可以对所受到的损失进行补偿。[②] 这一观点可以视为破产重整价值判断的最基本价值观，只有首先满足这一价值观才能谈及破产重整的价值判断。

以社会学思维而言，基于"社会控制理论"的原则，有必要在维护社会稳定、安置好员工以免造成社会混乱、无序状态的前提下对企业的相关行为进行规制，对于破产重整也适用于该理论，尤其是上市公司涉及员工人数众多，一旦进入破产程序必然会引起员工恐慌情绪，易引起混乱。在此情形下，在对上市公司破产重整进行价值判断时必定会有相应的考量。

三、破产重整价值判断的基本要素

破产重整的价值判断涉及多种基本要素，其中"判断主体"与"判断客体"是最基本的两个要素，之后才是遵循"判断原则"，依据"判断标准"，最后通过价值判断实现"判断目标"。上述五大要素不可分割，共同构成破产重整价值判断的一整套逻辑体系，整个价值判断的流程相互衔接、相互影响（见图1）。

---

① 郑功成：《中国社会公平状况分析——价值判断、权益失衡与制度保障》，载《中国人民大学学报》2009年第2期，第1~11页。

② 宋小维：《破产法的成本与效益》，载《北京科技大学学报》（社会科学版）2000年第4期，第75~80页。

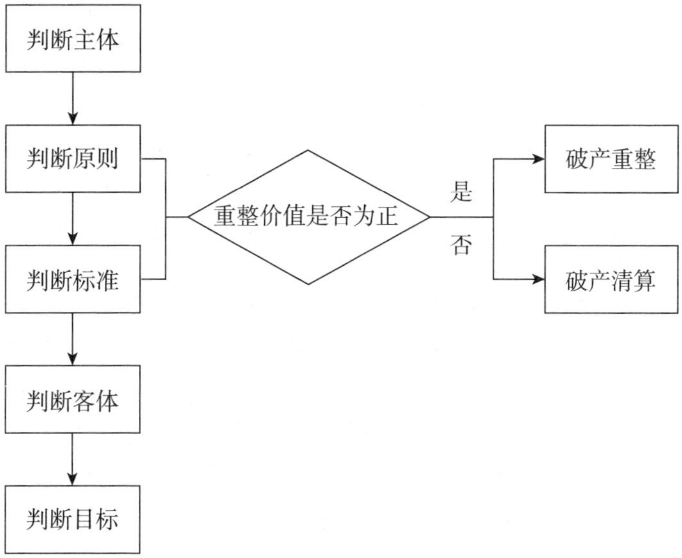

图1　破产重整价值判断体系框架

(一)判断主体

判断主体的涉及面较为广泛,尤其是上市公司的破产重整较非上市公司的破产重整而言,其影响的相关利益方的范围更加广大。上市公司破产重整价值判断的主体主要包括人民法院、管理人、股东、债权人、债务人、职工、重整投资人、政府、证券监管机构以及证券市场的投资者等。[①] 以上市公司川能动力(原“川化股份”,证券代码:000155)为例,2016 年 2 月 15 日,因川能动力不能清偿到期债务且资产不足以清偿全部债务,债权人四川省天然气投资有限责任公司向成都市中级人民法院申请破产重整,成都市中级人民法院指定某律师事务所担任该案管理人。管理人与主要股东、债权人、重整投资人、职工、政府、四川省证监局进行沟通后,制定了《重整计划》交由债权人会议与出资人会议表决并在随后提交法院裁定批准。

结合川能动力的重整程序来看,一般上市公司破产重整的判断主体大致包括债务人、债权人、政府、证券监管机构、职工、股东、管理人、重整投资人、人民法院等。进入破产重整程序后,上述判断主体会根据自身的利益要求与其他判断主体协商、磨合,从而潜移默化地通过整个破产重整程序推动各主体之间综合利益的最大化。

① 杜坤、周含玉:《破产重整公司治理结构逻辑分析——以利益相关者间利益冲突为视角》,载《西南政法大学学报》2014 年第 4 期,第 120 ~ 127 页。

此外,这一判断过程中由于上市公司可能面临重整失败的退市风险,所以也会影响到中小投资者的利益,该主体虽无法直接参与到破产重整的价值判断过程中,但作为判断主体之一的证券监管机构会出于保护投资者利益的考虑,将其利益在破产重整的价值判断和程序审批过程中进行体现。上述主体之间的相互关系错综复杂(见图2)。

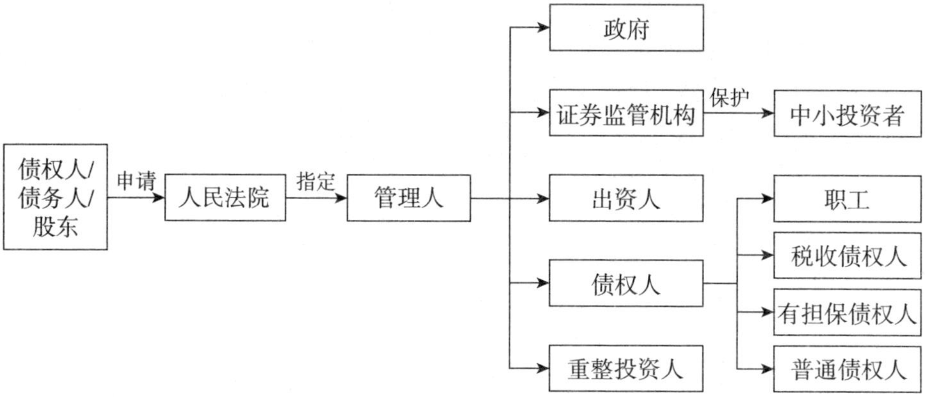

图2 判断主体在破产重整价值判断中的相互关系

(二)判断客体

从成本收益分析的角度来说,判断客体实质上是对破产重整企业重整的投入与重整后产生的经济价值的对比,即重整价值。破产重整价值判断建立在破产重整价值评估的基础上,而其评估的重点其实是针对破产重整与破产清算二者带来的收益差异之间的对比,这一对比是破产重整价值判断中的定量因素。[①] 当然,这一定量因素主要匹配了法院对破产重整计划的批准要求,而其他主体也有着出于不同利益角度而采用的各自不同的判断方法。前述法院为主体的破产重整价值计算方式如图3所示。

① 栾甫贵、张丽群:《企业破产重整价值评估的环境约束及其理论框架》,载《商业会计》2010年第6期,第18~20页。

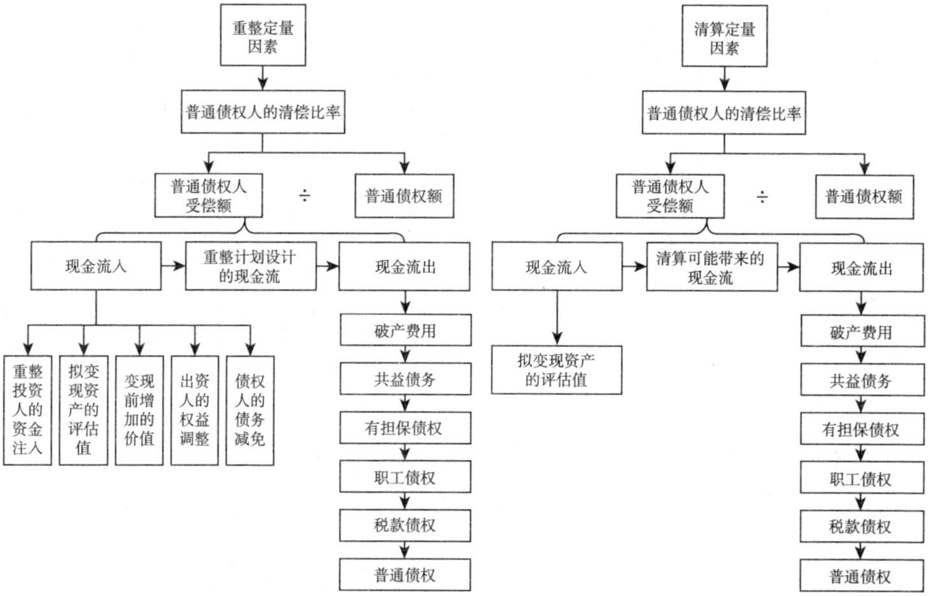

图 3　破产重整价值判断中的定量因素

实务中,不同判断主体从上述不同的利益需求出发,对判断主体作出的判断方法是不同的,具体判断方法如表 1 所示。

表 1　各判断主体的具体判断方法

判断主体	影响因素	遵循原则	判断方法
大股东、实际控制人	企业财务状况、与自身相关的关联债务	积极推进	现金流折现法
普通债权人	重整收益与清算收益的比较(受偿率高低)	受偿率最大化	1. 清算受偿率:[清算财产变现收入 -(破产费用 + 共益债务 + 有担保债权净额 + 职工债权净额 + 税收债权净额)] ÷ 普通债权总额 2. 重整受偿率:[重整收入 -(破产费用 + 共益债务 + 有担保债权净额 + 职工债权净额 + 税收债权净额)] ÷ 普通债权总额
重整管理人	1. 企业财务状况 2. 企业经营情况	重整计划可行性原则	1. 成本法评估资产 2. 重整收益大于清算收益 3. 经营问题可得到进一步改善

续表

判断主体	影响因素	遵循原则	判断方法
重整投资人	1. 自身购买需求 2. 价格承受范围 3. 未来预期收益 4. 购买偏好	未来收益大于购买成本	1. 破产企业与自身业务是否有相关或互补性 2. 破产企业是否具有战略投资价值 3. 未来收益:未来现金流折现 + 实物期权价值 4. 购买成本:投入资金 ×(1 +10 年期国债收益) + 风险补偿(债权评级所对应的违约概率 × 公司净资产规模)
法院	1. 是否符合法定破产重整受理条件 2. 重整计划是否能够满足大多数利益相关方的要求	公平补偿原则	符合《企业破产法》规定的相关要求
地方政府	1. 企业对地区经济的贡献大小 2. 企业所在行业未来趋势	社会利益最大化	1. 收入法核算 GDP 2. 行业趋势分析法判断行业发展趋势 3. 公共利益最大化与社会稳定的原则
证券监管机构	对中小投资者的不利影响	投资者利益优先	1. 上市公司是否按照相关规定进行公告、停牌与复牌 2. 是否与中小投资者充分沟通后对让渡股权进行相应计划

此外,抛开量化的价值评估方式,则需要从破产重整的定性因素出发对重整价值进行判断。这一分析方式虽然没有量化因素那么直观,但其也在实务中发挥着至关重要的作用,有时甚至对破产重整程序的选择起决定作用。从定性因素分析,主要考虑以下几个方面:

1. 企业所处行业前景及市场状况

以上市公司中核钛白(证券代码:002145)为例,2011 年 11 月 30 日中核钛白被债权人提起破产重整,并在 2012 年 7 月 31 日被法院裁定批准重整计划。其中有两大重要原因:一方面是中核钛白自身尚有较好的机器设施、装备,具有重整的价值;另一方面是由于当时的市场对于其主要产品钛白粉等化工原料,尚有一定的容量与需求,公司并没有产能过剩的情况出现,未来的行业及市场经营态势决定了其潜在的重整价值。由此也可以看出行业及市场状况对于部分生产型企业破产重组价值判断的重要定性影响。

2009 年我国最高人民法院发布的《关于正确审理企业破产案件为维护市场经济秩序提供司法保障若干问题的意见》中指出,“对于虽然已经出现破产原因或者有明显丧失清偿可能,但符合国家产业结构调整政策,仍具发展前景的企业,人民法院要充分发挥破产重整与破产和解程序的作用,对其进行积极有效的挽救。”由此也可以看出对于有行业前景的企业,国家也是大力支持并鼓励其进行债务重组并继续发展经营的。

2. 政府的支持程度

实践中,很多国资控股的上市公司,在企业成立、运营的过程中,得益于中央或者地方政府的政策扶持,发展得往往较快、较好,在遇到资不抵债或现金流断裂等情况时,也往往会得到政府的援手,帮助企业脱离债务窘境。就拿笔者参与的上市公司 * ST 偏转(证券代码:000697)为例,其实际控制人就是咸阳市国资委,实控人在重整过程中对上市公司给予了极大的支持与帮助。在这种情况下,政府对上市公司的破产重整持有的态度以及相应的扶持行为,都会成为重整价值判断的重要定性因素。

此外,破产重整程序中,有效的“府院联动”机制很有必要,有效的“府院联动”机制可以加强信息沟通、提高破产程序效率与质量,也可以协助困难的企业进行破产重整,帮助企业解决税务问题以及恢复征信。此外,破产审判工作专项基金等一系列地方的破产重整配套服务软硬件设施的设立在破产重整的过程中对于企业而言也是一大助力。

3. 大股东、实际控制人的决心

在上市公司破产重整中,实际控制人对于重整的支持程度与“壮士断腕”的决心与信念都会在一定程度上影响破产重整的整个进程。大股东、实际控制人的积极配合是破产重整价值判断中必不可少的一大定性因素,毕竟一些上市企业是实际控制人一手发展而来,其对上市公司有很深的个人情感,有时候哪怕上市公司陷入重大的债务危机中,实际控制人也不愿意通过破产清算的方式来解决问题。

此外,有实力、有背景的大股东还能够给上市公司提供一定量的资源、资金支持来帮助其摆脱困境。而很多上市公司债务往往大股东也承担着连带保证责任,这些债务是需要大股东和上市公司一起努力进行清偿的,所以双方对于破产重整的目的其实具有高度一致性。如果在重整方案中,大股东同意让渡高比例的股权来承担更多的责任,从而带动中小股东一起让渡,整个实务工作就会更加顺畅。还是以上市公司 * ST 偏转(证券代码:000697)为例, * ST 偏转原控股股东咸阳市国资委就曾“壮士断腕”将其持有的咸阳偏转 5402 万股股份转让于重组方或其一致行动人。

当然,上市公司和大股东的利益需求其实也存在些微差异,所以在重整价值判断中大股东的重整决心会起着相当重要的作用,大股东与上市公司如果不是一条心,那么整个重整过程中会产生许多困难。

4. 职工就业与社会稳定

上市公司由于公司的经营规模原因,往往员工人数较多,这种情况下,实施破产清算虽然可以给员工提供一定的经济补偿,但是却无法解决员工失业后的“再就业”问题,失去工作的职工会从各个层面对社会产生影响,且大多是消极影响。大规模的员工失业势必会影响社会的稳定,从社会价值角度出发,如果通过破产重整,将上市公司的员工妥善安置,保证大部分人的持续稳定的工作,将会使地方获得不可估量的社会收益,维护当地社会的稳定。① 因此,员工问题也是破产重整价值判断中的重要定性因素。

5. 上市公司是否属于战略新兴产业

近年来,我国正在大力扶持战略新兴产业的发展,按照党中央、国务院决策部署,进一步落实创新驱动发展战略,对我国具有关键核心技术创新能力的企业进一步加大扶持力度是当下经济发展的重要举措。对于属于战略新兴产业的上市公司,国家政策和地方政府都会给予支持与帮助,只要上市公司在行业内尚有一定的优势竞争力,那么将其重整之后得到的效益在一定程度上必然会高于清算所获得的效益。

(三)判断原则

破产重整价值判断基本要素中的判断原则,是判断主体进行价值判断时所参照的主要依据,它主要包括权益均衡原则、全面性原则、效益性原则和发展性原则。② 该部分原则在表 1 的具体操作中也有所体现:

1. 权益均衡原则主要从法院工作中得以体现。法院在裁定受理重整申请与裁定批准重整计划的工作中,会主要关注到管理人、股东、债权人、职工、重整投资人及

---

① 栾甫贵、侯晶:《上市公司破产重整价值判断体系的探讨》,载《北京工业大学学报》(社会科学版)2017 年第 4 期,第 26 ~ 32 页。

② 侯晶、王一冉:《上市公司破产重整价值判断的逻辑起点及体系框架》,载《西部财会》2016 年第 9 期,第 48 ~ 50 页。

政府等相关方的利益均衡性，尽可能以公平、公正为原则，保证破产重整价值判断在各相关方权益均衡的大原则下有序进行。

2. 全面性原则包含两个方面。一是在价值判断时，要考虑到上市公司内部与外部各方面的情况，考虑到影响价值判断的定量与定性因素等多方面的情况，从全面的视角分析上市公司；二是要求将上市公司作为一个整体考虑，而并非将其割裂开作为一个个零部件来衡量价值。上市公司的各部分排列组合成为一个有机整体之后才可能在未来创造价值，仅仅以割裂、不变的眼光是不可能看出上市公司的未来潜力的。也就是说，仅看到当下上市公司的累累负债以及不良的资产状况是片面的，必须以整体的视角看到其综合实力下的未来价值。

3. 效益性原则的要求是各主体在进行破产重整的价值判断时，要以未来效益的眼光来进行判断。作出是否去盘活一个企业的判断是需要以其未来带来的经济产出作为依据的，这也符合经济学的成本效益法的理念。此外，此处所述的效益不仅仅包括经济效益，也要以全面性的原则考虑到其对当地经济、当地社会、当地人民产生的综合效益。

4. 发展性原则要求判断主体以发展的眼光来看待上市公司，不能以一成不变的眼光来对待。以发展的眼光来看待上市公司，不仅要结合当前的行业前景、企业经营情况，也要进行未来的行业趋势预测与企业重整后的经营能力预测，通过动态的价值评估方法对重整价值进行判断，从而做出最终选择。

（四）判断标准

重整价值判断标准是判断主体在进行判断时所依据的主要尺度，从宏观层面来看，判断标准就是指重整收益大于清算收益，但结合个案也需要具体问题具体分析，因为除了定量因素之外，还有定性因素也需要考虑。定量因素与定性因素的相关内容在前文已经有详细阐述。

以定性与定量两者结合作为判断标准，是符合实际的，具体判断标准逻辑如图 4 所示：

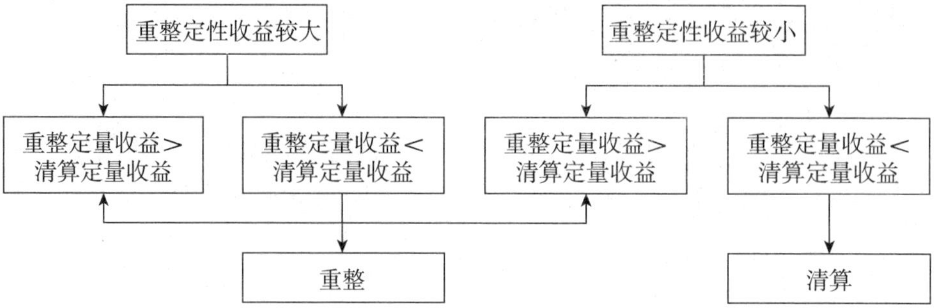

图4 破产重整价值判断具体标准

实际上，我国境内证券市场中的上市公司还从未有过破产清算，陷入债务危机的上市公司通常还是以破产重整以及庭外债务重组为主要解决方式。由于“壳资源”的商业价值，很多“僵尸企业”还留存在A股市场，业界戏称它们为“不死鸟”。但无论如何，在考虑上市公司破产重整价值时，还是应当结合定性与定量因素来进行分析，而且应当以定性因素为主，因为实践中还是存在一些重整定量收益可能小于清算定量收益，但是由于定性因素的存在权重很大，比如当地政府为了政绩、维稳的考虑，在和债权人充分沟通后将上市公司债务协商打折处理，债权人最终也接受了一个较低的重整清偿率的实践情况。这就是典型的定性因素的决定性作用。

（五）判断目标

如果从宏观、整体的角度来看，破产重整价值判断的主要目标是协调各判断主体的利益的基础上实现重整社会价值与经济价值的最大化。这一目标是终局性的，也是最高层次的。但是在细化到不同判断主体时，重整价值的判断目标实质上也是有所区别的，由于趋利避害的心理影响，不同判断主体的判断目标是不同的。

1. 债务人的目标

债务人的目标是实现企业存活以及未来自身价值的最大化。只有企业存活才有继续发展的可能，只有继续发展才有实现未来价值的可能，而实现未来价值最大化一方面是企业发展过程的终极追求，另一方面也是满足重整投资人对自身收益最大化的侧面反映。

2. 大股东、实际控制人的目标

大股东的目标是追求自身利益的最大化。这一自身利益既需要对已有的大股东与上市公司之间的关联债务，通过破产重整程序消解，另外，大股东也需要在破产重整后能够对上市公司享有部分股权或现金的权益。但限于《企业破产法》对清偿顺序的规定,往往在破产重整后,大股东是无法获得相应的权益的,其股权还须被让渡出去部分或全部。

3. 债权人(包括职工、税务部门)的目标

债权人的目标其实很简单,就是争取受偿率的最高化。对于债权人而言重整与清算对债权人来说唯一的区别就是两者可能带来的受偿率不同,作为债务人,一定会选择受偿率更高的清偿方式,即使在重整程序中,债权人会议也有权不通过受偿率较低的重整计划,从而导致重整程序终止企业被裁定破产清算。在实践中,港股上市公司浙江玻璃(证券代码:739. HK)、富贵鸟(证券代码:1819. HK)由破产重整转为破产清算就是由于普通债权人清偿率过低,债权人会议没有通过重整计划而由法院裁定重整终止,至此,上市公司宣告破产。

4. 政府的目标

政府对于重整价值的考量,主要是出于当地社会经济以及社会稳定的角度,政府追求的应当是社会整体价值的最大化。政府对于重整价值的考量更多的应该是出于对当地社会资源配置的考量,从宏观层面去衡量投入的社会资源去挽救上市公司之后能够带来的社会效益,和企业破产后资源交给其他企业进行发展的社会效益之间的对比,具体对比项有比如员工的安置、稳定就业、当地 GDP 发展等。政府致力于促进社会经济的稳定,维持社会资源的优化、有序配置,促进当地经济的高质量发展。

5. 重整投资人的目标

重整投资人追求的是投资收益的最大化,以其自身为视角,看到的实际上不是破产重整,而是一个股权收购、资产收购的交易。从收购一家上市公司股权、资产的交易角度出发,重整投资人要的是低价购买相关权益、资产之后未来上市公司继续经营能够给重整投资人带来的价值回报,这更像是一次价值投资。重整投资人追求的是较低的购买成本与最大化的未来收益,综合来说就是投资收益最大化。

6. 证券监管机构的目标

证券监管机构为证券市场的中小投资者发声,它追求以证券市场秩序与中小投资者权益保护为导向的上市公司健康、有序融资。与证券市场法律制度强调保护投资者特别是中小投资者的合法权益不同,破产重整制度主要是从保护债权人利益角度出发,对中小投资者利益保护并未做特别考虑。这一部分利益理应由证券监管机构来进行规范,虽然目前国家还没有出台相应的法律法规对其进行规定,但是笔者建议我国立法上在未来进一步完善上市公司破产重整制度中对中小投资

者权益的保护相关的法律规范,尤其要注重中小投资者的利益表达机制与权利救济机制。

四、结语

上市公司破产重整相较于一般非公众公司的破产重整而言更为复杂,一方面涉及的利益相关方更多且波及面广,另一方面影响其价值判断的定性因素与定量因素也更加灵活易变。对于上市公司破产重整进行全面、完善的价值判断,不仅要从各判断主体的角度出发通过各种不同的判断原则来践行判断标准,也需要政府、法院从整体的视角出发全面、综合地对上市公司破产重整价值进行准确判断,尽可能均衡地满足各利益相关方的合法权益。

房地产企业破产时如何解决网签备案注销问题

孙才华　王　杉*

房地产企业破产案件中，管理人行使《企业破产法》第18条规定的合同解除权解除商品房买卖合同后，往往需要办理商品房网上签约备案注销手续，才能最终去除商品房上的权利负担，为资产处置提供必要的条件。地方房地产主管部门关于商品房买卖合同网上签约备案及异动管理的规定，采取了买卖双方共同申请和单方申请注销两种模式。[①] 在债权人拒绝配合办理手续的情况下，采取何种途径注销网上签约（以下简称"网签"）备案，是房地产企业破产案件中面临的一个常见问题。为了解决这个问题，既要照顾房地产主管部门对商品房销售全过程监管的规范要求，又要合理运用商品房买卖合同纠纷案件的诉讼和执行手段，还要适应破产案件的审理节奏。本文试就此作出探讨。

一、债权人不配合注销网签备案的原因及其影响

（一）债权人不配合办理网签备案注销手续的原因

在管理人解除商品房买卖合同后，部分债权人不同意解除商品房买卖合同，就会拒绝协助办理网签备案注销手续；也有部分债权人虽然对解除商品房买卖合同无异议，但是担心其购房债权受偿前注销网签备案会导致其合法权益失去保障，从

* 孙才华，北京中伦（武汉）律师事务所破产与重组业务负责人；王杉，北京中伦（武汉）律师事务所律师。

① 参见《武汉市住房保障房管局关于进一步加强商品房买卖合同网上签约备案及异动管理工作的通知》（武房规〔2018〕8号）第4条、第7条，《成都市城乡房产管理局关于印发〈成都市商品房买卖合同登记备案管理办法〉的通知》（成房发〔2013〕13号）第13条，《重庆市国土房管局关于开展存量房交易合同网上签约工作的通知》（渝文备〔2016〕593号）第5条。

而主张先履行抗辩权;[①]有的债权人则借此向债务人索取非法利益,作为其协助办理网签备案注销手续的条件。

1. 不同意解除合同

近年来,随着商品房价格的上涨,债权人因解除商品房买卖合同获得的偿付,往往明显低于其要求继续履行商品房买卖合同所能够获得的房屋价值。从自身经济利益出发,债权人不同意解除商品房买卖合同,这成为近年来债权人拒绝协助办理网签备案注销手续的最常见原因。

2. 担心注销后权益受损

有的债权人虽然同意解除商品房买卖合同,但担心注销后权益受损而提出抗辩。例如,在原告建德市梅城宾馆投资有限公司与被告林楚鹤商品房销售合同纠纷一案中,对于原告提出的判令被告立即协助原告注销在其名下5份商品房买卖合同的网签备案登记的诉讼请求,被告林楚鹤辩称:双方同意解除商品房买卖合同是基于原告全额履行付款义务,故协助办理注销网签手续并非原告所主张合同解除的后合同义务。若合同解除,网签登记必须立即注销,那么被告自原告支付款项后立即协助办理注销网签手续的约定就毫无意义。[②]

3. 索取非法利益的谈判筹码

在某些房地产企业破产案件中,有的债权人对管理人解除商品房买卖合同并无异议。但是,当债务人要求其配合办理网签备案注销手续时,在了解单方申请注销网签备案的条件及其实现路径后,债权人就借此向债务人索取种种非法利益,否则就拒不配合办理。协助办理网签备案注销手续,因此沦落为债权人索取非法利益的交易条件。

(二)债权人不配合办理网签备案注销手续产生的影响

如果债权人不配合办理网签备案注销手续,将会给破产案件的审理带来较大的影响。首先,去除权利负担,是实现破产财产变价和资产处置的基本条件。作为破产财产的商品房,在其网签备案注销手续没有完成的情况下,难以实现变价出售。其次,如果债权人不配合办理网签备案手续,债务人或管理人只能对照房管部门关于商品房买卖合同网签备案及异动管理的规定,寻求单方办理注销网签备案

---

① 参见建德市人民法院(2019)浙0182民初588号、(2019)浙0182民初591号、(2019)浙0182民初600号。

② 参见建德市人民法院(2018)浙0182民初4836号。

手续的依据，即取得确认商品房买卖合同解除、撤销或无效的生效法律文书。[①] 通过民事诉讼或者仲裁取得所需要的生效法律文书，不仅会额外增加债务人的负担，而且需要经过较长的时间周期，裁判结果也具有较大的不确定性，从而不可避免地影响破产案件的审理进展。

二、单方申请注销网签备案的司法路径

为了取得单方申请注销网签备案所必需的生效法律文书，或者可替代的执行依据（或称"执行名义"），债务人或管理人在破产实践中尝试了多种司法路径。

（一）请求裁判确认购房合同解除、撤销或者无效

在大量的破产衍生诉讼案件中，债务人或者利害关系人通过诉讼的方式取得确认商品房买卖合同解除、撤销或者无效的民事裁判文书。例如，在原告（反诉被告）米娟丽、阚德民与被告（反诉原告）唐山市金凤桐房地产开发有限公司与破产有关的纠纷一案中，唐山市中级人民法院认为，米娟丽、阚德民提交的证据尚不足以证明已交纳购房款，唐山市金凤桐房地产开发有限公司在已经进入破产重整程序的情况下，唐山市金凤桐房地产开发有限公司管理人根据《企业破产法》的相关规定，解除双方签订的商品房买卖合同，依据充分，判决确认商品房买卖合同已于2017年10月15日解除。[②]

又如，在浙江临安中都置业有限公司管理人、杭州诺维园林市政工程有限公司管理人诉朱如明、张红梅请求撤销个别清偿行为纠纷一案中，杭州市余杭区人民法院认为临安中都置业公司以商品房清偿诺维园林市政公司所欠朱如明债务的行为发生在该院受理中都控股集团破产清算申请前6个月内，且该清偿行为发生时临安中都置业公司、诺维园林市政公司已出现不能清偿到期债务且资产不足以清偿全部债务的情形，而该清偿行为致使两公司进入破产程序后的可分配财产减少，损害了其他债权人的合法权益，有违债权公平清偿原则。因此，临安中都置业公司管理

---

① 《武汉市住房保障房管局关于进一步加强商品房买卖合同网上签约备案及异动管理工作的通知》（武房规〔2018〕8号）第7条第1款规定："已办理商品房买卖合同备案并存在以下情形的，当事人可申请办理合同备案注销：（一）人民法院、仲裁机构生效的法律文书裁判确认（含调解书）商品房买卖合同解除、撤销或无效的；（二）购房人在同一项目中换购的；（三）合同备案后180天内购房人申请按揭贷款未获金融机构批准造成合同无法继续履行的，当事人另有约定的除外；（四）购房人本人或其父母、子女、配偶患重大疾病急需资金，房地产开发企业同意解除商品房买卖合同的；（五）其他特殊情形确需办理合同备案注销的。除第（一）种情形可单方申请之外，其他情形需合同双方共同申请。"

② 参见唐山市中级人民法院（2018）冀02民初22号。

人、诺维园林市政公司管理人有权要求撤销临安中都置业公司、诺维园林市政公司上述个别清偿行为,并有权要求撤销因该清偿行为而签订的商品房买卖合同。判决撤销浙江临安中都置业有限公司与被告朱如明、张红梅签订的商品房买卖合同。①

再如,原告兴化市国土资源局与被告兴化市香娟房地产开发有限公司、赵娟确认合同无效纠纷一案中,兴化市人民法院认为:赵娟在重整计划执行期间通过与兴化香娟公司签订以房抵债协议及商品房买卖合同的方式向兴化香娟公司主张权利,显然违反了《企业破产法》第 92 条第 2 款关于"债权人未依照本法规定申报债权的,在重整计划执行期间不得行使权利"的规定,根据《合同法》第 52 条第 1 款第(五)项规定,前述协议及合同依法应认定为无效。判决确认被告兴化市香娟房地产开发有限公司与被告赵娟于 2011 年 10 月 12 日签订的商品房买卖合同无效。②

此外,根据《最高人民法院关于适用〈中华人民共和国企业破产法〉若干问题的规定(三)》第 8 条中"当事人之间在破产申请受理前订立有仲裁条款或仲裁协议的,应当向选定的仲裁机构申请确认债权债务关系"的规定,如果商品房买卖双方在破产申请受理前订立有仲裁条款或仲裁协议,合同效力纠纷应当提交选定的仲裁机构仲裁解决。

(二)申请裁定确认合同解除

以裁定的形式确认解除待履行的商品房买卖合同,在程序上比较便捷高效,在我国破产审判实践中已有先例。例如,常熟市隆盛置业有限公司重整案审理过程中,因隆盛公司与买方签订的 106 份商品房买卖合同未实际全面履行付款义务,合同尚未履行完毕,自破产申请受理之日起 2 个月内管理人未通知买方继续履行。管理人根据《企业破产法》第 18 条之规定,向常熟市人民法院申请确认该 106 份商品房买卖合同解除。该院经审理认为:管理人依法履行《企业破产法》规定的各项职责,按照破产财产价值最大化原则,对隆盛公司未履行完毕的双务合同有权决定解除或者继续履行。隆盛公司与徐丽亚等人签订 106 份商品房买卖合同后,徐丽亚等人未按合同约定实际履行付款义务,且上述 106 份合同项下的商品房均未建成。管理人对未履行完毕的 106 份商品房买卖合同行使解除权,并无不当。据此,依照《企业破产法》第 18 条、《民事诉讼法》第 154 条第 1 款第 11 项之规定,裁定确认解

---

① 参见杭州市余杭区人民法院(2017)浙 0110 民初 13581 号。

② 参见兴化市人民法院(2018)苏 1281 民初 1717 号。

除该106份商品房买卖合同。[①]

(三)请求判令购房人协助注销网签备案

人民法院往往根据原告的申请,在判决确认商品房买卖合同解除、撤销或者无效的同时,一并判决购房人协助办理网签备案注销手续,或者单独判决购房人协助债务人办理网签备案注销手续。例如,在唐山市金凤桐房地产开发有限公司与仝胜科、胡英坤与破产有关纠纷一案中,唐山市中级人民法院认为,本案中金凤桐公司管理人已决定解除涉案《房屋买卖合同》,并向被告发出解除合同通知,被告确于2017年10月16日收到该通知,故金凤桐公司与仝胜科、胡英坤签订的《房屋买卖合同》自该日已予以解除,被告仝胜科、胡英坤应配合原告金凤桐公司办理解除网签、备案手续。判决被告仝胜科、胡英坤于本判决生效后5日内配合原告唐山市金凤桐房地产开发有限公司办理解除网签、备案手续。[②]

(四)申请协助执行其他破产法律文书

破产实践中,破产企业或管理人有时向人民法院提出申请,请求将重整计划草案、无异议债权裁定、破产债权确认之诉裁判文书等作为可替代的执行名义,通知房管部门协助执行网签备案注销手续。

经人民法院裁定批准的重整计划草案,在某些方面是具有强制执行效力的。"因重整计划是经法院裁定批准生效的,其效力就不仅是当事人之间自行履行的一般合同效力,而是兼具有司法强制执行效力的生效法律文书,应当得到法院的执行保障。"[③]根据《企业破产法》第81条的规定,重整计划草案的内容应当包括债务人的经营方案、债权分类、债权调整方案、债权受偿方案、重整计划的执行期限、重整计划执行的监督期限、有利于债务人重整的其他方案。管理人根据有利于债务人重整的原则决定解除商品房买卖合同,基于其对债务人重整的有利性,似乎可以纳入重整计划草案的内容。此外,人民法院在作出的无异议债权裁定或者破产债权确认判决中,如果确认了商品房买卖合同的解除、撤销或者无效,该类裁判文书有时作为通知房管部门协助执行的方式注销网签备案的执行名义。

---

① 参见常熟市人民法院(2014)熟破字第00003-01号。

② 参见唐山市中级人民法院(2018)冀02民初176号、杭州市余杭区人民法院(2017)浙0110民初13581号。

③ 王欣新:《谈重整计划执行中的协助执行》,载《人民法院报》2016年7月13日,第7版。

（五）司法路径涉及的几个具体问题

1. 管理人是否具备原告主体资格

根据《企业破产法》和相应司法解释的规定，管理人可提起撤销权诉讼和无效行为之诉。但是，对于管理人能否提起解除商品房买卖合同之诉，却没有明确规定。南充市中级人民法院在审理谯明满、鲜明珍与四川海腾房地产开发有限公司管理人房屋买卖合同纠纷一案时，裁定认为：海腾公司未注销，具备民事诉讼主体资格。海腾公司管理人径行以原告主体资格提起诉讼，应由法律作出明确规定。《最高人民法院关于适用〈中华人民共和国企业破产法〉若干问题的规定（二）》第9条明确管理人依据《企业破产法》第31条、第32条的规定可提起撤销权诉讼，第17条明确管理人依据《企业破产法》第33条的规定提起无效行为之诉。海腾公司管理人提起本案解除房屋买卖合同之诉，不属于《企业破产法》第31～33条规定的情形，故海腾公司管理人不具备原告诉讼主体资格。①

此案中，人民法院对管理人的原告主体资格作出限制解释，即除非法律有明确规定，管理人无权以原告身份提起破产衍生诉讼。由于法律并未赋予管理人提起解除合同之诉的权利，管理人不得以原告身份诉请解除商品房买卖合同。事实上，本案还涉及另外一个法律问题：在企业破产法已经明确赋予管理人对待履行合同的继续履行或者解除之决定权的情况下，债务人或者管理人能否通过诉讼方式请求法院判决解除合同？以下作进一步分析。

2. 提起确认之诉、形成之诉，还是给付之诉

为了实现注销网签备案之目的，房地产破产企业提起诉讼时，应提起确认之诉、形成之诉，还是给付之诉？破产实践中出现过这“三种诉”。较为常见的是请求确认商品房买卖合同已经解除，即提起确认之诉；②在极少数情况下，有的请求解除商品房买卖合同，即提起形成之诉；此外，在提起确认之诉的同时一般附带诉请购房人协助房地产企业办理网签备案注销手续，或者单独诉请购房人协助办理网签备案注销手续，即给付之诉。

对于债务人和对方当事人均未履行完毕的合同，债务人进入破产程序的，除非根据《企业破产法》第18条的规定，管理人选择继续履行的合同可以继续履行外，

---

① 参见南充市中级人民法院（2018）川13民终3693号。

② 参见苏州市相城区人民法院（2017）苏0507民初2989号。

其他合同均应解除。[①] 如果商品房买卖合同属于"债务人和对方当事人均未履行完毕的合同",管理人自破产申请受理之日起两个月内未通知买方的,视为解除合同。既然房地产企业进入破产程序后,管理人有权单方决定解除买卖双方均未履行完毕的商品房买卖合同,商品房买卖合同也可因管理人未通知继续履行或者收到买方催告后不按期答复而"视为解除",债务人没有必要提起形成之诉。如果确有必要,应提起确认之诉。

实践中,有债务人附带或者单独诉请债权人协助其办理网签备案注销手续,人民法院可将其作为判项。但在有的地方房管部门看来,如果出现此类判项,应由买卖双方共同申请注销网签备案,如果没有此类判项,则可由债务人依据有确认商品房买卖合同解除、撤销或无效的裁判文书单方申请注销网签备案。

3. 让与担保合同项下的网签备案如何解除

当事人以签订商品房买卖合同作为清偿债权的担保,虽然合同双方之间并非真实的房屋买卖关系,但是合同并不因此而无效,管理人也并不当然地有权决定解除。这是因为:如果商品房买卖合同的实质是让与担保合同,而其所担保的主合同即借款合同的出借人已履行完毕资金出借义务,管理人无权基于《企业破产法》第18条的规定决定解除商品房买卖合同。[②] 在解除履行期届满前达成的以物抵债协议或者让与担保合同不能被确认无效或者解除的情况下,商品房买卖合同项下的网签备案又如何注销呢?《全国法院民商事审判工作会议纪要》第45条、第71条等条款并未提供现存的答案。

三、关于合同解除裁定确认制度的思考

在债权人不配合办理网签备案手续的情况下,提起商品房买卖合同解除、撤销或无效的确认之诉,会因审理周期较长而迟滞破产案件的审理进展。破产实践中,常熟市人民法院在审理常熟市隆盛置业有限公司重整案中,采取了以裁定的形式确认解除待履行的商品房买卖合同的路径,便捷高效,值得研究借鉴。

(一)建立合同解除裁定确认制度的可行性

在现行企业破产法制度框架下,管理人享有免于诉讼的待履行合同自行决定解除权。根据《企业破产法》第31~33条和相关司法解释之规定,合同的撤销或无

① 参见最高人民法院(2016)最高法民申3384号。

② 参见最高人民法院(2019)最高法民申3020号。

效，须由管理人向人民法院提起撤销权诉讼或者无效行为之诉，管理人无权自行宣布合同的撤销或者无效。合同的解除则不同，可由管理人单方自行决定，而不以人民法院裁判为前提。《企业破产法》在管理人权限上的这种区别设计，颇具匠心，为管理人在决定解除合同后，不经人民法院实体审理，而直接申请人民法院裁定确认合同解除之事实，提供了制度上的解释空间。

既然企业破产法已经赋予管理人免于诉讼的待履行合同自行决定解除权，管理人决定解除合同或者合同视为解除后，该合同已经解除的事实，无须再由债务人或者管理人通过提起合同解除确认之诉来重复确认。正是基于此种考虑，南充市中级人民法院认为："合同解除的异议人可请求人民法院确认解除合同的效力，管理人无须提起解除合同之诉。"①

（二）关于合同解除裁定确认制度的主要构想

《企业破产法》虽然没有要求债务人或者管理人通过提起合同解除确认之诉的方式确认合同已经解除的事实，但这并不代表该事实不需要经过司法确认即具有对房管机关的强制执行效力。商品房买卖合同的解除，这种与债权人会议的债权核查结果、重整计划草案等类似的，对债权人的实体权利有重大影响的事项，还需要人民法院通过裁定的方式予以明确。现行《企业破产法》第 4 条、第 18 条和《民事诉讼法》第 154 条第 1 款第（十一）项规定，构成了合同解除裁定确认制度的法律规范依据。② 以此为法律规范基础，有关合同解除裁定确认制度的主要构想如下：

1. 裁定确认的条件

申请人民法院裁定确认合同解除，应当符合以下条件：

（1）商品房买卖合同已经依照《企业破产法》第 18 条的规定予以解除。具体包括三种情形：管理人决定解除合同并通知购房人；管理人自破产申请受理之日起 2 个月内未通知购房人，或者自收到购房人催告之日起 30 日内未答复而视为解除合同；管理人决定继续履行合同，但购房人要求管理人提供担保，管理人不提供担保

---

① 南充市中级人民法院（2018）川 13 民终 3693 号。

② 《企业破产法》第 4 条规定："破产案件审理程序，本法没有规定的，适用民事诉讼法的有关规定"。《民事诉讼法》第 154 条规定："裁定适用于下列范围：（一）不予受理；（二）对管辖权有异议的；（三）驳回起诉；（四）保全和先予执行；（五））准许或者不准许撤诉；（六）中止或者终结诉讼；（七）补正判决书中的笔误；（八）中止或者终结执行；（九）撤销或者不予执行仲裁裁决；（十）不予执行公证机关赋予强制执行效力的债权文书；（十一）其他需要裁定解决的事项。对前款第一项至第三项裁定，可以上诉。裁定书应当写明裁定结果和作出该裁定的理由。裁定书由审判人员、书记员署名，加盖人民法院印章。口头裁定的，记入笔录。"

而视为解除合同。

(2)购房人对解除效力无异议,或者未在债务人提出申请裁定确认前就解除效力提起诉讼,或者提出的关于解除效力之异议的诉讼主张未获得支持。购房人未对债权人会议上核查的债权表记载的债权提出异议或者未在债权异议期提起诉讼的,视为对解除效力无异议。

2. 裁定确认的程序

在监督程序上,合同依照《企业破产法》第 18 条的规定解除后,应该参照人民法院对无异议债权的确认、对重整计划草案的批准等程序,由管理人向人民法院提出申请,由人民法院裁定是否确认。裁定确认程序,应该分三步走:

第一步,由管理人向人民法院提出确认申请。管理人基于专属于自身的合同解除权,有权以自己的名义在合同解除后直接向人民法院申请裁定确认合同解除的事实和效力。

第二步,通知债权人并听取其意见。解除商品房买卖合同对债权人的实体权利影响较大,基于"任何人在受到不利影响之前都要被听取意见"之自然正义理念,人民法院在收到管理人申请后,应告知债权人,听取其陈述和申辩。

第三步,人民法院审理后作出确认裁定。人民法院经审理后,如果认为商品房买卖合同的解除符合《企业破产法》第 18 条的规定,应予裁定确认。

四、结语

为了解决房地产企业破产案件中的网签备案注销问题,合同解除的裁定确认方式已在破产实践中萌发。为规范企业破产程序,提高破产审判效率,在管理人合同解除权的基础上明确合同解除裁定确认制度,具有紧迫的实践需求。正是基于实践的需求,我们可以预见,合同解除裁定确认制度从实践探索到制度明确,不会很漫长。

债务人相关人员“跑路”时拯救企业破产的清算困境

余鲜鲜*

当前因债务人的实际控制人、法定代表人、股东、管理人员怠于履行清算义务，破产案件受理时上述人员多已“跑路”、下落不明，财务账册已丢失等，致使破产清算工作无法进行或无法完整进行，裁定终结破产程序的案件数量越来越多。本文通过分析债务人的相关人员在债台高筑、濒临破产时选择“跑路”的原因，针对性地提出对策，以帮助规制相关人员意图通过“跑路”逃避债务的不良现象。

一、“跑路”的原因分析

债务人的相关人员下落不明，或者说债务人的相关人员“跑路”，一方面是债务人自身的原因，另一方面是外部原因，比如：当前有关债务人跑路的法律规定不够完善，违法成本过低，惩罚力度不够，导致跑路的债务人有恃无恐。

（一）债务人自身的原因

对于诚实守信但却又不幸的债务人来说，破产是最好的止损线。通过合法的破产清算，可以豁免部分债务，开始新的人生，企业的股东也只要在出资范围内对债务承担责任即可。但债务人却选择跑路，原因主要有以下几个方面：

第一，债务人企业的对外债务中，往往都有企业法定代表人个人或者配偶、子女作为担保人，即便是企业完成破产清算工作，但是提供担保的法定代表人个人、配偶、子女的担保责任却不能豁免。我国目前尚未建立个人破产制度，趋利避害是人的本能，在这种情况下，债务人觉得看不到新的希望，所以会选择逃跑，躲避债务。

* 余鲜鲜，浙江波宁律师事务所企业破产重整法律事务部副主任，三级律师。

第二,公众目前对于破产还缺乏正确的认识,很多人"谈破色变",尤其是作为债务人,觉得自己打拼一辈子的事业没了,还要被破产清算,认为很没面子,心理上有很大的压力,缺乏面对的勇气,为了保全自己积累的财富,选择携款逃走。

第三,诚实信用原则是民商事领域里的帝王规则,诚信经营、合法经营是每个企业都应遵循的准则,但是却有不少企业在经营的过程中,存在偷税、漏税、做假账等违法行为,通过正常的破产清算程序,上述违法行为很可能被发现,债务人也将面临涉诉,甚至承担刑事责任的风险,债务人因为害怕会选择跑路。

第四,对于破产的企业,尤其是许多的民营企业,难以从银行获得融资。作为融资途径的补充手段,民间借贷在一定程度上解决了部分社会融资需求。① 而民营企业对外的债务有很大一部分是民间借贷,甚至是高利贷,这些债权人穷追不舍、讨债的手段恶劣,使债务人心生畏惧,害怕报复,选择趁机逃跑。

(二)其他原因

《最高人民法院关于债权人对人员下落不明或者财产状况不清的债务人申请破产清算案件如何处理的批复》(以下简称《批复》)中明确,债权人对人员下落不明或者财产状况不清的债务人申请破产清算,符合《企业破产法》规定的,人民法院应依法受理。据此,债务人能否依据《企业破产法》第 11 条第 2 款的规定向人民法院提交财产状况说明、债权债务清册等相关资料,并不影响对债权人申请的处理。

《最高人民法院关于适用〈中华人民共和国公司法〉若干问题的规定(二)》(以下简称《破产法解释(二)》)第 18 条规定,有限责任公司的股东、股份有限公司的董事和控股股东因怠于履行义务,导致公司主要财产、账册、重要文件等灭失,无法进行清算,债权人主张其对公司的债务承担连带清偿责任的,人民法院应依法予以支持。

从当前我国关于债务人下落不明的相关立法现状可以看出,当债务人下落不明时,债权人申请债务人破产是没有障碍的,当债务人下落不明,财务账册遗失时,也只是判决股东对公司的债务承担连清偿责任。我国的《企业破产法》也没有规定在企业出现破产原因,符合破产条件时,企业的实际控制人、股东以及企业的高管申请破产清算的义务。此外,在《企业破产法》"法律责任"的章节中,对于不履行法定义务的直接责任人员,比如债务人拒不移交财务账册、印章等资料而使财产状况

---

① 张强:《民间借贷的发展现状、风险分析及其法律规制》,载《金融纵横》2013 年第 1 期,第 55 ~ 63 页。

不明的，仅规定法院可以处以罚款。

正是因为法律没有规定其申请破产清算的义务，也没有规定对债务人“跑路”给予严格的责任和处罚，让他们觉得有机可乘，在债台高筑，濒临破产时，选择一走了之，不愿承担法律责任。

二、“跑路”时破产清算工作面临的困境

债务人下落不明会给破产工作带来很多困境，增加办案的成本，比如是不是要参照《民事诉讼法》中公告送达的期限送达、如何催讨应收账款、如何提起追缴股东未出资到位的诉讼、员工的债权应如何认定，管理人无法依职权核查时，是否应通知员工申报劳动债权，如何分配从而平复员工情绪，缓和社会矛盾、何时终结破产程序等。

（一）对债务人的送达方式及期限不明确

《企业破产法》第10条规定，债权人提出破产申请的，人民法院应当自收到申请之日起5日内通知债务人，债务人对申请有异议的，应当自收到人民法院的通知之日起7日内向人民法院提出。《企业破产法》中并没有规定当债务人下落不明时，采取何种方式送达，只是规定了债务人对申请有异议的，应当在收到通知之日起7日内向法院提出。我国《民事诉讼法》第92条规定，受送达人下落不明，或者适用本节规定的其他方式无法送达的，公告送达，自发出公告之日起，经过60日，即视为送达。

在破产程序中，债务人下落不明时是否要采取《民事诉讼法》中有关公告送达的方式和期限，目前存在争议，如不采用公告送达，似乎剥夺的是债务人对债权人申请破产的异议权，对债务人不公平。也有观点认为，债务人下落不明导致无法通知，是个人丧失商业信誉的行为，理应自担风险，如因为债务人过错，延长受理破产案件的期限，可能导致债务人转移财产，影响债权人的权利。[①] 此种背景下，一定程度上导致了法院裁定受理破产清算案件后，债务人提出不知晓企业被裁定受理破产清算，对法院送达的方式有异议，而企业对外债务金额较小，其愿意偿还全部债务，使后续破产工作陷入尴尬的境地。

---

① 王欣新、郑志斌：《破产法论坛》，法律出版社2018年版，第762页。

(二)破产企业的职工问题

企业破产导致劳动者失业率增加,一旦处理不当,就会使一部分失业职工产生不良情绪,甚至产生对社会的怨恨心理,从而引发类似静坐、上访,甚至聚众、示威、闹事等违法行为,给社会稳定带来很大的隐患。[①] 债务人下落不明,可能导致劳动者极其不满,职工债权认定困难,管理人无法核查员工的身份、任职期限、职位、债权金额,没有财产对员工债权进行分配等问题。

1. 劳动者情绪不稳定,容易引发社会矛盾

债务人在面临困境、债台高筑、拖欠员工工资的情况下,没有向为企业辛劳工作的劳动者做出说明或者是想办法取得谅解,而是不负责任地携款潜逃,较正常的破产案件,更会激发劳动者的不满。曾经承办的破产案件中就有很多员工情绪特别激动,跑去法院、政府闹事,称"企业破产了没关系,没有钱也没关系,但是老板人一定要抓到,要向我们道歉,法院和政府为何不去抓人,为何不管,难道就这样算了吗,你们是不是故意帮债务人逃债"。因此,这种情况下,很容易引发劳动者的误解,激发社会矛盾,增加法院、政府和管理人的压力。

2. 职工债权的审查缺乏,证据材料认定困难

《企业破产法》第48条规定,债务人所欠职工的工资和医疗、伤残补助、抚恤费用,所欠的应当划入职工个人账户的基本养老保险、基本医疗保险费用,以及法律、行政法规规定应当支付给职工的补偿金,不必申报,由管理人调查后列出清单予以公示。根据该条文的规定,职工不必向管理人申报劳动债权,而是由管理人主动来调查确认的,令人遗憾的是,当债务人下落不明时,管理人未能接收到公司的账册等任何资料,无法主动核查员工的身份、职位、任职的期限、债权的金额。这种情况下管理人应当如何认定劳动债权,是不是应该要求员工申报劳动债权,这种做法是否违背法律的规定,即使通知员工申报劳动债权,很多员工系外来务工人员,一般文化水平有限,申报劳动债权也存在一定的障碍。

3. 职工债权受偿可能性小,职工利益得不到保护

职工相对于企业而言,处于弱势地位,信息不对称,在企业出现资金链断裂、经营困难、债台高筑破产原因的情况下,员工无从得知,直到破产已隐瞒不住,债务人携带钱款逃跑,甚至是到法院裁定受理破产清算、进行公告时,员工可能才得知相

---

① 马皑、乐国安:《弱势群体与心态失衡》,载《政法论坛》2004年第2期,第155~163页。

关信息。此时债务人企业已基本没有资产,或者只剩下少许之前已经设定抵押的不动产。与其他债权人相比,职工为了生存贡献的劳动力,享有的债权是以工资为基本形态、实质上用以维持其生活的债权。① 可以说,对劳动债权的保护体现生存权优先的原则,是人道主义思想和人文主义精神在法律制度上的具体体现。②

我国《企业破产法》第113条规定,破产财产在清偿破产费用和共益债务后,才可以用以清偿破产人所欠职工的工资和医疗、伤残补助、抚恤费用,所欠的应当划入职工个人账户的基本养老保险、基本医疗保险费用,以及清偿法律、行政法规规定的应当支付给职工的补偿金等债权。又根据《破产法解释(二)》第3条第2款之规定,对债务人的特定财产在担保物权消灭或者实现担保物权后的剩余部分,在破产程序中可以用以清偿破产费用、共益债务和其他破产债权。因此,从法律的规定可以看出,在对破产财产进行分配时,最先受偿的是担保债权人,其次是破产费用和共益债务,然后才是职工债权。

如上所述,债务人下落不明时,公司资产基本已被债务人卷走,或者只剩下设有担保债权的不动产,目前不动产市场不景气,大部分的资产都面临一拍、二拍流拍的境地,最终不得不变卖,成交的价格还不足以清偿担保债权,基本没有剩余可以清偿职工债权。企业破产,很大程度上意味着员工的失业,再就业需要一定的时间和机会,而且比较困难,员工很可能就会面临没有找到新工作、上一份工作的工资也拿不到的情况,员工利益得不到保护,对员工来讲,无疑是雪上加霜。

(三)证据缺失,应收账款催讨困难

债务人"跑路"的情况下,大多数财务账册也不知所踪,但不排除部分企业还留有账册或者是部分账册。对于完全没有账册的破产企业,管理人无从得知企业的应收账款情况;对于还保留账册或者部分账册的债务人企业,管理人通过查阅相关账册或者通过聘用审计机构审计后,可以根据审计内容开展应收账款的催讨工作,但是也存在很多的困难。

在债务人"跑路"之前,企业可能已停产一段时间,但是企业的收入和支出并没有停止,比如存在之前货款的进入、保证金的退还,还有钱款的支出,都没有入账。

① 王欣新、杨涛:《破产企业职工债权保障制度研究——改革社会成本的包容与分担》,载《法治研究》2013年第1期,第23~29页。

② 彭真军、甘琪:《论企业职工劳动债权优先受偿制度的完善》,载《广东社会科学》2011年第6期,第225~229页。

也就是说,破产前的会计档案已不能真实地反映财务状况,对于这些客观的情况,管理人在催讨应收账款时本应向公司的法定代表人、财务人员进行核实,由于找不到公司的相关人员,无法核实。因部分会计账目缺失,无留守会计人员配合,缺少债务人企业原财务、经营管理人员的协助,无法通过查阅经济合同、发票等原始资料,更是无法逐笔核实债权的发生时间、金额、缘由、对方地址。对于对方是企业的债务人,管理人只能通过在官方网站上查询其地址,而且发出的催讨函,大多因地址不明或者是查无此人被退回。当然,对于一些有相对充分证据的款项,管理人在发出催讨函或者起诉至法院时,对方会提出债权已经过诉讼时效,拒绝偿还债务,因公司的相关人员下落不明,无法找到在过诉讼时效之前,债务人企业对应收账款进行过催讨的证据,导致管理人催讨应收账款时,面临败诉的法律风险。

(四)终结破产程序的条件、时间截点不明确

《企业破产法》中现定的“依法清算”是指在全面掌握债务人财产和负债情况的基础上,对所有既有法律关系的彻底、概括的清理。对于债务人人员下落不明或者财产状况不清的破产案件,在穷尽上述既有手段后,如债务人仍不能或拒不向人民法院提交有关材料的,人民法院可以以此为由裁定终结破产清算程序。[①]《企业破产法》中没有对终结破产程序的时间截点给予明确规定,司法实践中,不同的法院往往也会有不同的做法。

管理人接受指定后,首先是要开展全面的尽职调查,出具尽职调查报告,在管理人尽调后,发现债务人下落不明、无账册、无财产,无法进行破产清算,是否可以提请法院终结破产程序,还是应该刊登破产公告、通知债权申报、召开债权人会议,在第一次债权人会议后,再终结破产程序。

对于确实没有财产的破产案件,通知债权人申报债权、召开债权人会议,对于债权人来说是费时费力,本来已经接受无法受偿债权的债权人,情绪已经平复,此时又给予其新的希望,然后折腾了一大圈,最终又是一场空,对债权人来说不公平,有可能引起债权人不满,引发不安定的社会因素。另外,管理人通过尽职调查未发现债务人名下有可供分配的财产线索,或许广大的债权人可以提供财产线索,如未通知债权人申报、开会,可能会错过债权人提供债务人财产线索的可能性。对于达到什么样的调查程度、条件以及何时终结破产程序又陷入了两难的境地。

---

① 最高人民法院民事审判第二庭:《最高人民法院关于企业破产法司法解释理解与适用》,人民法院出版社2017年版,第579页。

（五）破产程序终结后账册、文书等档案处理难

《最高人民法院关于审理企业破产案件若干问题的规定》第99条规定，破产程序终结后，破产企业的账册、文书等卷宗材料由清算组移交破产企业上级主管机关保存，无上级主管机关的，由破产企业的开办人或者股东保存。破产企业的上级主管部门不明确，而且破产企业的账册大多比较多，债务人跑路时，有些企业的账册还存放在公司，往往有几柜子的财务账册等材料，破产清算结束后将账册等卷宗交给破产企业的上级主管部门往往也不现实，在担任管理人的破产案件中，还未遇到过将账册交给破产企业上级主管部门保管的案例。

破产程序终结后，将账册交给企业的开办人和股东是可行的，但因为债务人跑路的情况下，找不到开办人和股东，账册等档案的保管无疑会成为一个问题。各个管理人承办的破产案件一般数量比较多，如果破产程序终结后，由管理人一直保管账册，会造成后续成本增加，保管困难，交由法院保管更不现实，很可能导致司法资源的浪费。

三、相关人员"跑路"时破产清算的对策

债务人下落不明，使破产清算工作陷入很多困境，甚至出现"破产僵局"，摆脱上述困境，需要发挥政府、法院、管理人协会、管理人的作用，完善相关法律法规，增加债务人跑路的违法成本，从不同方面着手，加大处置"僵尸企业"的力度。下面将针对前文的困境，提出相关的完善建议及出路。

（一）明确送达方式及送达期限

对于下落不明的债务人，通过向其公司住所地、户籍所在地进行送达相关文书被退回时，应该采取公告送达的方式进行送达，但是《民事诉讼法》规定的60日的送达期限，在破产程序中不应适用，过长的公告期，可能会使不诚信的债务人觉得有机可乘，故意假装不知道债权人对自己的企业向法院申请破产清算事宜，可能会转移财产，损害债权人的利益，增加管理人后期履职的工作量，因此，可以将公告的期限确定为7日或者10日，即在法院发出公告10日内，视为债务人收到相关通知。对于公告的形式，可以在债务人企业的注册地及实际经营地张贴。

（二）全面解决职工问题

破产企业的职工问题是破产清算工作重要的一环，债务人"跑路"背景下员工

的处置问题较正常破产案件更为困难,面临的困境更多,需要从多个角度出发,妥善解决,稳定员工情绪,减少社会不安定因素。

1. 管理人积极核查员工债权与通知员工申报劳动债权相结合

对于无人员、无账册、无资料的破产案件,管理人核查劳动债权困难,首先是对于破产企业是否存在拖欠员工工资未付的情况不清楚。法院在裁定受理破产案件前,或者是在将执行案件移送破产审查前,可以向企业所在地的政府,尤其是乡镇政府,征求意见,了解员工情况,比如就企业是否存在拖欠职工工资及政府有无垫付工资、垫付的金额;企业是否存在矛盾激化、有无重大不稳定的因素;破产案件办理中如遇相关问题,具体对接联络的工作人员等,上述信息能够为管理人核查劳动债权提供帮助。此外,管理人可以赴破产企业所在的劳动仲裁委员会调取以破产企业为被申请人的劳动仲裁案件,为劳动债权的审查提供一定的信息。

通知员工申报劳动债权,由于管理人未接管到企业的资料,上述通过政府部门、劳动仲裁委获得的信息,不足以客观、真实地确认劳动债权。可以将通知的内容以公告的形式发出,当有个别员工向管理人反映劳动债权时告知其提供相关的证据材料邮寄至管理人,同时让其告知其他员工申报职工债权,对于申报债权困难或者是外地员工,告知其委托同事申报,也可以建立破产企业员工债权的微信群,通过微信群的方式将职工债权申报的注意事项及核查的情况在群里定期公布,管理人尽可能通知、鼓励、帮助员工申报劳动债权。

2. 提升职工债权的清偿顺位

2018 年 3 月最高人民法院发布的《全国法院破产审判工作会议纪要》第 27 条对企业破产与职工利益的保护,作出了新的规定,尤其是明确了债务人欠缴的住房公积金,按照债务人拖欠的职工工资性质清偿,这是一项重大的进步,但是该条文中并没有明确职工债权超级优先权的受偿顺位。2019 年 3 月 28 日起施行的《最高人民法院关于适用〈中华人民共和国企业破产法〉若干问题规定(三)》中,也没有看到有关职工债权受偿顺位的新规定。

对于债务人企业全部财产已设定抵押担保的破产案件,管理人在破产财产分配之前,也会提出职工债权能否从抵押物变现的价值中提取一部分分配。但因为这与法律的规定不相符合,抵押债权人,一般是银行债权人掌握主动权,管理人从维护社会稳定的角度出发,通常会通过发函或者是当面拜访的形式与各个抵押权人进行协商,但结果也是很不乐观。

针对当前的司法实践现状,希望通过司法解释或者是会议纪要的形式对职工债权清偿顺位的超级优先权进行明确，明确其优先于担保债权。当然，为了公平起见，同时兼顾员工和抵押权人的利益，可以参照《企业破产法》第 31 条、第 32 条中撤销行为期限的规定，明确比如在破产受理前 6 个月或者是 1 年内的工资优先于担保债权受偿。《企业破产法》的根本目的是为解决在债务人丧失清偿能力情形下的债务公平清偿问题，并通过维护市场秩序以促进社会经济发展。① 这种公平的精神与《企业破产法》的立法目的相符合。

3. 建立专门的破产企业职工欠薪支付保障基金

职工权利能否实现会对社会及公共利益产生影响，具有公共利益的属性，所以在企业破产时，职工债权需要由国家公权力给予积极的保障，这不仅是职工在破产法上的权利，从某种意义上讲也是公民在宪法上享有的社会保障权利。② 如前所述，除非有未设定担保的债务人财产，否则员工债权无法获得清偿，所以需要发挥政府相关部门的力量，建立专门的破产企业职工欠薪支付保障基金，保护职工债权人的利益。

对于一些有担保部分财产，财产处置周期较长，或者是没有财产，而该破产企业又职工债权人众多，社会矛盾激烈、员工生活困难的破产案件，可以考虑先从保障基金中进行支付，或者说是垫付。《全国法院破产审判工作会议纪要》第 27 条规定，破产程序中要依法妥善处理劳动关系，推动完善职工欠薪保障机制，依法保护职工的生存权；由第三方垫付的职工债权，原则上按照垫付的职工债权性质进行清偿；由欠薪保障基金垫付的，应按照《企业破产法》第 113 条第 1 款第 2 项的顺序清偿。所以政府保障基金中支付、垫付的职工债权，在企业还有资产可供分配的情况下，可以按照《企业破产法》的清偿顺位进行受偿，没有法律上的障碍。国外也有很多国家建立了相关的保障制度，比如，德国为避免劳动者生活陷入困境，其《企业破产法》同样也规定破产欠薪保障基金制度，对雇主无支付能力时的雇员提供一定的破产欠薪补偿。③

---

① 王欣新：《论职工债权在破产清偿中的优先顺序问题》，载《法学杂志》2005 年第 4 期，第 35 ~ 38 页。

② 王欣新：《论职工债权在破产清偿中的优先顺序问题》，载《法学杂志》2005 年第 4 期，第 35 ~ 38 页。

③ 侯玲玲等：《从民法到社会保障的工资债权保护——以德法两国工资保障为视角》，载《法学杂志》2013 年第 7 期，第 84 ~ 90 页。

（三）积极应诉，催讨应收账款

应收账款作为债务人财产的一部分，管理人应及时进行催讨，由于管理人手中无账册等相关证据，导致应收账款催讨困难，但是对于债务人企业作为原告的案件，即在接受指定之前已经进行的诉讼案件，管理人应及时查询，出庭应诉。针对债务人诉讼的案件，破产案件受理法院一般都是清楚的，会将诉讼的相关文书，送达至管理人，但对于在其他法院诉讼的案件，无法及时得知破产及指定管理人的情况，所以需要管理人主动及时地查询了解，与承办法官积极沟通，出庭应诉，尽可能地催讨应收账款。

此外，对于债务人作为原告，法院判决胜诉的案件，管理人应及时启动申请执行程序，争取早日完成应收账款的催讨工作，以维护债权人、债务人的利益。

（四）规定债务人相关人员申请破产清算的义务，增加"跑路"成本

"僵尸企业"对于市场秩序的危害是巨大的，但在现有法律制度下，行政主管部门深感无计可施，法院深感力不从心，债权人深感隔靴搔痒。这种现象已经成为市场经济的"毒瘤"，须进行认真研究，并积极加以治理。[①] 未规定债务人申请破产清算的义务、责任追究制度缺失、"跑路"违法成本过低，是"僵尸企业"存续的重要原因。建议在企业出现《企业破产法》规定的破产原因时，给予债务人实际控制人、股东、高管申请破产清算的义务以及不履行申请破产清算义务时应当承担法律责任，法律责任可以包括拘留等，而不单单是处以罚款。

（五）适时终结破产程序，完善档案保管制度

针对债务人下落不明，管理人调查后，未发现债务人名下存在可供执行的财产线索的案件，也应及时发布债权申报通知，接收债权申报，及时召开债权人会议。因依法清算，债务人确无财产可供分配时终结破产程序的结果，对债务人而言是免责的结果，而因债务人的清算义务人怠于履行义务，导致债务人主要财产、账册、重要文件等灭失无法清算而终结的，虽然债务人的法人资格因清算程序终结而终止，但其既有的民事责任并不当然消灭，而是应当由其清算义务人承担还款责任，即《最高人民法院关于〈适用中华人民共和国公司法〉若干问题的规定（二）》第 18 条第 2

① 国鹏：《"植物人公司"的清理对策研究——从强制清算到强制自行清算》，载《经济与法》2013 年第 9 期，第 191 ~ 194 页。

款、第 3 款和第 20 条第 1 款的相关规定。所以在破产程序中管理人应及时审查债权，根据《企业破产法》第 58 条的规定，提请法院确认无争议债权，将债权固定，以便于债权人依据相关法律规定追究股东等公司相关人员的法律责任，此外也可以通过债权人会议，进一步了解公司的情况，也让债权人有机会提供反映债务人的财产线索，只是对于此种案件的债权申报工作，管理人应更加慎重，因为结果对于债权人来说很可能是“画饼充饥”，所以债权申报中尽可能采取邮寄申报，管理人采用微信群指导等其他方式帮助指导申报，尽可能以微信或者网络的形式召开债权人会议，以减少债务人申报的成本，安抚债权人的情绪。

破产程序终结后档案的保管问题，目前已由相关的档案保管机构向管理人介绍或推荐档案保管服务。诚然，档案保管确实很必要，但是目前档案保管制度还不规范，尤其是收费偏高，增加破产费用的成本，保管年限、保管机构不统一，所以应完善档案保管的制度、规则，使破产程序终结后的档案的保管更加规范化、常态化。

破产管理人“智斗”

——从一则非法处置破产财产的案例说起

宋淑琴*

影视剧中的律师开豪车住豪宅、金表名装不离身，出则政府国企、入则高档会所。可是做破产管理人则是另一番景象，我们不是在落败的厂房仓库中穿梭前行，就是在谈判桌前叱咤风云，还经常被职工“围观”倾诉，偶尔还会被企业家“设局”。我常调侃，作为破产律师要“出得了厅堂，入得了厨房”，啥都能干，啥都能干好，要不然就会成为一种折磨。

很多律师，做过一个破产案件后，就“仓皇”转方向了。

破产案件涉及面广、影响大，相关利益主体诉求不一，甚至会产生激烈冲突。一个破产案件，管理人不仅经常和法院、政府部门等沟通交涉，还需要和债务人、债权人、出资人、战略投资人“斗智斗勇”。这种“斗”，是一种高水平的利益博弈和权衡。

比如，债权人的诉求就是利益最大化，最大限度地实现债权，得到更好比例的清偿。债务人，有的希望用自己的全部财产清偿债务，获得法律和债权人对自己的免责和谅解，希望东山再起、重新做人；而有的则希望通过破产把债“破”了，把“资产”留下，妄图“假破产、真逃债”。投资人，则是希望用最低的商业投入获取最高的回报，获得利益最大化。这些利益与冲突，必然造就在办理破产案件时。各方利益主体既需要制约监督，更需要妥协放弃。

今天我分享一则亲历的破产案件。管理人与企业实控人从坦诚相见到裂痕出现，从董事长阻碍破产、非法处置破产财产时管理人的应对，到三家关联企业全部被申请破产，董事长知道大势已去无可挽回后又与管理人“尽弃前嫌”，再现破产管理人的“斗智斗勇”，分享我们的经验与教训。

---

* 宋淑琴，北京市盈科（银川）律师事务所律师。

一、引言

2018年年末的最后一周,我们律师事务所被某中级法院指定为一家有30年历史的民营企业担任破产管理人。这家企业是20世纪80年代由一家集体企业铁合金厂改制而来,后来又成立集团公司和水泥制造业。20世纪90年代末至21世纪初这家民企在本地曾经辉煌一时。企业老板是本地工商联主席、两届全国人大代表,社会影响力很大。在上一轮国企破产潮中,兼并了两家破产企业,替政府解决破产企业职工安置问题,为地方经济做过巨大贡献,国家级、省部级领导人多次到企业视察、参观。后来由于几项投资失败,资金链断裂,加之收购的两家破产企业的资产未被有效利用,该企业的母公司和子公司同时向人民法院申请破产。

在第一次沟通会上,法院就强调,同时申请破产的企业是母、子两家公司。这两家公司最大的问题是职工维稳问题。因为公司数年间一直欠缴职工社保、欠发职工工资,职工上访、闹访非常严重。职工直接找到中央巡视组反映企业欠缴职工社保、工资,让我们管理人要格外重视这个问题。

二、"坦诚相见"

刚踏进厂区时,有一种时光倒流的感觉。厂区内幼儿园、医务室、食堂的牌子漆面斑驳,人去楼空的家属楼,把我们带回80年代国企的厂区。工厂虽然停产放假、少有员工,但干净的厂区道路,整齐的树木花草,仍然显露出她曾经的有序、辉煌。作为一家民营企业,职工上下班车接车送,在厂区办理幼儿园、医务室、食堂,建家属楼免费供职工居住,解决职工衣食住行等问题,实属难能可贵,更展现创业者当初的宏图之志。对比如今的境地,我们内心也颇为复杂。

董事长亲自在会议室接待我们,和我们讲述集团公司与两家子公司设立的过程、发展以及目前的困境,讲述兼并两家国企时所承担的社会责任、为政府分忧减压,讲述金融机构断崖式抽贷导致公司失血性休克最后破产,最后直言不讳地称其希望通过破产程序"破"掉对金融机构的沉重债务负担,尽最大可能清偿职工债权、供应商的债权;同时提及涉及公司的若干诉讼,认为法院判决不公,希望管理人上诉、提起再审申请来解决历史遗留诉讼问题。这是我第一次遇到如此"坦诚"的债务人。可出于律师的职业素养,我尽量保持中立,认真了解企业债务债权形成的细节,并梳理未来工作中所需要集中精力攻克的重点、难点问题。

三、身份甄别

管理人进驻公司后，接管公司公章、所有证照、资产、账簿、文件等一切顺利。债权申报、审核认定……一切按部就班进行。但我们也慢慢了解到案件的难点所在。这家母公司旗下拥有多家子公司和控股公司。但其中两家子公司：一家是生产水泥制造企业，另一家是化工生产企业。这两家子公司与母公司在同一生产厂区办公，关系密切。母公司的真正角色是管理性公司，并没有实际经营的业务，两家子公司中只有水泥制造企业申请破产，另一家化工生产企业仍在正常经营中。

管理人陆续接管、资产清查和债权审核过程中，逐渐感觉到，涉及化工公司的业务与事项，高管们都谨小慎微，董事长也不多说。继而发现，职工问题最难办的不是核对拖欠多少工资和社保，而是确定哪些是集团、建材的职工哪些是化工公司的职工，成为最难处理的问题。

管理人通过逐一查阅千余份职工档案，发现没有一份与水泥制造企业签订的劳动合同，和集团签订的劳动合同仅有几十份，绝大多数都是和仍在正常生产经营的子公司化工企业签订的劳动合同。通过到社保机构查询，管理人更进一步发现，水泥制造企业和化工企业开立有职工社保账户，但集团公司根本没有开立独立的职工账户。由于建材厂四年前就已停产，部分职工辞职，也有很多职工被分流到集团公司和化工公司上班。但集团公司根据职能设置的部门，如生产调度室、动力车间、保卫科，水泥制造业和化工企业都在使用。很多职工只知道自己是某某企业的，知道自己是哪个车间的、哪个部门的，但不知道自己到底属于化工、建材还是集团。翻看职工档案，某一个时间段是和建材签订的劳动合同，另一个时间段又是和集团或化工签的合同。职工身份非常混乱。但由于化工企业目前仍在正常经营，职工身份的甄别就成为当务之急。

四、裂痕出现

由于企业长达十年对职工欠薪欠缴社保，公司经营未得到改善提高，也未能及时进入破产程序，企业职工债权如"滚雪球"一般越滚越大，最终如同烫手山药，令各方头痛——企业没钱清偿，政府财政资金也是有所紧张。

从接管破产企业到现在，不少职工先后离职，或直接辞职，或在保持与企业劳动关系的基础上寻找其他兼职，或者长期请假以维系与企业劳动关系。如果说拖欠职工工资、没钱给职工缴纳社保是破产企业最大的问题，对管理人来说，这三家公司职工身份的甄别,就是最难的问题。

职工情绪的疏导也成为管理人的重点工作。很多化工职工找到管理人诉说困难,说无钱看病,无钱上学,有的退休几年了拿不上养老金就去世的,还有拄着拐到公司找管理人……市政府门口、信访局大厅常常挤满了该企业的职工,情绪十分激动。职工纷纷找我们要求确认职工身份,要求纳入破产职工债权。管理人会商法院合议庭之后,决定以最后一份劳动合同来确认职工身份。因建材公司停产多年,职工已经分流,最终确认属于集团职工仅仅一百多名,其他二三百名职工均为化工公司的职工。

由于确认职工身份时涉及化工破产问题,董事长对管理人非常不满。多次在化工公司的高管会议上(一线职工放假,部分高管仍在上班)公开说,建材和集团公司破产就是为了解决全部职工问题,职工问题解决完了,对化工企业进行重组;职工问题不能解决,责任全部在管理人。

五、把脉职工

为了确保职工债权清偿,保障其他债权人的合法权益,经过和政府领导小组和法院的沟通后,我们确定了一个合理合法的标准,确定了母公司职工人数。我们一方面给职工们耐心解释为什么不属于破产企业职工,我们认定职工身份的依据是什么,另一方面积极追偿企业应收债权,极尽可能地为职工解决实际问题。再者就是向化工职工解释,如果想彻底解决全部职工社保问题以及职工工资问题,只能申请化工破产。同时针对职工们提出的工龄买断入股问题、职工集资款等问题进行解答。政府为此案成立专门的工作小组,并配套资金,来实现维稳、纾困等职能,一定程度上安抚了部分职工情绪。2019 年春节,相安无事,大家都过了一个安心年。

虽然没有切实解决职工的医疗保险、失业保险等令人棘手的问题,但管理人耐心细致的解答、对职工债权的核实,获得了职工的认可和理解。人民法院对我们妥善解决职工问题的方式也予以肯定。

对于能够妥善解决职工问题,最重要的一个原因就是我们在组建团队成员时就考虑到专业分工问题。一方面,我作为团队主要负责人,核心成员大部分都从事破产业务,对于破产流程、管理事项、衍生诉讼等有着较为丰富的经验和工作模式。另一方面,在组队投标时,我有意录用了具有劳动、诉讼、刑事案件处理经验的资深律师,他们在本次处理职工身份认定的过程中提供了有益的经验。限于篇幅,我们总结以下几点职工问题:(1)公司用工混乱,合同管理不规范。由于实际控制人是同一人,职工身份认同感非常强烈,老板也舍不得让职工吃亏,增加职工身份甄别的难度。(2)3家关联公司中,只有2家进入破产程序,在化工公司工作的职工数量很多,且董事长并不希望化工企业破产,其目的就是想通过集团公司和水泥公司破产解决职工债权问题,然后化工公司"轻装上阵"。在这样的主导思想下,增加了管理人甄别职工身份难度,浪费了大量时间、工作推进缓慢。(3)董事长在管理人接管之初提出的几起案件以及"赖账"要求,均未按照董事长的设想如期进行,董事长与管理人之间的分歧意见越来越大。(4)申请仲裁的职工人数较多,管理人不断应诉,并疏导职工问题。(5)职工欠薪、拖欠社保数字庞大。

最后我们综合集体智慧,并且多方沟通,最终妥善安抚了职工,没有发生重大事件。

六、"斗"智"斗"勇

随着管理人工作的开展,职工身份的认定的标准,逐渐在化工企业中传开。很多工人不满意公司拖欠工资社保,在产品中掺杂造假,化工公司也难以维持,停工停产了。一线职工们放假回家只拿基本生活费,职工不满情绪越来越大。政府和法院都希望化工公司也进入破产程序,但董事长多次在化工公司的高管会议公开说他不同意化工破产,法院也感到非常为难。

此时,距离化工停产已经半年之久了,距离受理集团和水泥制造企业破产已经十多个月了。集团不能宣告破产,无法处置资产,集团、建材公司职工欠薪问题无法解决,化工职工的基本生活费也在拖欠,化工职工不停地上访,一切都处于胶着状态。

为了维持化工在职上班职工的工资,董事长授意公司职工将管理人监管的部分集团资产处置。管理人接到有人举报后,直接找到公司董事长核实此事,并要求董事长亲自到现场说明情况。董事长却轻描淡写地说,他认为卖的设备是化工,不是集团的,他有事,不方便到现场。

面对董事长私自处置债务人财产,管理人上报法院后,果断向公安机关报案,要求立案审查,一来管理人正确履职,二来也向债权人有个交代,同时也为化工破产清除障碍。但县公安机关对案件的受理迟迟不做表态,既不决定受理,也不下发不予受理立案通知书。为此,管理人向专门工作组做了翔实的报告后,在工作组的协调下,公安机关才受理立案。但此事引起董事长强烈不满,他给法院、政府工作小组写信,指责管理人没有恪尽职守,没有勤勉履职,要求更换管理人。

这个情况引发我的思考，破产案件中因为各种人为因素会产生错综复杂的刑事案件，即便是符合刑事构成要件，但公安机关是否立案、检察院是否公诉、管理人如何出庭，上述漫长的刑事审判程序进行的同时是否中止破产审判程序，以及对于企业管理人员人身的约束是否会阻滞破产重整或者破产清算的顺利进行等问题，在实践中时有发生，但暂时并没有引起立法者们的关注，实务讨论中也非主流。这并非坏事，反而我们有理由乐观地认为，破产本身是为了解决问题，而非以破产为契机产生更多复杂的问题，让民事问题变成刑事问题。但刑事法律的规定并非一纸空文，实践中，刑法规定的妨害破产清算罪、虚假破产罪立案、起诉、裁判的又有几起呢？《企业破产法》的实施效果，是否真的如人们所愿呢？以上思考并非没有答案。回归《企业破产法》的立法目的，就是让企业在法律的框架下从“生”到“死”，让破产债权得到公平清偿，让破产财产重新发挥其价值。但如果妄图通过违法手段妨害清算、损害债权人合法利益，以刑事诉讼的手段保护破产清算的顺利进行，保护合法利益不受侵害，则是必要和必需的。

七、“大势已去”

集团和建材因资不抵债、不能清偿到期债务于 2019 年 9 月底被法院宣告破产。但化工公司职工问题也愈演愈烈，申请仲裁的职工也越来越多。一直拿不上工资和退休金的职工们天天给管理人打电话，询问怎么办。

面对申请化工破产的呼声，董事长几次在公司高管会议上称化工不申请破产，法院也拿他没办法。董事长也在积极寻找化工重组投资人。离职和在职的三百多名职工联名向法院申请化工公司破产。法院裁定受理破产申请。

八、冰释前嫌

董事长从化工起家，从事化工生产三十多年，堪称化工专家。早在几年前，董事长就布局农化研究，在土壤调理、病虫害研发中下了大量功夫，并刻意剥离集团与化工的资产与债务。由于职工问题不能彻底解决，政府也多次给董事长做工作，说服他同意申请化工公司一同破产。但董事长担心化工公司进入破产程序后被当作废品拆零拍卖，自己几十年的心血毁于一旦。

管理人在处置集团、建材破产清算过程中，知道董事长的担心和想法。在管理人入场化工公司接管的当天，审判长和主审法官都到现场，当场宣读并张贴了受理破产裁定，同时也向董事长介绍了破产清算转重整的程序，告知化工公司高管具有配合管理人工作的责任和义务。管理人也向董事长介绍了破产清算与破产重整的区别、目的，以及重整的几个关键要素，对董事长之前的想法和担心表示理解。对董事长之前接触的几位投资人也持乐观、欢迎的态度，向投资人介绍破产的概念、相关法律规定以及重整的几种方案，并积极推动重整方案的讨论与草拟。

至此，董事长和管理人冰释前嫌，共同目标都在清产核资、债权审核以及推动重整上。但管理人清醒地认识到，管理人与董事长的“故事”还远没有结束。目前的一致并不代表没有分歧。管理人和破产企业的角色和职能以及目标，就决定了管理人与破产企业、董事长之间不可能完全“和谐”。对管理人来说，不仅要求同存异、谨慎履职、维护债权人的利益，还要监管债务人公司的资产不受损失，这是最基本的职责。在此基础上，积极寻找战略投资人，挽救“化工于死亡边缘”。

九、小结

整整一年的时间，不是在去破产企业的路上，就是披星戴月地在回家的路上……甚至在儿子中考期间，我依旧在审核与修订给政府的专题报告。当时内心焦灼得几近崩溃。可为了团队的稳定与业务的成熟，为了让破产案件的多方主体满意，化解社会矛盾，咬咬牙，都挺了过来。儿子中考取得了理想的成绩，我的先生对我大力支持，团队成员彼此鼓励，功夫不负有心人，职工问题解决后，我们如释重负，在破产清算的路程上前进了很大一步！

回顾做破产管理人的经历，我有过无数次退缩的念头。每天几十或者上百个陌生电话，不被人理解甚至被冤枉的时候，真的觉得苦海无边，想马上“回头是岸”。但每次听到“谢谢”“你们辛苦了”“重整就靠你们了”“我们的退休工资就麻烦你们操心”的时候，那份信任和责任，又觉得自己所从事的破产业务责任重大，救人于苦海。我常说，破产案件不仅仅只是法律问题，更是经济问题、社会问题。管理人不能只会运用法律去解决破产中的诸多问题，更需要用心、用情、用商事思维去办理破产案件。唯有付出我们的智慧与才华、勤奋与胆识，才能够真正收获成功的硕果。

创造"奇迹"的团队

——嘉峪关市中级人民法院审理中核钛白重整案纪实

王继禄*

中核华原钛白股份有限公司(以下简称"中核钛白")破产重整案,是全国首例中小企业板破产重整案,甘肃省第一例上市公司破产重整案,此案开创了非上市公司托管上市公司和重整与托管并行的先例;开创了托管、重整、重组同安排、同谋划、同实施的新举措,同时也健全了党委领导、政府支持、法院主办、各部门联动的办理破产重整案件新机制。此案的圆满审结,受到最高人民法院、甘肃省委省政府、嘉峪关市委市政府、省高级人民法院及甘肃矿区的充分肯定和褒奖;此案的圆满审结,是法院科学司法、能动司法、和谐司法、人文司法、阳光司法的结果;此案的圆满审结,是法院迎难而上、攻坚克难、团结协作、无私奉献的结果,更是法院从大局出发,司法为民的写照。此案入选2012年度全省法院"十大案件"之一、最高人民法院发布的企业破产重整及清算十大典型案例之一。

祁连山下,讨赖河畔,有这样一支队伍,他们秉公执法,刚正不阿;他们一身正气,两袖清风;他们迎难而上,敢打硬仗;他们胸怀大局,为民司法。他们就是嘉峪关市中级人民法院的法官队伍,尤其是该院民事审判第二庭这个集体,是创造奇迹的"团队",他们因圆满审结中核钛白破产重整案而扬名,使近1200名职工得到妥善安置,创造了全国类似案件审理的最佳效果,堪称奇迹和典范,达到政治效果、法律效果与社会效果的统一,受到了省市领导的褒奖与各方当事人交口称赞。

* 王继禄,甘肃省嘉峪关市中级人民法院法官。

一、当事企业衷心谢法院

2012 年 12 月 17 日，随着我院终结中核钛白重整程序裁定的下达，这起全省首例托管、重整、重组并行的上市公司重整案，终于尘埃落定。12 月 19 日，中国证监会有条件批准中核钛白发行股份购买资产并募集配套资金方案，标志着中核钛白拯救脱困、风险处置工作取得圆满成功。至此，濒临破产的中核钛白重获新生，正式踏上复兴、壮大之路。

2012 年 12 月 20 日上午，嘉峪关市中级人民法院审判办公大楼前锣鼓喧天、鞭炮齐鸣，引来当事人与过往群众驻足观看，不知发生了什么……

原来，这是中核钛白向嘉峪关市人民法院赠送书有"扶危济困，救企业于水火；公正司法，促社会之和谐"金色大字的锦旗，对法院圆满办结该公司重整案表示真诚的感谢。嘉峪关市人民法院党组书记、院长茹作勋亲手接过锦旗，并说："我们是人民的法院，一切都是我们应该做的。化解纠纷，促进和谐，维护稳定，是我们义不容辞的职责。"此前，中国信达资产管理股份有限公司（以下简称"中国信达"）、中国核工业集团公司（以下简称"中核集团"）专门向法院发来感谢信，对法院在中核钛白破产重整案过程中所付出的巨大努力和卓有成效的工作，表示崇高的敬意和衷心的感谢。

二、中核钛白"前世今生"

中核钛白位于国家核基地，是我国核工业军转民企业。1999 年 12 月 27 日，国家对其实施政策性债转股，中国信达、中核四〇四有限公司等共同发起设立股份公司，中核钛白于 2007 年 8 月 3 日在深圳证券交易所挂牌上市。

中核钛白债转股后，曾是一家全国优秀企业，钛白行业龙头，取得过骄人的业绩，但好景不长，业绩很快滑落，特别是上市以来，由于自身原因，管理失去控制、跑冒滴漏严重，资金供应断裂，不能持续经营，企业连年巨额亏损，不能清偿到期债务，内外矛盾积聚，员工多次聚集上访，给国家核基地、资本市场的稳定带来重大隐患，面临着摘牌退市、破产清算的命运，引起中央有关部门、省市相关政府部门的高度关注。

为挽救该企业，自 2009 年以来，先后有江苏金浦集团有限责任公司、山东东佳集团股份有限公司对中核钛白进行重组及托管，均无果而终。

在这危急时刻，本着高度的社会责任感和政治使命感，从维护国家核工业基地稳定、企业职工稳定和资本市场稳定的大局出发，中国信达、中核集团及中核四〇四与甘肃省政府及其有关部门充分沟通，慎重研究后认为：重整重组是挽救上市公司，维护职工、社会及资本市场稳定，维护国家核基地稳定的唯一出路。在中国证监会、最高人民法院、甘肃省委和省人民政府的高度重视和大力支持下，中核钛白启动拯救脱困与风险处置的系统工程，托管经营、破产重整、并购重组三大举措相继推出。

三、迎难而上勇挑重担

有首歌唱道："千难万险脚下踩，什么都难不倒咱……"这句话用在审理中核钛白破产重整案的嘉峪关市中级人民法院民事审判第二庭的合议庭成员身上，再也恰当不过。由于此案属甘肃首例，法律性、实践性都很强，加之该企业地处我国核基地，近 1200 名职工几乎都是核二代，稍有不妥，将会引起群体性事件，不但影响嘉峪关市和甘肃矿区的稳定，甚至引起国际反应，个别西方国家会借机对我国说三道四，败坏党和政府的声誉。

2011 年 4 月 22 日，天水二一三机床电器厂兰州天兰机电产品经营部向嘉峪关市人民法院递交中核钛白破产重整申请书。2011 年 11 月 11 日，最高人民法院批复甘肃省高级人民法院，同意受理中核钛白破产重整案。11 月 23 日，省高级人民法院批复同意嘉峪关市人民法院受理中核钛白破产重整案。接此批复后，我院党组高度重视，立即做出安排部署，提出了在重整过程中"职工思想不能乱，队伍不能散，生产不能停"的"三不能"指导思想和"依法、科学、阳光、和谐重整"原则，院党组书记、院长茹作勋亲自指定具有丰富审判实践经验的主管副院长管学明挂帅担任审判长，民二庭主持工作的副庭长陈永庆担任主审法官，抽调政治觉悟高、业务能力强的 3 名法官组成 5 人合议庭。

中核钛白破产重整案情况复杂、困难繁多、任务艰巨、时间紧急，且属我省首例，没有成功的经验可借鉴。我院临危受命，以高度的政治责任感和使命感，讲政治、顾大局、勇担待，坚决贯彻执行省市的重要决定，积极主动承担起该案的审判重任，作为"全国审判业务专家"的茹作勋院长，对该案更是亲自指导，多次召开审判委员会商讨案情，研究对策。合议庭的法官们更是迎难而上、开拓创新、攻坚克难、忘我工作。他们无数次查阅案卷资料，无数次分析研判案情；他们勇闯一道道难关，将困难踩在脚下，迎着霞光勇往直前；他们为该案的成功办理付出了巨大的心血和汗水而无任何怨言。

四、胸怀大局为民司法

什么是大局？就是用实际行动维护一方稳定，确保一方平安，上为党和政府分忧，下为人民群众解困；什么是为民？就是让老百姓有衣穿、有饭吃。具体到本案，就是要让中核钛白的近1200名职工情绪稳定、工作有保障、生计有着落。

我院牢固树立维护社会稳定是第一要务的理念，坚持能动司法、以人为本、整体推进，不是就案办案，而是协调各方，以大局为重，将维护职工队伍稳定、维护资本市场稳定、维护国家核基地稳定放在重整工作的首位，将近1200名职工的生计作为重整工作的重中之重，将金融债权（2家，代表债权2.2亿元）和小额债权（160余人，代表债权近7100万元）作为重整工作的重点，阳光操作，充分听取和吸收各方合理意见，兼顾各方利益，不断修改、完善方案，找准利益平衡点，尽量减少对立情绪，将矛盾纠纷消灭在萌芽状态，确保重整案平顺、平稳进行。

坚持以人为本，司法为民，在设计重整计划草案时我院要求重组方保证中核钛白职工全员就业，并按5200元/年的标准及时、足额支付身份置换金，此金额亦在全国类似重整案中位居前列。

五、统筹兼顾整体推进

中核钛白重整案，由于各方利益牵扯，矛盾错综复杂，稍有不慎，将导致严重后果的发生。合议庭法官不敢有丝毫的懈怠和马虎，始终兢兢业业工作，统筹协调、兼顾各方利益，做了大量卓有成效的工作。针对160名小额债权人利益受损大、清偿率低、对立情绪严重的特点，为最大限度地保护其利益，我院决定设立小额债权组，将债权额在600万元以下的债权人都纳入该组，并动员大股东中国信达和中核四〇四额外拿出2000万元补偿小额债权人的损失，将其清偿率由41.7%提高至70%。在谈判陷入僵局时，我院还派出合议庭法官进驻管理人办公场所现场办公，对个别小额债权人晓之以理，动之以情，示之以法，促其消除对立情绪，正确行使权利。经过一系列艰苦细致的工作，该案普通债权的清偿率为41.7%，小额普通债权的清偿率更是达到了70%，创全国法院已办理的类似破产重整案件之最，远远高于模拟清算条件下普通债权8.16%的清偿率。在重整计划批准后，我们要求管理人尽快筹措资金，提前发放职工的经济补偿金，这一系列凝聚人心、鼓舞士气的措施，极大地赢得了职工的衷心拥护和支持，在整个重整过程中，无论是生产基地还是生活基地均未发生不稳定事件，创造了和谐的重整氛围。

在2012年7月27日召开的第二次债权人会议上，重整计划草案经债权人会议及出资人组会议表决获高票通过，尤其是小额债权组，同意人数占到了出席人数的96.6%，所代表的债权达到该组的94.3%，在所有重整案例中名列前茅。在重整计划批准以后，我院督促管理人严格监督中核钛白依法执行重整计划，按期将资金支付债权人及职工，重整计划比原计划提前一个半月执行完毕。中国信达、中核集团及中核钛白感激万分，发来感谢信送来锦旗，于是才发生了本文开头感人的一幕……

六、阳光重整各方满意

俗话说："打铁还得自身硬。"没有过硬的自身素质，要办理好此案是难以想象的……我院始终将队伍建设放在工作的首要位置，常抓不懈。尤其是2012年，我院扎实推进"管理年"活动，深入践行政法干警核心价值观，在实践中锤炼队伍，提升素质，以高素质的队伍确保审判高质高效。正是由于办理此案的法官的忠诚和无私，才保证了此案的公平公正，才赢得了相关各方的满意和赞誉。

我院坚持以公开促公正，以公正促公信。该案在重整案过程中，我院及时披露相关信息，坚持阳光重整，始终做到公开透明，接受各方面的监督。严格按照《企业破产法》《证券法》及证券监管部门的规定和要求，除及时公告、披露重大信息和重整进程外，还及时向债权人、职工通报情况，向职工公示经济补偿金和计算标准，接受监督，向债权人寄送重整计划草案，充分保障了各方的知情权和参与权。

正是因为我院坚持依法、科学、阳光、和谐重整的原则与司法的人文关怀，所以重整过程中的每一项工作都能得到中核钛白广大职工衷心拥护，管理人及相关部门的认可和赞许。

七、无私奉献勇创佳绩

此案在我院正式立案后，在近一年多的时间里，副院长管学明与其他合议庭法官就过着"五加二"和"白加黑"的日子，他们舍小家顾大家，不是奔波在外出清偿债务的漫漫征程上，就是身披星光奔走在办案的第一线，或是在办公室查阅资料，思索案情。夜深人静，头顶嗡嗡作响的日光灯见证着他们的艰辛和付出。正是因为有了他们无私奉献，忘我工作的崇高敬业精神，才有了中核钛白重整案的成功办理和圆满解决。

在此，让我们记住此案办理过程的二三事，就知道法官们到底付出了什么。其一，管学明，我院主管民二庭的副院长，亦是中核太白重整案的审判长。接手此案后，他与家人聚少离多，80 多岁高龄的老母亲期盼儿子能多陪陪自己。作为儿子，难道他不想待在老母亲身边尽孝吗？当知道实情后，老母亲给他说：“儿子！你是公家的人，把公家的事情办好，妈妈就放心了。”多么善解人意，多么朴实的语言，闻者为之动容。其二，陈永庆，民二庭副庭长，此案的主审法官，为办理好中核钛白重整案，母亲生病住院他无法尽孝，女儿感冒发烧他无暇照顾，母亲不解、妻子埋怨、女儿生气，可是他能解释什么，一切的委屈只能深深埋在心底！最让家人不能理解的是 2011 年除夕夜，在万家灯火、亲人团聚的时刻，他毅然撇下家人，与合议庭法官带领管理人、甘肃矿区相关部门负责人一行 16 人，踏着积雪，冒着零下二十多度的严寒，驱车前往距嘉峪关 100 余公里的中核钛白生产区，看望慰问职工，与职工同吃年夜饭，共度除夕夜，送去了新春的祝福和问候，极大地鼓舞了士气，稳定了职工情绪……其实，这样的感人事迹举不胜举。

祖国选择忠于祖国的人，祖国选择奉献祖国的人。正是有了他们无私的付出，忘我的工作，才有今天丰收的硕果。2012 年 12 月 15 日省高级人民法院梁明远院长视察我院时，对中核钛白重整案的成功办理给予充分肯定和高度赞扬，称赞此案是全国类似案件中效果最好的一例，达到了政治效果、法律效果和社会效果的统一。

八、迎着朝霞续写辉煌

金光万道，朝霞满天，人民司法事业，前程无限美好。抖落满身的征尘，他们又行进在办案途中……

“办好一起案件并不难，难的是将每一起案件都办成经得起法律和时间检验的铁案。鲜花和掌声属于过去，新的任务正在等待着我们。我们将以更加饱满的热情、更加昂扬的斗志，信心百倍地迎接新的挑战。”管学明如是说。

在社会转型跨越的今天，各种利益相互纠结，矛盾错综复杂，新类型案件不断涌现，处理难度越来越大。而作为定分止争的人民法院，使命光荣，责任重大。党中央给法院工作提出了新的更高要求。今后，我们要以党中央精神为指引，积极履行宪法和法律赋予的职责，为幸福美好嘉峪关建设提供有力司法保障和服务，续写人民司法事业的新篇章、创造新辉煌。

使命、责任和担当

——中核钛白重整案背后的点滴

郑成新*

一、有情怀是成大事的根本

拯救中核钛白这个案例，不单单是我国《企业破产法》颁布以来最高人民法院评选的全国破产审判十大典型案例，也是哈佛大学追踪的国际优秀案例，因此也引起国际同行的广泛关注。

我在与哈佛大学一位著名的危机管理教授的交流过程中，他直言不讳地问我，中核钛白拯救成功的关键是什么？确实这是一个很难回答的问题，按照中国人尤其是体制内中国人的行为处事规则就更难回答了。哈佛大学研究认为，中核钛白在拯救成功的概率真正不到1%的极端艰难情况下，最后取得圆满成功，这是国际重整界的骄傲，而领导力则是危机处理的关键所在，而选对一位睿智且有责任感能担当的项目总负责人是重中之重。

中核钛白作为一家金融资产管理公司的政策性债转股项目，改制后，曾经焕发短暂的活力，一跃成为全国生产金红石钛白粉最好的企业，同时也成为全国钛白粉人才培养与输送的黄埔军校。

但由于种种原因，企业的经营层开始凌驾于出资人之上，出现内部人控制企业，不断地恶性"寻租"并掏空这家企业，致使2007年企业上市的当年就业绩变脸，两家出资人的主要领导连续三年，虽千方百计地想尽所有的办法，仍然回天无力，企业境况不仅没有任何好转，而且越来越差，以至于证券监管机构连续给予其ST、*ST的严厉警示。由于2008年、2009年、2010年连续三年严重亏损，企业面临上

---

* 郑成新，中国信达资产管理公司业务总监。

市公司退市的严峻境地。

在这种情形下,中国信达还是没有放弃任何可能拯救成功的希望,决策调兵遣将,集中公司内最优秀力量与另一出资人机构再做最后的共同努力。

从当时的情况看,总部负责股权工作的、甘肃分公司负责人、兼任中核钛白副董事长的负责人,无疑成为中核钛白拯救现场项目总负责人最适当的重要选项,怎么也不会轮到我去拯救第一线。但是,基于如下三点:一是自己曾在甘肃工作过五年,为了那里的国有企业扭亏脱困与化解金融风险曾做过贡献,那里有深厚的政府、司法与企业人脉资源;二是企业拯救涉及现场领导者需要具备深厚的金融、法律、财务、证券、税收、环保、资产评估、企业经营、国际贸易、危机公关等多方面的知识与技能,临时抱佛脚显然无助于拯救工作;三是我对中核钛白企业和职工充满深情厚谊,作为一名金融高管,我也有责任尽全力去拯救企业,搭救员工。于是我毅然向集团党委主要负责人请缨派赴上前线,表示只要组织信任并充分授权,定将全心全意、全力以赴地带领团队,说尽千言万语,访遍千家万户,历经千辛万苦,克服千难万险,出色地完成好任务,力争创造拯救中核钛白的奇迹,把不到1%重建再生的希望,变成100%的成功可能。

为了保住员工的饭碗,就必须端掉乱作为经营层的饭碗,否则企业永无出头之时,员工永无宁日。当时进场时,因为经营层的恶意挑拨离间,致使员工不能很好地理解拯救团队,一度出现冷淡、漠视,甚至抵制、对抗的情形。

但经过三年风雨同舟的共同战斗,员工成为好朋友,成为支持企业托管、重整、重组最坚强的力量。我在想,为了中核钛白的拯救,我们在戈壁滩上苦干三年,虽然工作艰辛,生活枯燥,危险丛生,危机不断,或有情况随时发生,利益博弈空前激烈,随时面临前功尽弃。其间,我们失去安逸,失去早九晚五的正常生物钟习惯,失去节假日与家人的团聚,甚至还要忍受看一遍又一遍的白眼,以至于损伤身体、危及生命……但是,我们无私无畏,无怨无悔。

当回忆起我们曾经在中核钛白拯救一线战斗过,同志们会格外地兴奋、畅快与自豪,这和当年参加攻克上甘岭的愉悦有异曲同工之处:因为我们用专业、智慧、忠诚、责任、情怀、担当、奉献甚至牺牲,最终圆满地拯救一家濒临破产退市的企业,挽救了1200名在职的核二代,以及近6000名他们的家人。基于此,中核钛白拯救成功的故事告诉我们一个十分朴实的大道理:做成大事一定要有情怀,有情怀的人自然是非常幸福的。

二、要积累丰厚的知识与技能

现在专业化分工越来越细，我们虽然不可能把所有的学科、门类、专业知识全部弄懂弄通，但是，如果我们死守或者法律，或者金融，或者财会这么一点点象牙塔，我们就很难在复杂的社会与市场中触类旁通，举一反三，从而成就越来越多的急难险恶之大事。

平素情况下，我们可以通过专业团队的加盟与协助，解决细分专业知识与技能要求问题，但是如果遇到像中核钛白这样的急难险恶项目，每每需要敏感判断，快速决策时刻，任何的温良恭俭让或迟疑、拖沓，都会意味着彻底丧失转瞬即逝的眼前机会。譬如，如果不懂证券，我就很难坚持在中核钛白项目上尝试证监会已经十多年不再用的非上市公司对上市公司托管的政策；如果不懂资产评估，我就很难找出中核钛白正确的估值方法，很难把项目做成铁案，经得起时间及债权人、出资人、监管部门等的检验；如果不懂上市公司重大资产重组的规定，就很难操作中核钛白的并购重组与配套融资；如果我不懂政策性债转股政策及人员安置政策，就很难找到解决人员安置与职工身份转换的政策适用与平衡；如果不懂投行与产业，就很难在司法重整与证券监管方面找到无缝对接的妙方；如果不懂危机公关的基本原则、方法与诀窍，中核钛白拯救过程处处都将面临吉林通钢事件的重演……因此，我强烈地建议读者除做法学知识的强者外，多恶补一些诸如金融、财会、证券、投资、基金、计算机等方面的知识，尤其是将来立志于重整与并购重组事业的读者，更是如此。

三、认准的事情一定要坚持到底

无论是在学习中、工作还是日常生活中，特别是进入职场后的重要生意、重大项目、大中型交易撮合中，对于认准的事一定要坚持。坚持再坚持，不得有任何的患得患失，朝秦暮楚。

这一点上，我们一定要向伟大领袖毛主席学习。倘若没有井冈山朱毛会师的星星之火，没有二万五千里长征保存下来的宝贵革命火种，没有抗日战争后解放战争三大战役的持续坚持，我们哪里会有社会主义的新中国？在中核钛白拯救项目的推进过程中，同样出现过诸如像长征过程中遭遇的湘江战役、四渡赤水河、巧过腊子口、强渡金沙江、飞夺泸定桥、穿越六盘山等险关隘口，我们有一千个理由落下项目，在困难面前止步。但是，我们总是有一种一往无前的大无畏气概，一计不成再生一计,持续地煎熬,不断地坚持,向伟大的目标发起一次又一次的冲锋,闯过了一个又一个险关,解决一个又一个难题,最终达到胜利的彼岸。

譬如,因为中核钛白的太乱,使绝大多数同行业的钛白粉企业谈之色变,躲之远远,不愿意参与中核钛白的拯救与重组。这样,我们不得不天南海北逐一地通过寻找 54 家标的企业,终于锁定江苏金浦集团、山东东佳集团、马鞍山金星集团这三家企业先后参与中核钛白的托管,马鞍山金星集团最终走到最后并牵手重组中核钛白。譬如,进入重整程序后,我们与人民法院联动,与所有债权人无一遗漏地见面、沟通、交流、博弈,取得债权人对重整计划草案及偿债方案、出资人权益调整意见的理解与支持,最终取得 90% 以上的债权人对重整计划草案的高票通过;为了取得甘肃省政府对于重整工作的支持,我本人就不厌其烦地找省长 17 次,恐怕很多人到不了 17 次就会自动地停下来。人不求人一般大,更何况是因为为了公家的事这样一而再,再而三地去求人,坚持找下去,很难会有人理解,包括自己的团队和家人。

四、要始终保持干净廉洁

始终保持干净廉洁,绝对不能简单地看成一句政治口号,这不单是新时期我们进行"不忘初心、牢记始终"主题教育的根本要求,更是我们加强党的建设、进行反腐败伟大斗争的重要利器,同样也是我们拯救危困企业实施重整重组工作致胜的法宝。

在进入戈壁滩中核钛白工作现场伊始,我们就做了一项任何别的项目没有做过的事情,那就是建立健康、先进、干净、高效的中核钛白重整文化。这个动议,最开始真正理解的人很少,觉得稀奇古怪之外,甚至认为是多此一举,搞形式主义。重整文化中有一项重要的安排,就是把严肃重组纪律挺在前面,要求现场团队(包括其他联合的律师、会计师、评估师、财务顾问、清收等专业团队)全体成员,绝对不允许因丝毫的廉洁问题而沾染坏习气,阻碍拯救工作的推进。

譬如,我们做了如下规定:现场人员及其亲属,不允许购买中核钛白的股票。但在工作组进场之前,有一位拟进入项目组的干部闯国家证券监管政策的"高压线",私自购买少量中核钛白的股票,我们知悉后认为触犯了内幕交易规定,经过组织协商,随后从速对该同志诫勉谈话,并将其撤出中核钛白拯救项目组成员名单,同时还对其提出其他工作纪律要求;不允许项目组成员拿中核钛白的钛白粉产品给自个儿亲戚朋友的生意做交易;不允许吃企业、重组方、投资者、债权人的宴请及他们组织的机构消费、安排亲友工作等;不允许在企业、重组方、投资者那里报销一分钱的发票;不允许使用企业、重组方、投资者的一分钱办公与行政资源;不允许与重组方、投资者有任何一分钱的交易、利益输送等;不允许吃企业员工的宴请;专业团队之间不得互相吃请、不收受礼品、礼金;不准为了取得工作支持给上级领导或监管机关送礼、宴请等……“宁可别人负我,不允许我负别人”。正因为有了铁的纪律,确保了我们是在脚踏实地做人,干干净净拯救,风急浪大也不怕夜晚鬼叫门。

中核钛白拯救项目上,我们顶住了诸多的诱惑,坚持做到了廉洁奉公,不徇私情。中核钛白2012年拯救成功以来的七年多时间内,没有发现有一封举报信是反映现场组成员廉洁谋私问题的。

鉴于此,恐怕我们的读者们将来也要始终经受的住这方面的考验,在任何时候、地方、事情都要严守廉洁关,不占公家的便宜,不占私人的便宜,不占利益相关方的便宜。

五、要勇立创新之潮头

如果墨守成规、故步自封,那么个人就不会进步,企业就不会成长,民族就没有希望。中核钛白在拯救过程中,我们始终没有停下创新的脚步,难怪在2017年10月下旬在出席东亚破产重整论坛期间,访问日本财务省(原大藏省)的大臣曾对我讲,你们拯救中核钛白所做的创新,很感天动地,提振精神,要远比日航项目做得好,创新多得多、难得多、险得多,日航拯救有充盈的国家财政兜底,可谓无忧无虑,但中核钛白拯救可以说是在刀尖上跳舞,不仅你们团队跳完了舞曲,而且还跳出了非常优美的华尔兹舞蹈,难能可贵。基于此,日航项目应该好好地向中核钛白项目学习、取经。

中核钛白的拯救,我们没有照猫画虎,而确实是进行了大量的探索、创新与创造,且多数都取得了可喜的成效,现在回想起来都有点后怕。

这当中,我们第一个创新,就是尝试对中核钛白实施托管经营+破产重整+并购重组+配套融资的系统拯救工作,首尾相连,无缝对接,其技术含量超过境内外任何一个重建再生项目。第二个创新,我们是全国第一次将司法重整与庭外预重整有机地结合起来,减少磨合时间与成本,为重整的高效推进做了很好的铺垫,打下了坚实的基础。第三个创新,我们是全国第一家将司法裁定与证券监管有机地衔接起来,在进入重整阶段之前,我们要求必须找到理想的重组方(意向战略投资者),这个做法很快受到最高人民法院与证监会的同时认可,两家不仅在2012年海南联席会议上采纳中核钛白的成功做法，而且在当年年底还形成了两家机构统一的文件要求。第四个创新，在进行中核钛白破产重整管理人模式选择时，大胆地采用了债务人（出资人）自行管理模式。尽管当时这种模式社会上存在许多不理解甚至非议、妄议，债权人也有很多担忧，但是最终人民法院批准了这种新的管理人管理模式。在工作实践中，管理人严加自律和人民法院的外部监管，使重整计划执行效果很好，取得了非常理想的重整成效。第五个创新，在全国第一个尝试并成功地实施府院联动，同样收到了很好的效果。第六个创新，人民法院积极进行能动司法改革，在中介机构遴选上摈弃了以往传统的省内摇号或肥水不流外人田的指定省内中介机构做法，而是由管理人在全国遴选最优秀的专业机构来从事中核钛白的拯救工作。实践证明，这一开放办案的开明做法是非常正确的。当然，我们还有其他许许多多的创新、创造之处。

六、低姿态进入，高姿态走出

低姿态进入，高姿态走出，是处理一切复杂项目最重要的方法论。任何破产重整、并购重组项目，都需要保持一个高度的过程与环境的安静并统一发声，尤其是对于戈壁滩上曾经多次严重受伤的企业中核钛白及其职工来讲，更是如此。因为经营层的内部人控制，因为极度恶劣的企业风气、对抗的干群关系，企业内部已经对是正确与否早就麻木了，从而企业内部很难听到真话，真假几乎完全不能分辨。此时，即便进入重整阶段，现场拯救人员发出任何信息，都有可能带来太多的猜疑或联想，甚至翻起巨大的狂飙，形成新的动乱与聚众上访事件。

所以，我们在建立重整文化过程中，要求所有重整、托管、重组的现场工作人员，必须保持高度的谦卑，必须保持始终的低调，必须少说或者不说多做；当遇到企业员工不理解，不谅解甚至抵触时，不能蛮干硬上，要学会忍让、退让；甚至要适应面对企业员工的打（轻微）不还手、骂不还嘴；对于员工的任何意见、建议，都要予以重视。凡属于普遍的、必要的，就一定要立竿见影地去改，让员工从每一个具体的行动中感受到现在这样一支管理团队与以往经营团队的巨大不同，员工们开始受到尊敬与重视，心里开始由冰冷转向温暖，企业也快速地开始变化，从量变影响到质变。

在企业信息披露上坚持一支笔签批制度，与新闻媒体保持一个适度的谨慎配合态度与友好距离，避免新闻炒作给企业及员工带来不必要的负面影响。虽然我们在整个拯救过程中，不断地取得了一个又一个大的突破与成就，我们有的同志开始有点耐不住寂寞。但是我们始终封闭工作环境,按住媒体宣传,不去过嘴瘾,对外始终保持一个严肃的静默状态。正因为我们每时每刻都保持在一个低姿态状态,才赢得了最终我们走出戈壁滩时的惊艳转身与高姿态地走出。

春风十里重整路

——浙江春风健材公司破产重整案回顾

朱蕾蕾*

2018年11月，由我承办，由上海市汇业律师事务所担任管理人的浙江春风健材公司破产重整案顺利办结。在公司资产不足以清偿全部债务，普通债权清偿率只有1%的困境下，实现产业接续重整。其工作的烦琐、方案制定的艰难和表决的合理性以及成功的喜悦，都值得回味。在此，以此文纪念这段时光，与同志共勉。

一、春风事件

春风公司成立于1997年6月23日，注册资本为3006.8万元。公司经营范围为电动车、农业机械、健身器材等，营业地位于全国百强县市之一的工业城市——浙江省永康市。

2012年前后，永康本地企业普遍利用企业互相担保形式对外融资，融资规模偏高。在国家金融宏观政策影响下，资金链、担保链断裂的危机初露端倪。2012年6月2日，春风公司法定代表人突然携款出逃美国，公司出现严重危机，大量民间借贷债权人及金融机构债权人集体向春风公司催讨债权，300余名员工工资无以发放。该事件引起当地经济界、政界人士的高度重视。

为此，永康市人民政府迅速召集职能部门，成立“6·2春风事件处置工作小组”，妥善处置了民间借贷债权人高达3.8亿元的债权，鼓励市辖内各涉及金融机构及未在永康市设立分支机构的股份制银行，按“额度维持、担保不变、谁贷谁办、资金各管”的原则，继续支持春风公司及关联的6家企业。2012年10月，在春风事件处置工作领导小组的主导下，春风公司的借款银行及担保企业达成协议，由春风

* 朱蕾蕾，浙江省永康市人民法院民事审判庭二庭副庭长。

公司的3家担保企业,作为股东接管春风公司的生产经营,并承继公司资产和债务,完成了重组。

重组后的春风公司于2013年年初恢复正常生产经营,历时3年6个月,实现持续营利。但由于公司历史遗留的银行贷款负担过重,部分银行单方提高贷款利率,要求增加保证,使公司营利无法清偿所欠利息。2016年6月,重组股东资金链断裂,最终导致公司部分停止生产。

二、受理时的公司状况

2016年7月13日,永康市人民法院裁定受理春风公司破产重整。与众多破产案件相同,春风公司存在现金流枯竭、严重资不抵债的情形。可以看到的重整价值为春风作为健身器材行业内的老品牌,仍具有稳定的市场占有率和认可度。

根据审计,以2016年7月13日为基准日,春风公司账面资产总额共33,121,603.80元,其主要资产为存货、机器设备、办公设备、房屋建筑物、无形资产等。账面负债总额298,616,852.75元,所有者权益-265,495,248.95元,资产负债率901.58%。经债权申报,管理人共接受96名债权人申报,其中有以下2笔数额较大、存在争执债权:

1.政府债权1笔。该债权的形成原因为:2012年春风公司法定代表人携款潜逃,春风公司资金链断裂、经营陷入困难。为维护稳定和重启企业生产,国资控股国投公司向春风公司提供应急救助专项资金,本金共计1700万元,用于发放拖欠工资和支付外协配套资金。

2.担保债权1笔。申请债权人申报金额为57,199,917.16元。根据债权人所提交的贷款抵押担保合同,管理人认为存在部分债权未被覆盖于抵押范围中,遂只确认其中担保债权金额为37,599,132.44元,对于剩余19,551,837.50元,管理人确认其为普通债权。为此,债权人另行提出债权确认异议之诉。

案件受理时,春风公司的重组股东即三家原担保人,均出现债务危机。其中两家面临解散境地,仅剩一家公司也出现自身债务危机,为春风公司追加担保,涉及多起诉讼。在此情况下,春风公司生产部分停工、职工离职。重整受理时,春风公司仅发放其中109名职工2016年6月的工资,剩余81名职工2016年6月工资合计人民币379,433.20元,由于公司账户余额不足,无以发放。后由管理人借款8万元,用于发放拖欠的全部工资。

三、重整计划的设计思路

进入重整后，管理人做初步行业分析，认为伴随生活条件提高健身器材行业仍有发展空间，春风公司历年参加广州交易博览会等各项展会，拥有展位资格，有一定知名度。公司所处地理位置位于经济开发区，周边厂区、商业、外来人口集中。春风公司的厂房是投资者最看中的目标，如果投资者获得公司所有权后摒弃春风公司的生产设备和品牌，重整将会失去社会意义。因此，既要从保护产业角度引进重整，又要防止重整走向形式。经多次讨论，确定如下思路：

1. 尽可能保留产业及资产的完整性，将全部资产整体处置，若整体变价实属困难的，再分开处置。

2. 以公开方式延置春风公司资产，确定全部资产或主营业务资产的受让人为重整投资人。资产处置过程中，通过整体询价、整体拍卖，成功买受春风公司全部资产的买受人，或者在分开拍卖过程中成功买受生产设备的买受人，为春风公司的重整投资人。

3. 为合法减少处置资产尤其是处置不动产的税负，以提高受偿率，将重整投资人受让的资产仍保留在春风公司。

为避免重整方案未能通过或无法执行情形下，重新启动清算方案表决程序造成拖延，法院指引管理人在重整计划方案中引入处置方案作为重整内容，对重整方案和处置方案分项表决。具体文本表述为：重整程序中，按《资产处置方案》里规定的流程延置春风公司的全部资产。成功买受春风公司全部资产的买受人，或者在分开拍卖过程中成功买受厂房及存货、机器设备、办公设备的买受人，为春风公司的重整投资人。

四、审理中的难点及对策

（一）政府债权的处理

破产重整受理前，为维护春风公司稳定和企业生产，国投公司向春风公司提供应急救助专项资金。

案件受理后，国投公司申报债权，要求优先受偿。管理人综合考虑两个问题：一是债权的定性。共益债务应是受理破产申请后发生的债务，破产法明确列举有六种债务类型；该笔债务发生在破产受理前，不属六种类型之一，但客观上是政府主导破产重组事务，为维护企业经营秩序所需。二是优先权的顺序。如果认定享有优先权,与抵押债权等优先权的冲突应当如何解决。

法院认为,不宜直接认定政府债权的共益性,要求管理人就此专项调研讨论。管理人收集相关资料查明,春风公司出现破产危机后,市政府召集各职能部门、市内各金融机构以及春风公司等关联企业,召开春风事件遗留问题处置工作协调会,就该救助资金的优先顺位问题与各关联银行包括抵押债权银行达成协议,并签发书面协调会纪要,明确政府提供的应急专项资金,应从春风公司破产重整程序中优先受偿。虽有此基础,但为慎重起见,管理人仍未进行直接认定,提出除非债权人委员会决议同意。后债权人委员会一致决议按共益债权处理。为慎重起见,管理人又提交给以外的主要债权人讨论,形成集中意见,同意按优先债权认定。最终,管理人认定政府债权优先受偿。

在优先顺序认定环节,存在政府优先权与银行抵押债权二者谁优先的问题。债权银行已打包处理金融债权不良资产,转给资产管理公司,表示已无权发表意见,而资产公司向管理人申请变更自己为债权申报主体。至此,案件处理遇到新问题。即资产管理公司未必知晓存在政府优先权一事,将来向社会出让资产包时,无法披露存在政府优先债权的事实;另外,资产转让后,若买受人不清楚认识利润预期与现实差距的话,会增加重整难度。为此,承办人要求管理人立即发函给资产管理公司,披露存在政府优先债权,告知其潜在风险。果然,资产公司反馈表示不理解。后经多次解释,认可政府优先债权,但优先顺位应在抵押权之后。

承办人和管理人讨论认为,抵押权优先顺位有司法解释明确约定,应按法律精神确认抵押权优于政府债权。为避免市政府层面的阻力,承办人多次向主管领导解释,坚持在表决方案中将市政府债权顺位列于抵押债权之后。同时告知,在实际处理时,如果处置价格高于抵押权和政府债权的和,就不会产生该冲突。市政府相关人员表示理解,还在各项重整事项中给予帮助支持。

(二)银行债权人的沟通

银行债权人在表决时通常存在两个困难:一是银行将金融债权转让给资产管理公司,未告知管理人,也未申请主体变更,原债权银行表示已无权表决,导致方案表决流于形式;二是银行行使表决权程序严格,特别是同意重整方案时需要层报上级,有时候主办行愿意支持重整,但未获得上级银行支持。

为防止因沟通不充分可能导致银行债权人草率地投反对票或弃权票,承办人找到政府主管部门,说明两个问题:一是重整方案的通过需要取得普通债权 2/3 债权额度以及1/2人数的支持，政府优先权的实现有赖于重整方案的获批。二是重整方案内容较多，银行审批流程较长，在表决前做好充分解释，给予银行审批时间，容易获得支持。因此希望政府金融部门予以协助。

事后，管理人与市政府工作人员一同前往各家银行，介绍方案和答疑，并给予银行债权人一定时间决策上报。最终有90%的普通债权银行表决同意方案，仅有的一家抵押债权人考虑到部分债权尚处债权确认之诉程序，最终投反对票。因此，出现抵押债权支持率为0，普通债权支持率为90%，需裁定是否认可重整方案的情形。承办人并不急于强制裁定，一方面做好强制裁定是否认可的评估，另一方面密切关注抵押债权资产的转让。最终，资产包受让方表示理解和同意支持重整，使重整方案取得各表决组的高票支持。

（三）对投资方引入的设计

重整投资人的引进通常是难点。本案意向投资人中，有较多企业是看中春风公司不动产的地理位置，无意接续产业，只有极少数企业是同行。一方面，法院和政府希望投资人能够接续春风品牌和产业；另一方面，投资人接管产业需投入提升产业资金，将面临着融资困难。

为顺利引进投资人，使产业得到接续，同时也为防止一味追求产业接续导致无人投资，管理人多次讨论交易、资产过户环节，最终制定出重整、清算两种方式下的处置方式，以及重整方式下确权的选择性条款。

对重整条件下的资产处置，基于合法减少交易税负，特别是减少不动产过户税费，设计投资方引入条件为：成功买受春风公司全部资产的买受人，或者在分开拍卖过程中成功买受厂房及存货、机器设备的买受人，可以根据资金储备情况及融资难度，选择以下一种方式过户：

1. 直接将受让的春风公司资产，办理相应的不动产转移登记手续，将春风公司的资产过户至买受人或其指定的第三方名下；

2. 春风公司的原出资人与买受人订立《股权转让协议》，将春风公司全部股权以零对价转让给受让人，同时办理工商变更登记手续，买受人受让的春风公司资产仍保留在春风公司名下。该方式在后续经营中仍将涉及增值税等其他税费，但可缓解目前资金负担。

对清算条件下的资产处置，买受人将受让的春风公司资产办理相应的不动产转移登记手续，将春风公司的资产过户至买受人或其指定的第三方名下。

(四)市场秩序维护

由于永康市社会资本充足,近年来社会人士对不良银行债权的收购尤为关注,购买不良银行债权在法律上不被禁止,但某些社会人士专业炒买炒卖资产包,扰乱企业正常生产经营秩序。春风公司银行债权被打包出售时,若被不良意图人士买走,一则可能会在方案表决时提出额外清偿要求,增加重整成本;二则因债权结构中包括企业关联个人的信用担保,买受人会通过限高限行等执行措施施加压力,以获得清偿,影响企业重整事务的办理。因此,为防止炒买炒卖资产包增加重整阻力和成本,法院及时与政府金融办公室联系,密切关注银行资产出售的消息。管理人在知晓银行债权资产包处理的第一时间,即对相关方提示重整程序的法律知识,告知案件可能涉及的债权风险,防止社会人士盲目乐观、一味追求利润而作出不理性处理。

五、办案心得

春风公司重整后,产业和品牌得以接续,投资人轻装上阵。依法清偿破产费用、共益债务及破产债权,并收回市政府专项应急周转资金。回想办案过程,有几个心得:

一是正确处理与市政府的关系。企业破产重整,不仅是法律问题,更是涉及大量社会问题的系统工程。一方面,要通过府院合作,取得地方党委政府支持。要依托地方党委政府的支持,积极协调部门关系,整合社会资源,促使破产重整顺利进行。如在银行普通债权的沟通上,由政府部门一同走访并介绍方案,更能取得银行支持理解。在投资人融资方面,有金融部门理解,更易获得银行贷款支持,从而为重整提供有利条件。另一方面,要依法律规定处理法律问题。比如政府债权的认定上要尊重债权人的意思表示,按法律规定认定。虽然债权人集中认可政府债权优先,但法院仍将政府优先顺序排在抵押权之后。这一做法使广大债权人高度评价法院公平公正,不仅赢得债权人支持,也得到政府的理解和大力配合。

二是重整环节相互依存,方式灵活。重整程序环环相扣,不能片面地处理某个环节。比如,在投资人引进上,采取重整方案和财产处置方案同时表决的形式,既适用重整情形,又适用清算情形,节约债权人会议的时间,加快效率。在投资人引进的方式上,采取股权转让和所有权变更过户的选择,将选择权交由投资人,避免方案单一性造成决策局限和操作困难。

三是程序公开,与债权人充分沟通。程序公开公正,充分尊重债权人意思自治。重整信息公开,及时向债权人披露破产进程。充分发挥债务人委员会的议事作用,充分听取债权人意见。在重整方案表决前,走访并介绍方案和答疑,使债权人准确理解重整,并给予决策时间,避免一次会草率表决的情况。最终重整方案和破产财产分配方案在进行表决时,均以高票表决通过。

《企业破产法》立法参与札记

韩传华*

作为一名执业律师,本人对企业破产实践的参与和对破产法理论的学习由来已久。2005 年的时候,我拿到了一份全国人大常委会已多次讨论并已经形成的《企业破产法(草案)(二次审议稿)》(以下简称《草案》)。认真阅读这份草案后,我感到部分草案条款中的规定有待商榷,细想之下,我将自己对草案条款规定的修改意见整理成册,于 2006 年 5 月提交给负责草案修订工作的全国人大法工委经济法室,希望他们能够审阅并接受我提出的修改意见。

2006 年 8 月 27 日全国人大常委会通过并颁发《企业破产法》后,全国人大法工委经济法室的同志给我打电话,说他们对我提交的草案修改意见非常重视,一条一条地讨论,并且采纳了其中不少意见,对我主动参与立法工作的行为表示十分感谢。

对照草案原文、我的修改意见和最后通过并颁发的《企业破产法》,我发现有多处完全采纳或者部分采纳了我的修改意见。这些本是尘封的记忆,恰逢“破产实务前沿”系列出版物约稿,我便抛砖引玉,一一道来,供对破产法立法过程有兴趣者参考。

一、关于“准用”和“适用”的修改意见

《草案》第 6 条规定:“破产案件审理程序,本法没有规定的,除再审程序外,准用民事诉讼法的有关规定。”

我的修改意见是:“准用”的说法在法律规定中并不通用,通用的是“适用”,所以建议将“准用”修改为“适用”。

---

* 韩传华,北京市中咨律师事务所合伙人。

《企业破产法》采纳了我的上述修改意见,其第4条规定:“破产案件审理程序,本法没有规定的,适用民事诉讼法的有关规定。”

二、关于“或者依法被撤销”的修改意见

《草案》第9条第3款规定:“企业法人已解散或者依法被撤销但未清算或者未清算完毕,财产不足以清偿债务的,依法负有清算责任的人应当向人民法院申请破产清算。”

我的修改意见是:这个条款中的“依法被撤销”是多余的,因为“解散”和“依法被撤销”不是并列关系,“依法被撤销”只是“解散”的原因之一,所以建议删除“依法被撤销”的规定。其法律依据是《公司法》第181条规定(修改后的条款为《公司法》第180条,笔者注)。

《企业破产法》采纳了我的上述修改意见,其第7条第3款规定:“企业法人已解散但未清算或者未清算完毕,资产不足以清偿债务的,依法负有清算责任的人应当向人民法院申请破产清算。”

三、关于“债权人提出申请”等修改意见

《草案》第12条规定:“人民法院应当自收到破产申请之日起十五日内裁定是否受理。有特殊情况需要延长的,经上一级人民法院批准,可以延长十五日。债权人提出申请的,人民法院应当在收到申请之日起五日内通知债务人。债务人对申请有异议的,应当自收到人民法院的通知之日起七日内向人民法院提出。”

我的修改意见是:对于债权人提出破产申请的,建议增加“人民法院应当在收到或应收到债务人提出的异议之日起十五日内裁定是否受理”的规定,以明确债权人申请情形下的法院裁定期限;同时,“有特殊情况需要延长的,经上一级人民法院批准,可以延长十五日”的规定,不应当放在第一款,而应当放在最后一款,以适用债权人申请情形和其他申请情形。

《企业破产法》部分采纳了我的修改意见,其第10条规定:“债权人提出破产申请的,人民法院应当自收到申请之日起五日内通知债务人。债务人对申请有异议的,应当自收到人民法院的通知之日起七日内向人民法院提出。人民法院应当自异议期满之日起十日内裁定是否受理。

“除前款规定的情形外,人民法院应当自收到破产申请之日起十五日内裁定是否受理。

"有特殊情况需要延长前两款规定的裁定受理期限的,经上一级人民法院批准,可以延长十五日。"

四、关于"董事、经理等职务"的修改意见

《草案》第 17 条第 1 款规定:"自人民法院受理破产申请的裁定送达债务人之日起,债务人的有关人员承担下列义务:

"(一)……

(五)不得新任其他企业的董事、经理等职务。"

我的修改意见是:上述规定中的"不得新任其他企业的董事、经理等职务"规定,应当修改为:"不得新任其他企业的董事、监事、高级管理人员职务。"其理由是,"经理等职务"的规定不规范,在理解上容易产生歧义。修改成"董事、监事、高级管理人员职务"后,不仅没有理解上的歧义,而且与《公司法》第 139 条的规定(修改后的条款为《公司法》第 146 条,笔者注)保持一致。

《企业破产法》采纳了我的修改意见,其第 15 条规定:"……(五)不得新任其他企业的董事、监事、高级管理人员……"

五、关于"破产企业"和"董事、经理和其他负责人"的修改意见

《草案》第 21 条第 2 款规定:"人民法院根据破产企业的实际情况,可以在征询有关社会中介机构的意见后,指定该机构具备相关知识并取得专门执业资格的人员担任管理人。"

《草案》第 38 条规定:"破产企业的董事、经理和其他负责人利用职权从企业获取的非正常收入和侵占的企业财产,管理人应当追回。"

《草案》第 46 条第 2 款规定:"破产企业所欠职工的工资和基本社会保险费用,以及法律、行政法规规定应当支付给职工的补偿金,不必申报,由管理人列出清单并予以公示。"

《草案》第 75 条第 2 款规定:"人民法院裁定许可债务人进行重整的,债务人的董事、经理以及其他高级管理人员不得向第三人转让其个人对债务人持有的股权。但是,经人民法院同意的除外。"

《草案》第 139 条规定:"企业董事、经理或者其他负责人违反忠于职守、勤勉尽责义务,致使所在企业破产的,应当承担相应的民事责任;构成犯罪的,依法追究刑事责任。

"有前款规定情形的人员,自破产案件终结之日起五年内不得在任何企业担任董事、经理或者其他经营管理职务。"

我的修改意见:上述条款中的"破产企业"不规范,建议修改为"债务人";上述条款中的"董事、经理和(以及,或者)其他负责人"不规范,建议修改为"董事、监事、高级管理人员"。

《企业破产法》采纳了我的上述修改意见。

《企业破产法》第 24 条第 2 款规定:"人民法院根据债务人的实际情况,可以在征询有关社会中介机构的意见后,指定该机构具备相关专业知识并取得执业资格的人员担任管理人。"

《企业破产法》第 36 条规定:"债务人的董事、监事和高级管理人员利用职权从企业获取的非正常收入和侵占的企业财产,管理人应当追回。"

《企业破产法》第 48 条第 2 款规定:"债务人所欠职工的工资和医疗、伤残补助、抚恤费用,所欠的应当划入职工个人账户的基本养老保险、基本医疗保险费用,以及法律、行政法规规定应当支付给职工的补偿金,不必申报,由管理人调查后列出清单并予以公示……"

《企业破产法》第 77 条第 2 款规定:"在重整期间,债务人的董事、监事、高级管理人员不得向第三人转让其持有的债务人的股权。但是,经人民法院同意的除外。"

《企业破产法》第 125 条规定:"企业董事、监事或者高级管理人员违反忠实义务、勤勉义务,致使所在企业破产的,依法承担民事责任。

"有前款规定情形的人员,自破产程序终结之日起三年内不得担任任何企业的董事、监事、高级管理人员。"

六、关于"请求召集"和"其他职责"的修改意见

《草案》第 23 条规定:"管理人履行下列职责:

"(一)……

"(十)请求召集债权人会议;

"(十一)人民法院或者债权人会议认为管理人应当履行的其他职责。"

我的修改意见:这里的"请求召集"用语不规范,建议修改为"提议召开";管理人是法院指定的,不是债权人会议指定的,要求管理人接受债权人会议的指令,根据债权人会议决定履行职责,可能会与法院指令有冲突,因此建议删除"债权人会

议”的这一权限。

《企业破产法》采纳了我的修改意见,其第25条规定:“管理人履行下列职责:

“……

“(八)提议召开债权人会议;

“(九)人民法院认为管理人应当履行的其他职责……”

七、调整管理人取回质物或者留置物规定的修改意见

《草案》第71条第2款规定的是重整期间有关取回质物或者留置物的规定,《草案》第115条规定的是宣告破产后有关取回质物、留置物的规定,但在破产申请受理后到破产宣告前的非重整期间,有关质物、留置物的取回没有规定。

我的修改意见:将《草案》第71条第2款、第115条规定全部删除,并增加统一调整为可以适用于受理破产案件后的所有破产阶段的规定,较为妥当。建议增加的该规定为:

“人民法院受理破产申请后,管理人可以通过清偿债务或者提供为债权人接受的替代担保,取回质物或者留置物。

“前款规定的债务清偿额或者替代担保额,在质物或者留置物的价值低于被担保的债权额时,以其在当时的市场价值为限。”

《企业破产法》采纳了我的修改意见,删除了《草案》第71条第2款和第115条规定,增加第37条规定,增加的规定是:

“人民法院受理破产申请后,管理人可以通过清偿债务或者提供为债权人接受的担保,取回质物、留置物。

“前款规定的债务清偿或者替代担保,在质物或者留置物的价值低于被担保的债权额时,以该质物或者留置物当时的市场价值为限。”

八、调整双务合同继续履行或者解除规定的修改意见

《草案》第74条规定的是有关重整期间双务合同的解除或者继续履行,第120条规定的是破产宣告后双务合同的解除或者继续履行。规定了重整期间双务合同的解除或者继续履行,也规定了破产宣告后双务合同的解除或者继续履行,但没有规定宣告破产前双务合同的解除或者继续履行。

我的修改意见:在法院受理破产申请后,至破产宣告前的非重整期间,双务合同的解除或者继续履行如何处理,草案没有规定。鉴于此,删除《草案》第74条和

第120条规定,增加一条统一适用于受理破产申请后的所有破产阶段,较为妥当。建议增加的规定为:

"人民法院受理破产申请后,对于在人民法院受理破产申请前成立但双方未履行完毕的合同,管理人有权决定合同解除或者继续履行,并书面通知对方当事人。管理人在破产申请受理后九十天内未通知对方当事人的,或在收到对方当事人书面催告后三十天内未答复或答复不明确的,视为合同解除。

"管理人决定合同继续履行的,对方当事人有权要求提供担保或者清偿债务。管理人不提供担保或者不清场债务的,视为管理人解除合同。"

《企业破产法》采纳了我的修改意见,删除了《草案》第74条和第120条规定,并增加其第18条规定:

"人民法院受理破产申请后,管理人对破产申请受理前成立而债务人和对方当事人均未履行完毕的合同有权决定解除或者继续履行,并通知对方当事人。管理人自破产申请受理之日起二个月内未通知对方当事人,或者自收到对方当事人催告之日起三十日内未答复的,视为解除合同。

"管理人决定继续履行合同的,对方当事人应当履行;但是,对方当事人有权要求管理人提供担保。管理人不提供担保的,视为解除合同。"

九、关于"取得不当得利"的修改意见

《草案》第40条规定:"人民法院受理破产案件后发生的下列债务,为共益债务:

"……

"(三)因债务人取得不当得利所产生的债务……"

我的修改意见:这一条款中的"取得不当得利"有语法错误,不当得利本身含有取得的意思,因此建议删除"取得"一词。

《企业破产法》采纳了我的修改意见,其第42条规定:"……(三)因债务人不当得利所产生的债务……"

十、关于"人民法院受理破产案件后"等修改意见

《草案》第40条规定:"人民法院受理破产案件后发生的下列债务,为共益债务:

"(一)……

"(四)人民法院受理破产案件后,为债务人的继续营业而应支付的劳动报酬和社会保险费用……"

我的修改意见:为债务人的继续营业所产生的共益债务,不仅包括劳动报酬和社会保险费用,也包括因继续营业发生的材料费、水电费等,所有这些费用,都应是"债务"。因此,建议这一条款直接修改为"(四)人民法院受理破产案件后,为债务人的继续营业而应支付的必要债务。"

《企业破产法》部分采纳了我的意见,其第42条规定:"……(四)为债务人继续营业而应支付的劳动报酬和社会保险费用以及由此产生的其他债务……"

十一、关于"除……的"的修改意见。

《草案》第54条第2款规定:"债权尚未确定的债权人,除管理人能够为其行使表决权而临时确定债权额的,不得行使表决权。"

我的修改意见:这里的"除管理人能够为其行使表决权而临时确定债权额的",不规范,建议修改为"除管理人能够为其行使表决权而临时确定债权额外"。

《企业破产法》采纳了我的修改意见,其第59条第2款规定:"债权尚未确定的债权人,除人民法院能够为其行使表决权而临时确定债权额的外,不得行使表决权。"

十二、关于"半数以上"的修改意见

《草案》第61条规定:"债权人对人民法院依照本法第六十条第一款作出的裁定不服的,债权额占无财产担保债权总额半数以上的债权人对人民法院依照本法第六十条第二款作出的裁定不服的,可以在裁定宣布之日或者收到通知之日起十五日内向该人民法院申请复议。复议期间不影响裁定的执行。"

我的修改意见:这里的"半数以上",建议修改为"二分之一以上"。因为《草案》第59条第1款规定的是"二分之一以上",不是"半数以上"。前后条款的立法语言应该一致。

《企业破产法》采纳了我的修改意见,其第66条规定:"债权人对人民法院依照本法第六十五条第一款作出的裁定不服的,债权额占无财产担保债权总额二分之一以上的债权人对人民法院依照本法第六十五条第二款作出的裁定不服的,可以自裁定宣布之日或者收到通知之日起十五日内向该人民法院申请复议。复议期间不停止裁定的执行。"

十三、关于“破产企业职工代表”等修改意见

《草案》第62条规定:“债权人会议可以选任债权人代表组成债权人委员会,债权人代表应当经人民法院书面决定认可。

“债权人代表人数不得超过九人;其中,应当有一名破产企业职工代表。”

我的修改意见:职工代表与债权人代表应当有区别,建议这一条款修改为:“债权人会议可以选任债权人代表数名、债务人职工代表一名组成债权人委员会,并指定其中债权人代表一人为债权人委员会主席。债权人代表、债务人职工代表及债权人委员会主席,应当经人民法院书面决定认可。债权人委员会组成人数不得超过九人。”

《企业破产法》采纳了我的修改意见,其第67条规定:“债权人会议可以决定设立债权人委员会。债权人委员会由债权人会议选任的债权人代表和一名债务人的职工代表或者工会代表组成。债权人委员会成员不得超过九人。债权人委员会成员应当经人民法院书面决定认可。”

十四、关于“前款规定人员”的修改意见

《草案》第63条第3款规定:“前款规定人员违反本法规定拒绝接受监督的,债权人委员会有权就监督事项请求人民法院作出决定。对于债权人委员会的请求,人民法院应当在五日内作出决定。”

我的修改意见:“前款规定人员”通常指的是自然人,但前款规定中的监督对象包括管理人、债务人,因此建议将“前款规定人员”修改为“管理人、债务人”。

《企业破产法》部分采纳了我的修改意见,其第68条第3款规定:“管理人、债务人的有关人员违反本法规定拒绝接受监督的,债权人委员会有权就监督事项请求人民法院作出决定;人民法院应当在五日内作出决定。”

十五、关于重整申请书的修改意见

《草案》第66条规定:“申请重整,应当向人民法院提交重整申请书及有关证据。”

我的修改意见:重整申请书的规定,应当适用于《草案》第10条规定的破产申请书的要求,不必另行规定,因此建议删除这一重整申请书的条款规定。

《企业破产法》采纳了我的修改意见,已删除此条款。

十六、关于“债务人企业”的修改意见

《草案》第70条规定:“管理人可以聘任债务人企业的经营管理人员负责企业的营业事务。”

我的修改意见:“债务人”本来指的就是企业,在“债务人”后面再加上企业,语法不规范,建议删除“债务人”后面的“企业”二字。

《企业破产法》采纳了我的修改意见,其第74条规定:“管理人负责管理财产和营业事务的,可以聘任债务人的经营管理人员负责营业事务。”

十七、关于“债权的担保”修改意见

《草案》第72条第2款规定:“在重整期间,债务人或者管理人为继续营业而借款的,可以将尚未成为担保权标的物的财产作为该债权的担保。”

我的修改意见:“该债权的担保”中的“债权”,是基于本条款的“借款”而推导出来的,不简明,直接规定为“借款”较好;此外,“该债权的担保”,不太规范,改为“设定担保”较好。因此,建议该条款修改为:“在重整期间,债务人或者管理人为继续营业而借款的,可以为该借款设定担保。”

《企业破产法》采纳了我的修改意见,其第75条第2款规定:“在重整期间,债务人或者管理人为继续营业而借款的,可以为该借款设定担保。”

十八、关于“企业财产”的修改意见

《草案》第76条规定:“……(二)债务人有欺诈、恶意减少企业财产、无理拖延或者其他显著不利于债权人的行为……”

我的修改意见:债务人财产较企业财产更规范,因此建议将该条款中的“企业财产”修改为“债务人财产”。

《企业破产法》采纳了我的修改意见,其第78条规定:“……(二)债务人有欺诈、恶意减少债务人财产或者其他显著不利于债权人的行为……”

十九、关于“企业”的修改意见

《草案》第79条规定:“……(七)有利于企业重整的其他方案。”

《草案》第80条规定:“……(二)企业所欠职工的工资和基本社会保险费用,以及法律、行政法规规定应当支付给职工的补偿金;(三)企业所欠税款……”

《草案》第88条第2款规定:"在监督期内,债务人应当向管理人报告重整计划执行情况和企业财务状况。"

我的修改意见:上述三个条款中的"企业",应当修改为"债务人"。

《企业破产法》采纳了我的修改意见。《企业破产法》其第81条规定:"……(七)有利于债务人重整的其他方案。"

《企业破产法》第82条规定:"……(二)债务人所欠职工的工资和医疗、伤残补助、抚恤费用,所欠的应当划入职工个人账户的基本养老保险、基本医疗保险费用,以及法律、行政法规规定应当支付给职工的补偿金;(三)债务人所欠税款……"

《企业破产法》第90条第2款规定:"在监督期内,债务人应当向管理人报告重整计划执行情况和债务人财务状况。"

二十、关于"付诸表决"的修改意见

《草案》第81条第1款规定:"人民法院应当自收到重整计划草案之日起二个月内召开债权人会议,付诸表决。"

我的修改意见:"付诸表决"不规范,建议修改为"对重整计划草案是否通过进行讨论和表决。"

《企业破产法》采纳了我的修改意见,其第84条第1款规定:"人民法院应当自收到重整计划草案之日起三十日内召开债权人会议,对重整计划草案进行表决。"

二十一、关于"负责管理财产和营业事务的管理人"的修改意见

《草案》第87条第2款规定:"人民法院裁定批准重整计划后,负责管理财产和营业事务的管理人应当向债务人移交财产和营业事务。"

我的修改意见:《草案》其他条款规定的管理人职责是"接管",但这里使用的是"负责管理",前后不一致,因此建议将"负责管理财产和营业事务的管理人"修改为"已接管财产和营业事务的管理人"。

《企业破产法》采纳了我的修改意见,其第89条规定:"……人民法院裁定批准重整计划后,已接管财产和营业事务的管理人应当向债务人移交财产和营业事务。"

二十二、关于"付款人或承兑人"的修改意见

《草案》第122条规定:"票据出票人被宣告破产,而付款人或承兑人不知其事

实而付款或承兑人不知其事实而付款或承兑,因此所产生的债权为破产债权,付款人或承兑人为债权人。"

《草案》中的这一条款规定曾让我费了不少脑筋。原因是,这一条款规定的语句比较晦涩,而且涉及专业性很强的票据,一般人不愿意去想,更不愿意钻进去搞个透彻明白。

如果只是立法语言的问题,比较容易解决,例如,可以修改为"票据出票人被宣告破产,付款人或承兑人不知其事实而付款或承兑,因此所产生的债权为破产债权,付款人或承兑人为债权人"。这样修改后,简明扼要,容易理解。

问题在于,如果按照《草案》中这一条款规定来执行,则票据出票人被宣告破产后,当付款人或承兑人知其事实仍付款或承兑时,由此所产生的债权就不应当被视为破产债权。这个结论是否适当,需要细细考量。

《票据法》第 38 条规定:"承兑是指汇票付款人承诺在汇票到期日支付汇票金额的票据行为。"第 44 条规定:"付款人承兑汇票后,应当承担到期付款的责任。"依据这一规定,我的理解是,在付款人没有承兑之前,付款人有权选择承兑或者不承兑;一旦付款人选择了承兑,付款人就变成了承兑人,同时承兑人承担了到期付款的法律责任。

基于上述理解,我认为,当票据出票人被宣告破产后,付款人不知事实承兑并且付款的,该债权为破产债权,这容易理解;付款人知其事实,在可以选择不承兑付款的情形下仍予以承兑付款的,该债权不应当作为破产债权,也容易理解;但对于已承兑付款的承兑人来说,其不知其事实应该付款,知其事实也应该付款,其付款义务与是否知其事实没有关系,如果承兑人知其事实付款的债权不作为破产债权,则明显损害依法履行付款义务的承兑人的合法权益。

当我发现《草案》第 122 条规定存在上述错误时,我便在思考,为什么《草案》会在这个非常专业的票据涉及破产的问题上出现错误?

经研究,我注意到,票据涉及破产的问题,曾经在最高人民法院 1991 年、2000 年和 2002 年分别作出的三个司法解释中有规定。

1991 年《最高人民法院关于贯彻执行〈中华人民共和国企业破产法〉(试行)若干问题的意见》第 62 条规定:"票据(汇票、本票、支票)发票人或背书人被宣告破产,而付款人或承兑人不知其事实而付款或承兑,因此所产生的债权为破产债权,付款人或承兑人为债权人。"

2000 年《最高人民法院关于审理票据纠纷案件若干问题的规定》第 17 条规定:

"票据出票人或者背书人被宣告破产，付款人或者承兑人不知其事实而付款或承兑，因此所产生的追索权可以登记为破产债权，付款人或承兑人为债权人。"

2002年《最高人民法院关于审理企业破产案件若干问题的规定》第55条规定："下列债权属于破产债权：……（四）票据出票人被宣告破产，付款人或者承兑人不知其事实而向持票人付款或者承兑所产生的债权……"

上述三个司法解释中关于票据付款或承兑的债权规定，和《草案》第122条的规定一样，均存在将已承兑付款的承兑人和有权选择是否付款或承兑的付款人混淆一起的错误。至此，我明白了，错误的根源应当出在第一个司法解释上，后来的两个司法解释和《草案》基本上是照搬前面司法解释的规定。

鉴于此，我对《草案》第122条的修改意见是："票据出票人被宣告破产，而付款人不知其事实而付款或承兑，因此所产生的债权为破产债权，付款人或承兑人为债权人。"

为了进一步论证我的修改意见，我还提供了我国台湾地区"企业破产法"第107条的规定。此条款规定是："汇票发票人或背书人受破产宣告，而付款人或预备付款人不知其事实而承兑或付款者，其因此所生之债权，得为破产债权而行使其权利。"

《企业破产法》采纳了我的上述修改意见，其第55条规定："债务人是票据的出票人，被裁定适用本法规定的程序，该票据的付款人继续付款或者承兑的，付款人以由此产生的请求权申报债权。"

这里还想说一段插曲，当我认为最高人民法院上述三个司法解释中有关票据涉及破产的规定存在错误时，我曾向最高人民法院当时主管民商案件的副院长提交了一份相关问题的书面报告，该副院长十分重视，安排专人讨论，最后认同了我的意见。

二十三、关于"适时准备"等修改意见

《草案》第125条第1款规定：管理人应当适时准备破产财产变价方案，提交债权人会议讨论。

《草案》第129条第1款："管理人应当及时准备破产财产分配方案，并提交债权人会议讨论。"

我的修改意见："及时"较"适时"更准确，"拟订……方案"较"准备……方案"更准确。

《企业破产法》采纳了我的修改意见，其第 111 条第 1 款规定："管理人应当及时拟订破产财产变价方案，提交债权人会议讨论。"其第 115 条第 1 款："管理人应当及时拟订破产财产分配方案，提交债权人会议讨论。"

二十四、关于工资的修改意见

《草案》第 127 条第 4 款规定："本条第一款第(一)项所称职工工资不包括破产企业的董事、经理和其他负责人的工资。"

我的修改意见：将"董事、经理、其他负责人"的工资排除在职工工资之外，不妥。因为董事、经理、其他负责人很多时候都是雇员，同属于职工这一范畴。据此，这一条款应当删除。

《企业破产法》采纳了我的建议，已删除此条款。

二十五、关于"附条件"等修改意见

《草案》第 131 条规定："对于附条件的债权，由管理人提存。

管理人依照前款提存的破产财产分配额，在最后分配公告日，停止条件未成就或者解除条件成就的，应当分配给其他债权人；在最后分配公告日，停止条件成就的或者解除条件未成就的，应当交付给债权人。"

我的修改意见：第一款中的"附条件"，和第二款中的"停止条件、解除条件"，应当一致起来；第二款中的"停止条件"是我国台湾地区的说法，我们这里的说法是"生效条件"。据此该款建议修改为："对于附生效条件或者附解除条件的债权，由管理人提存。

管理人依照前款提存的破产财产分配额，在最后分配公告日，生效条件未成就的或者解除条件成就的，应当分配给其他债权人；在最后分配公告日，生效条件成就的或者解除条件未成就的，应当交付给债权人。"

《企业破产法》采纳了我的修改意见，其第 117 条规定："对于附生效条件或者解除条件的债权，管理人应当将其分配额提存。管理人依照前款规定提存的分配额，在最后分配公告日，生效条件未成就或者解除条件成就的，应当分配给其他债权人；在最后分配公告日，生效条件成就或者解除条件未成就的，应当交付给债权人。"

二十六、关于"债务人"的修改意见

《草案》第 134 条第 1 款规定："债务人无财产可供分配的，管理人可以请求人民法院裁定终结破产案件。”

我的修改意见:宣告破产后,“债务人”应当称为“破产人”。

《企业破产法》采纳了我的修改意见,其第120条第1款规定:“破产人无财产可供分配的,管理人应当请求人民法院裁定终结破产程序。”

二十七、关于“破产企业”的修改意见

《草案》第135条规定:“管理人应当持人民法院关于终结破产案件的裁定,于破产案件终结之日起十日内,向破产企业的原登记机关办理注销登记。”

我的修改意见:“破产人”较“破产企业”更规范。

《企业破产法》采纳了我的修改意见,其第121条规定:“管理人应当自破产程序终结之日起十日内,持人民法院终结破产程序的裁定,向破产人的原登记机关办理注销登记。”

二十八、关于“其他人员”的修改意见

《草案》第140条规定:“有义务列席债权人会议的债务人或者债务人的法定代表人,经人民法院传唤,无正当理由拒不列席债权人会议的,人民法院可以拘传,并处以五千元以上五万元以下的罚款。债务人的法定代表人和有说明义务的其他人员拒不陈述、回答,或者作虚假陈述、回答的,人民法院可以处以五千元以上五万元以下的罚款。”

我的修改意见:这一条款中的“其他人员”修改为“有关人员”,更为妥当。

《企业破产法》采纳了我的修改意见,其第126条规定:“有义务列席债权人会议的债务人的有关人员,经人民法院传唤,无正当理由拒不列席债权人会议的,人民法院可以拘传,并依法处以罚款。债务人的有关人员违反本法规定,拒不陈述、回答,或者作虚假陈述、回答的,人民法院可以依法处以罚款。”

前　沿

中国上市公司破产重整2019年度报告及重整计划分析

申林平*

上市公司破产重整案件具有特殊性和复杂性。由于涉及企业职工和股票二级市场众多投资者的利益安排，债权债务数额庞大可能影响社会稳定，上市公司的破产重整件需要得到债权人、债务人、法院、政府机关、证券监管机构等多方主体的重点关注。

上市公司重整是拯救危困企业的重要手段，是维护市场秩序、优化企业资源配置的重要方式。本文首先介绍我国2019年全年上市公司申请破产重整的整体情况，其后以被法院裁定批准重整计划的6家上市公司为经典案例，重点关注已被法院批准的重整计划草案内容，解构式分析计划草案。重整计划草案是各方关系主体利益的平衡和体现，是上市公司重整的核心，重整计划草案中的关键细节都是实务工作者在案件办理中因地制宜、一案一策思考出的方案，值得我们借鉴和参考。

一、2019年中国上市公司破产重整情况概述

根据证券市场权威网站及上市公司公告数据统计，①截至2019年12月31日，2019年全国申请破产重整的上市公司已达14家，分别是盛运环保（300090）、天海防务（300008）、*ST厦工（600815）、*ST庞大（601258）、*ST莲花（600186）、

* 申林平，上海锦天城（北京）律师事务所合伙人、中国政法大学破产法与企业重组研究中心研究员、美国加州大学洛杉矶分校法学院访问学者。

① 本文所有统计数据仅针对上市公司，不包括上市公司的控股股东或子公司。——笔者注

＊ST沈机(000410)、东方金钰(600086)、＊ST德奥(002260)、＊ST神城(000018)、＊ST盐湖(000792)、＊ST飞马(002210)、＊ST利源(002501)、＊ST银亿(000981)、＊ST金贵(002716)。

在2019年被法院裁定受理破产重整的有7家上市公司,包括＊ST厦工(600815)、＊ST庞大(601258)、＊ST莲花(600186)、＊ST沈机(000410)、＊ST盐湖(000792)、＊ST中绒(000982)、坚瑞沃能(300116),其中,＊ST中绒(000982)和坚瑞沃能(300116)是在2018年底申请破产重整,2019年被裁定受理的两家上市公司。

在以上7家上市公司中,2019年顺利被法院裁定批准重整计划已经有6家上市公司,分别是＊ST厦工(600815)、＊ST庞大(601258)、＊ST莲花(600186)、＊ST沈机(000410)、＊ST中绒(000982)、坚瑞沃能(300116),此6家上市公司自重整计划被法院裁定批准之日起,重整程序宣告终结,进入重整计划执行阶段。

2019年我国上述申请破产重整的上市公司的具体概况如表1所示:

表1　2019年我国申请破产重整的上市公司的具体概况

序号	上市公司简称	公司全称	重整申请时间	法院裁定受理公司重整时间	重整计划批准时间	重整计划管理人	行业分类	注册地
1	盛运环保	安徽盛运环保(集团)股份有限公司	2019年1月18日	—	—	—	通用设备制造业	安徽省
2	天海防务	天海融合防务装备技术股份有限公司	2019年3月21日	—	—	—	专业技术服务业	上海市
3	＊ST厦工	厦门厦工机械股份有限公司	2019年4月2日	2019年7月26日	2019年11月1日	厦门厦工机械股份有限公司清算组	专用设备制造业	福建省厦门市
4	＊ST庞大	庞大汽贸集团股份有限公司	2019年5月13日	2019年9月5日	2019年12月10日	庞大汽贸集团股份有限公司清算组	零售业	河北省滦县

续表

序号	上市公司简称	公司全称	重整申请时间	法院裁定受理公司重整时间	重整计划批准时间	重整计划管理人	行业分类	注册地
5	*ST 莲花	莲花健康产业集团股份有限公司	2019 年 7 月 3 日	2019 年 10 月 15 日	2019 年 12 月 16 日	北京市金杜律师事务所	食品制造业	河南省
6	*ST 沈机	沈阳机床股份有限公司	2019 年 7 月 12 日	2019 年 8 月 16 日	2019 年 11 月 16 日	沈阳机床股份有限公司清算组	通用设备制造业	辽宁省沈阳市
7	东方金钰	东方金钰股份有限公司	2019 年 7 月 18 日	—	—	—	其他制造业	湖北省鄂州市
8	*ST 德奥	德奥通用航空股份有限公司	2019 年 7 月 22 日	—	—	—	电气机械和器材制造业	广东省佛山市
9	*ST 神城	神州长城股份有限公司	2019 年 7 月 24 日	—	—	—	建筑装饰和其他建筑业	深圳市龙岗区
10	*ST 盐湖	青海盐湖工业股份有限公司	2019 年 8 月 15 日	2019 年 9 月 30 日	—	青海盐湖工业股份有限公司清算组	化学原料和化学制品制造业	青海省格尔木市
11	*ST 飞马	深圳市飞马国际供应链股份有限公司	2019 年 9 月 3 日	—	—	—	商务服务业	广东省深圳市福田区
12	*ST 利源	吉林利源精制股份有限公司	2019 年 9 月 6 日	—	—	—	有色金属冶炼和压延加工业	吉林省辽源市
13	*ST 银亿	银亿股份有限公司	2019 年 10 月 8 日	—	—	—	汽车制造业	甘肃省兰州市

续表

序号	上市公司简称	公司全称	重整申请时间	法院裁定受理公司重整时间	重整计划批准时间	重整计划管理人	行业分类	注册地
14	＊ST 金贵	郴州市金贵银业股份有限公司	2019 年 12 月 18 日	—	—	—	有色金属冶炼业	湖南省郴州市
15	＊ST 中绒	宁夏中银绒业股份有限公司	2018 年 11 月 15 日	2019 年 7 月 9 日	2019 年 11 月 13 日	由银川市人民政府推荐的有关部门、机构人员组成清算组担任中银绒业管理人	纺织业	宁夏回族自治区
16	坚瑞沃能	陕西坚瑞沃能股份有限公司	2018 年 12 月 13 日	2019 年 9 月 30 日	2019 年 12 月 27 日	北京市金杜（深圳）律师事务所	电气机械和器材制造业	陕西省西安市

二、2019 年 6 家经批准重整计划的上市公司破产重整概况分析

2019 年，全国共有 6 家上市公司破产重整计划（草案）被法院批准，分别是＊ST 中绒（000982）、＊ST 厦工（600815）、＊ST 沈机（000410）、＊ST 莲花（600186）、＊ST 庞大（601258）、坚瑞沃能（300116），进一步对上述 6 家上市公司的资产负债情况、偿债能力情况、管理人指定情况、破产重整时长、破产重整费用内容梳理如下：

（一）资产负债情况

根据重整计划（草案），2019 年被批准重整计划的 6 家上市公司的资产负债情况具体如表 2 所示［注：具体数字见公司破产重整计划（草案）］：

表 2　2019 年被批准重整计划的 6 家上市公司的资产负债情况

上市公司简称	资产情况	负债情况①
*ST 中绒	截至评估基准日,资产评估总值为39.44 亿元。	(1)截至 2019 年 10 月 29 日,申报的债权金额共计 110.07 亿元; (2)其余项债权金额合约为 109.02 亿元[具体金额以重整计划(草案)为准]。
*ST 厦工	截至 2019 年 7 月 26 日,资产的账面金额约为 32.84 亿元。	(1)负债账面金额约为 39.51 亿元; (2)申报债权合计约 38.52 亿元; (3)其余项债权金额总计约为 5.51 亿元。
*ST 沈机	(1)根据《审计报告》,截至 2019 年 8 月 16 日,资产清查审计值总额为 76.60 亿元; (2)截至评估基准日,公司资产评估市场价值总额为 67.92 亿元,清算价值为 24.66 亿元。	(1)根据《审计报告》,负债总额为 157.73 亿元; (2)申报债权总额为 177.33 亿元; (3)未申报债权约 7.04 亿元。
*ST 莲花	根据《资产评估报告》,截至评估基准日,公司账面资产约为 16.11 亿元,按照清算价值法评估,资产评估总值约为 8.95 亿元。	(1)经管理人审查确认的债权金额合计约 9.78 亿元; (2)其余项债权金额总计约为 12.14 亿元。(以实际发生金额为准)。
*ST 庞大	根据《资产评估报告》,公司账面资产约为 302.08 亿元。 按照市场价值法评估出的价值总额约为 97.67 亿元;按照清算价值法评估出的资产评估总值约为 50.17 亿元。	(1)经第一次债权人会议核查并经法院裁定确认的债权总额约 169.71 亿元; (2)债权人已申报但管理人尚暂缓确定的债权金额约为 71.74 亿元; (3)账面记载但未申报的债权约 25.74 亿元; (4)其余项债权金额合计约 5.62 亿元(以实际发生金额为准)。
坚瑞沃能	截至评估基准日,账面资产总价值约为 29.76 亿元;评估值约为 4.54 亿元。	(1)申报债权金额为 76.18 亿元; (2)申报确认金额为 67.18 亿元(不含暂缓确认); (3)待确认债权约为 3.94 亿元; (4)职工债权总额为 16.10 亿元。

①　根据重整计划(草案)资产负债情况显示,负债情况部分除债权总额外,还列明了债权人已申报但管理人尚无法确定的债权、未在债权申报期限内申报但账面记载的债权、职工债权总额、未申报债权等多项债权具体金额,此处仅列明公司债权金额总数,至于每项债权的具体金额请参照对应上市公司的重整计划(草案)。

根据我国《企业破产法》,企业申请破产重整的原因包括企业法人不能清偿到期债务,并且资产不足以清偿全部债务或者明显缺乏清偿能力,或者有明显丧失清偿能力可能,判断公司是否"资不抵债"是法院审查公司是否达到重整原因的重要因素。从以上数据看出,被裁定批准重整计划的6家上市公司均出现了资产小于负债的情况,资产与负债间的差距涉及重整成功的难易程度。

除审查上市公司是否具备重整原因外,法院还需判断上市公司是否具备重整能力,包括判断上市公司是否仍有较高运营价值、是否仍有希望恢复活力、重整价值是否大于清算价值等。上述的庞大集团虽然账面资产大于负债,但以资产评估结果来看,其实质已严重资不抵债,经营和财务状况均已陷入困境,实际已经符合重整原因。

(二)偿债能力情况

除资产负债情况之外,为核算破产清算状态下破产公司普通债权人的受偿情况,管理人需委托评估机构分析公司的偿债能力。此评估是一种假设性评估,假设公司在破产清算的情形下,按照破产清偿顺序向债务人清偿债务,评估对列于最后顺位的普通债权人的债务清偿率,以此进一步判断上市公司重整价值与清算价值的大小。

根据评估机构出具的《偿债能力分析报告》,6家被裁定批准重整计划的上市公司的偿债能力评估情况如表3所示:

表3 2019年被裁定批准重整计划的6家上市公司的偿债能力评估情况

公司名称	偿债能力分析报告结果
*ST中绒	按照《企业破产法》规定的清偿顺序偿还后,已无剩余财产用于普通债权分配,中银绒业破产清算状态下的普通债权清偿比例为0%。
*ST沈机	资产变现款在扣除担保财产价值,优先清偿破产费用、共益债务、职工债权和税款债权后,普通债权所能获得的清偿比例为0%。
*ST厦工	按照清偿顺序支付破产费用、共益债务、职工债权和税款债权后,普通债权所能获得的清偿率约为58.62%。假设资产实际变现价值为评估值的50%,对应的普通债权清偿率约为26.95%。
*ST莲花	有财产担保债权优先偿还;剩余其他财产的变现所得在支付必要的破产费用后,将不足以偿还现有预计的职工债权;普通债权清偿率为0%。
*ST庞大	担保财产变现所得优先用于偿还有财产担保债权,剩余其他财产并全额清偿共益债务、职工债权、税款债权后,普通债权清偿率约为11.20%。
坚瑞沃能	假定按照普通债权总额71.70亿元(包括待确认债权、账面记载未申报债权,以及假定相关融资租赁租金扣除对应融资租赁物后的变现价值),坚瑞沃能在破产清算状态下普通债权的受偿率约为3.83%。

从以上数据看出,2019年被裁定批准重整计划的6家上市公司经评估出的清算状态下普通债权的清偿率可能是0%,也可能是其他,如 *ST 厦工、*ST 庞大、坚瑞沃能都分别达到了58.62%、11.20%和3.83%,但再结合公司的实际运营情况,上市公司的《偿债能力分析报告》进一步指出了 *ST 厦工、*ST 庞大、坚瑞沃能虽然债务清偿比例较高,但该清偿比例能够实现具有很大的不确定性。不确定因素包括,破产费用很有可能超过预估费用、资产中的设备大多属于非通用类,处置难度大,处置实践预计较长,变现困难;应收账款账龄较长,回收难度大,很难按照评估值收回;破产清算状态下需全部安置公司现有职工,还将产生超出预估的巨额员工安置费用等。

由此可以得知,公司偿债能力的评估是判断上市公司重整价值与清算价值大小的重要考量因素,但同时需要再结合公司的实际经营情况,进一步判断重整价值的大小,避免因账面资产严重泡沫化而产生虚假清偿率影响重整的现象。

(三)破产管理人指定情况

根据我国《企业破产法》第24条的规定,我国的破产管理人可以由清算组担任和社会中介机构担任。2019年被裁定批准重整计划的6家上市公司的管理人指定情况如表4所示:

表4　2019年被裁定批准重整计划的6家上市公司的管理人指定情况

公司名称	*ST 厦工	*ST 庞大	*ST 莲花	*ST 沈机	*ST 中绒	坚瑞沃能
管理人	厦门厦工机械股份有限公司清算组	庞大汽贸集团股份有限公司清算组	北京金杜律师事务所	沈阳机床股份有限公司清算组	由银川市人民政府推荐的有关部门、机构人员组成清算组	北京金杜(深圳)律师事务所
管理人类型	清算组	清算组	律所	清算组	清算组	律所

从数据来看,目前指定的管理人类型中清算组偏多,在2019年已经被裁定批准重整计划的6家上市公司中,2家上市公司由律师事务所担任管理人,4家上市公司由清算组担任管理人。由清算组担任管理人的优势在于,清算组成员往往涵盖了众多政府部门人员,有助于解决大量社会职工的安置和社会保障问题,在众多复杂

利益关系的处理上具有公权力的权威性,有利于司法权和行政权的协调。① 律师事务所作为具有法律专业性、业务资源集中的中介机构,也常被指定为破产重整管理人。中介机构在维护重整各方当事人利益、利用法律专业技能合法高效地推进重整方面,起着重要作用。

(四)破产重整时长情况

本文破产重整时长,包括从破产重整申请到法院受理的时长,和从重整受理到重整计划获批通过的时长。从破产重整申请到法院受理的用时来看,*ST中绒用时236天、*ST厦工用时115天、*ST沈机用时35天、*ST莲花用时104天、*ST庞大用时115天、坚瑞沃能用时291天。从破产重整受理至批准重整计划用时来看,*ST中绒用时127天、*ST厦工用时98天、*ST沈机用时92天、*ST莲花用时62天、*ST庞大用时95天、坚瑞沃能用时88天。具体时间如表5所示:

表5　2019年被裁定批准重整计划的6家上市公司的破产重整时长情况

公司名称	*ST中绒	*ST厦工	*ST沈机	*ST莲花	*ST庞大	坚瑞沃能
破产重整申请时间	2018年11月15日	2019年4月2日	2019年7月12日	2019年7月3日	2019年5月13日	2018年12月13日
法院受理时间	2019年7月9日	2019年7月26日	2019年8月16日	2019年10月15日	2019年9月5日	2019年9月30日
用时	236天	115天	35天	104天	115天	291天
法院批准重整计划时间	2019年11月13日	2019年11月1日	2019年11月16日	2019年12月16日	2019年12月9日	2019年12月27日
用时	127天	98天	92天	62天	95天	88天

关于上市公司破产重整的时长,根据2012年10月29日最高人民法院印发《关于审理上市公司破产重整案件工作座谈会纪要》,明确指出申请人除提交《企业破产法》第8条规定的材料外,还应当提交关于上市公司具有重整可行性的报告、上市公司住所地省级人民政府向证券监管机构的通报情况材料以及证券监管机构的意见、上市公司住所地人民政府出具的维稳预案等材料。换言之,上市公司申

① 李曙光、郑志斌:《公司重整法律评论:上市公司重整专辑》(第5卷),法律出版社2019年版,第273页。

请破产重整的需提交的审查材料繁多,并且文件要求需逐级报送最高人民法院审查。此外,在上市公司的重整过程中,同时涉及企业职工和二级市场众多投资者的利益安排、涉及地方政府和证券监管机构的沟通协调,相较普通公司的重整,上市公司重整的受理审查时长往往更长,重整花费时间短则几个月,长则大半年以上。

(五)破产重整费用情况

破产重整费用包括重整案件受理费、管理人报酬、聘请中介机构的费用、财产处置税费、转增股票登记税费、股票过户税费及管理人执行职务的费用等。破产重整费用的支付,不仅关系破产财产的分配,同时关系对管理人的履职激励。通过整理破产重整费用情况,大致了解上市公司破产重整业务市场发展。

根据重整计划方案,被裁定批准重整计划的 6 家上市公司在计划中约定的费用明细如下(此仅为重整计划所列费用,实际发生以实际支付为准):

1. * ST 中绒(见表 6)

表 6　* ST 中绒被裁定批准重整计划中约定的费用明细

序号	项目	金额(万元)
1	重整案件受理费	30.00
2	管理人报酬	3000.00
3	资产评估机构费	278.00
4	债委会中介机构费用	250.00
5	财务顾问费用	1000.00

2. * ST 厦工(见表 7)

表 7　* ST 厦工被裁定批准重整计划中约定的费用明细

序号	项目	金额(万元)
1	重整案件受理费	30.00
2	管理人报酬	2500.00
3	聘请中介机构(审计、评估、财务顾问)发生的费用	1174.00
4	重整期间管理人执行职务费用、执行重整计划费用、预估不可预见费用	796.00

3. ＊ST 沈机

沈机股份重整计划对破产费用的表述内容具体如下："重整费用预计 8000 万元，包括重整案件受理费、管理人报酬、聘请中介机构的费用、财产处置税费等。重整案件受理费、管理人报酬、聘请中介机构的费用由沈机股份及管理人在本重整计划执行完毕前，按重整计划规定或合同约定支付。沈机股份重整计划执行期间，管理人履行职务的费用根据重整计划执行情况随时支付。"

4. ＊ST 莲花(见表 8)

表 8　＊ST 莲花被裁定批准重整计划中约定的费用明细

序号	项目	金额(万元)
1	重整案件受理费	30.00
2	管理人报酬	约 1150.00(具体数据以重整计划为准)
3	聘请中介机构发生的费用	45.00
4	为管理人执行职务及办理股票转增等重整费用预估资金	770.00

5. ＊ST 庞大(见表 9)

表 9　＊ST 庞大被裁定批准重整计划中约定的费用明细

序号	项目	金额(万元)
1	管理人报酬	9969.85
2	聘请中介机构(评估、财务顾问)发生的费用	1995.00
3	管理人执行职务费用、执行重整计划所需费用以及预估不可预见费用	535.15

6. 坚瑞沃能

坚瑞沃能重整计划对破产费用表述如下："依据法律及法院确定的管理人报酬方案计算的管理人报酬共计 1038 万元，按照管理人报酬方案支付。在重整期间及重整计划执行期间，法院案件受理费、管理人聘请其他中介机构的费用、管理人执行职务等发生的各项破产费用，根据实际发生数额以债务人财产按照本重整计划规定或合同约定支付或清偿。"

在以上被批准重整计划的 6 家上市公司的破产费用内容中，重整案件受理费、管理人报酬、聘请中介机构的费用、管理人执行职务的费用为常见破产费用。其中，重整案件受理费基本都稳定在 30 万元，管理人报酬从 1000 万元到 9000 多万元，聘请中介机构也是公司破产重整的一笔不小支出。此外，破产重整的上市公司都留有预估资金，若预估事项发生，在计划时能够有提前的预备方案解决；若预估事项未发生，按出资计划剩余的资金划入重整公司的银行账户。关于费用的支付时间，根据《企业破产法》第43条规定，破产费用和共益债务由债务人财产随时清偿，重整案件受理费、管理人报酬、聘请中介机构费用按照重整计划的约定往往在重整计划执行完毕前均完成支付。

三、2019年6家经批准重整计划的上市公司具体重整方案分析

（一）债权分类分析

在破产重整中，债权调整方案的制定、重整计划的分组表决以及债务的清偿顺序，都需要对债权分类。在债权调整方案的制定方面，根据不同种类的债权有不同的债权调整方案，重整计划中债权的调整，是重整过程需要解决的重要问题之一；在重整计划的分组表决方面，我国对重整计划草案的表决，实行分组表决制。《企业破产法》第82条将对重整计划草案进行表决的债权，通常分为四类，分别是有财产担保债权、职工债权、税款债权、普通债权，在特殊情况下也允许人民法院在普通债权组中设小额债权组表决重整计划草案。在债务清偿顺序方面，《企业破产法》第113条有明确的规定，优先清偿破产费用和共益债务后，按照职工债权、社会保险费用、税收债权、普通债权的顺序清偿。对债权进行分类是管理人在核查破产财产时的重要工作，债权的分类关系到公司破产重整的成败。

2019年被裁定批准重整计划的6家上市公司的债权分类情况，如表10所示：

表10　2019年被裁定批准重整计划的6家上市公司的债权分类情况

公司名称	债权分类
*ST中绒	财产担保债权组、职工债权组、税款债权组、普通债权组
*ST厦工	职工债权组、普通债权组
*ST沈机	财产担保债权组、职工债权组、税款债权组、普通债权组
*ST莲花	财产担保债权组、职工债权组、税款债权组、普通债权组
*ST庞大	财产担保债权组、职工债权组、税款债权组、普通债权组
坚瑞沃能	财产担保债权组、职工债权组、普通债权组

其中需值得注意的是，在*ST庞大的重整计划草案中提到“融资租赁类债权”，方案中将融资租赁类债权作为单独的债权进行调整。分析其方案，调整方式

是融资租赁类债权对应融资租赁物评估价值部分与有财产担保债权留债展期部分调整及受偿方案一致,扣除前述融资租赁评估价值的剩余债权作为普通债权,按照普通债权的受偿方案予以清偿。从此受偿方案可看出,“融资租赁类债权”同时对应有财产担保债权和普通债权,分财产情况清偿。

(二)债权调整方案分析

《企业破产法》第109条、第113条规定了清偿顺序,通常有财产担保的债权就特定财产优先受偿,再按照职工债权、税款债权、普通债权的顺序清偿。职工债权无须申报,由管理人负责调查、公示、清偿,相较于普通债权,职工债权、税款债权均能优先受偿。

针对不同类型的债权有不同的债权调整方案,2019年被批准重整计划的6家上市公司的债权调整方案,如表11所示:

1. 有财产担保债权

表11　2019年被批准重整计划的6家上市公司的有财产担保债权调整方案

序号	公司名称	债权调整方案
1	*ST中绒	就担保财产变现价款优先受偿,未受偿的债权作为普通债权,按照普通债权调整方案获得清偿。
2	*ST厦工	无
3	*ST沈机	有财产担保债权在债务人特定财产的清算价值范围内全额留债清偿。(留债内容见后文)
4	*ST莲花	拟保留的经营性资产暂不清偿,重整后根据经营情况逐步清偿,担保财产系非经营性资产的,其债权在担保财产变现价值范围内全额清偿。
5	*ST庞大	(1)有财产担保债权中存在质押保证金的债权,以相应保证金及保证金(预期)产生的存款利息优先清偿; (2)其他有财产担保债权在对应担保财产评估价值范围内,由庞大集团留债展期清偿。
6	坚瑞沃能	在担保财产变价收入范围内优先受偿,超出担保财产变价收入的部分作为普通债权受偿。

通常有财产担保债权,以其经确认的担保债权额,就担保财产变现价款优先受偿;未受偿的债权作为普通债权,按照普通债权的调整及受偿方案获得清偿。

2. 职工债权

职工债权包括职工的工资、医疗、伤残补助、抚恤费用,所欠的应当划入职工个人账户的基本养老保险、基本医疗保险费用,职工补偿金等与职工生存息息相关的

费用,职工债权优先于普通债权受偿。(见表12)

表12　2019年被批准重整计划的6家上市公司的职工债权调整方案

序号	公司名称	债权调整方案
1	*ST中绒	职工债权(以实际发生金额为准)全额清偿,不作调整
2	*ST厦工	职工债权不作调整,在重整计划执行期限内以现金方式全额清偿
3	*ST沈机	职工债权在重整计划执行期限内一次性以现金方式清偿
4	*ST莲花	职工债权不作调整,全额清偿
5	*ST庞大	职工债权不作调整,在重整计划执行期限内以现金方式全额清偿
6	坚瑞沃能	职工债权不作调整,全额受偿

根据以上情形,上市公司重整中职工债权往往是不作调整、全额清偿,对于清偿的期限和方式,往往由管理人根据实际处理,部分上市公司会予以进一步说明,如*ST沈机列明了需一次性并且以现金支付。需强调的是,上市公司重整涉及大量的职工债权,职工债权的处理又涉及社会稳定问题,无论债权人、管理人还是法院、政府机关都需要高度重视。

3. 税款债权

税款债权是指债务人欠付依法享有税收征管权力国家机关的税款,税款债权相较于普通债权具有优先受偿性。税款由国家机关征收,依法纳税是每个公民、企业、社会团体的基本义务。(见表13)

表13　2019年被批准重整计划的6家上市公司的税款债权调整方案

序号	公司名称	债权调整方案
1	*ST中绒	税款债权在重整计划执行期限内全额清偿
2	*ST厦工	无
3	*ST沈机	税款债权在重整计划执行期限内一次性以现金方式清偿
4	*ST莲花	税款债权不作调整,全额清偿
5	*ST庞大	税款债权不作调整,在重整计划执行期限内以现金方式全额清偿
6	坚瑞沃能	无

在债权调整方面,税款债权类同于职工债权,往往都规定为不作调整,全额清偿。对于清偿的期限和方式,管理人可在计划中进一步明确,如*ST沈机提出,税款债权在重整计划执行期限内一次性以现金方式清偿。

4. 普通债权

普通债权作为最后顺位的债权，往往数额巨大、种类多样，是对公司破产重整影响最大的债权。对于普通债权的清偿方式，债权调整方案花样众多。2019 年被批准重整计划的 6 家上市公司的普通债权调整方案，如表 14 所示：

表 14　2019 年被批准重整计划的 6 家上市公司的普通债权调整方案

序号	公司名称	债权调整方案
1	*ST 中绒	1. 每家债权人 50 万元以下（含 50 万元）的债权部分，在重整计划执行期限内以现金方式清偿完毕； 2. 每家债权人超过 50 万元以上的部分，以资本公积金转增的部分股票抵偿，该部分普通债权的清偿比例约 100%。每股抵债价格为 5.87 元，每 100 元债权可分得约 17.035775 股股票。
2	*ST 厦工	1. 每家债权人 50 万元以下（含 50 万元）的债权部分，在重整计划执行期限内全额现金清偿； 2. 每家债权人超过 50 万元的债权部分，按一定比例通过留债展期方式清偿。按照 32% 的比例确定留债总额，在六年内清偿完毕。厦工此部分将普通债权分为金融类普通展债权和经营类普通债权； 3. 超过 50 万元部分在扣除留债展期部分后原则上全部以股抵债。考虑到经营类普通债权人的特殊性，经营类普通债权人可以放弃以股抵债的清偿安排，选择全额留债期。
3	*ST 沈机	1. 普通债权 50 万元以下（含 50 万元）一次性现金清偿； 2. 超过 50 万元部分区分金融普通债权和非金融普通债权： （1）金融普通债权 在金融普通债权清偿方式部分，沈机进一步分为留债清偿和股票清偿。金融普通债权的综合清偿比例合计约 30%。 a. 留债清偿； b. 股票清偿。对于未获留债的金融普通债权，由沈机股份资本公积金转增股票中的约 4.14 亿股股票进行清偿，股票清偿部分清偿比例约为 26%。按照上述方式清偿后，未获清偿的金融普通债权，沈机股份不再承担清偿责任，债权人可依据《企业破产法》第 92 条的规定，就未获清偿的部分向其他连带债务人进行追偿。 （2）非金融普通债权 沈机计划要求债权人可以且仅可以选择以下一种方式获得清偿： a. 按 15% 的清偿比例在重整计划执行期限内获得一次性现金清偿，其余部分豁免； b. 按 30% 的清偿比例在三年内分期清偿，其余部分豁免。 非金融普通债权分期清偿期间不计息。同时要求非金融普通债权人应当自重整计划批准之日起 10 日内向管理人书面明确拟选择的清偿方式，到期未明确的，视为按照第一种方式获得清偿。

续表

序号	公司名称	债权调整方案
4	＊ST 莲花	1. 每家债权人 10 万元以下(含 10 万元)的债权部分按照 100% 的比例清偿; 2. 每家债权人超过 10 万元的债权部分,将按照 17.48% 的清偿比例进行清偿。
5	＊ST 庞大	每家债权人 50 万元以下(含 50 万元)的债权部分,在重整计划执行期限内全额现金清偿; 每家债权人超过 50 万元的债权部分,从两方面调整: (1)子公司担保财产评估价值覆盖部分 庞大集团子公司提供财产担保的债权在该担保财产评估价值范围内,由庞大集团留债展期清偿,具体调整及受偿方案与有财产担保债权留债展期方案一致。 (2)以股抵债部分 剩余普通债权由庞大集团在本重整计划执行期限内,资本公积转增股票抵债,股票的抵债价格按 5.98 元/股计算,该部分普通债权的清偿比例为 100%。
6	坚瑞沃能	1. 每家普通债权人 5000 万元以下(含 5000 万元)部分债权的 12% 以现金受偿; 2. 每家普通债权人超过 5000 万元部分的债权,每 100 元债权以坚瑞沃能对迪斯卡特的债权 12 元抵偿。

债务人偿债能力正常时,债务人应按照约定向债权人全额清偿;但当债务人偿债能力减弱,进入重整程序,为能够达到挽救企业的目的,部分债权将会调整,债权人的债权难以全额清偿,债权人在债务上需作出部分让步。针对债权调整,主要涉及清偿金额、清偿期限、清偿方式三个方面因素的调整。① 从以上 6 家上市公司普通债权调整方案可以看出普通债权调整方案的多样性。在清偿方式上,可以看到包括:(1)现金清偿;(2)资本公积金转增股票抵债;(3)留债清偿(留债清偿放于下一节详细分析)。

从以上普通债权的调整方式上,可以看出部分规律性内容:在对普通债权调整时,通常可以对普通债权在金额上进行划分,不同数额债权部分以不同的方式清偿,划分时可以选择的界限金额如 50 万元、10 万元等,甚至如坚瑞沃能选择以 5000 万元为界。界限金额上下的债权有不同的清偿方式,界限金额以下(包含界限金

① 刘延岭、赵坤成:《上市公司重整案例解析》,法律出版社 2017 年版,第 41 页。

额)的债权部分通常以现金按一定比例清偿,[①]界限金额以上的债权部分通常根据公司债权情况再选择清偿方式。

界限金额以上的债权部分的清偿方式做法不一:(1)直接规定清偿比例,如*ST莲花,规定债权人超过10万元的债权部分,将按照17.48%的清偿比例进行清偿。(2)资本公积金转增股票抵债或股票抵债与留债清偿同时结合,如*ST中绒,资本公积金转增股票抵债100%清偿,*ST厦工以股票抵债与留债清偿相结合。在*ST厦工的普通债权清偿中,将普通债权分为金融类普通展债权和经营类普通债权,并规定考虑到经营类普通债权人的特殊性,经营类普通债权人可以放弃以股抵债的清偿安排,选择全额留债展期。(3)进一步将普通债权分为金融普通债权和非金融普通债权,将对两类不同的债权制定不同的调整方案,针对非金融债权的调整较为特殊,在清偿比例、清偿期限作不同的方案,由债权人自行选择。(4)*ST庞大为集团公司,还涉及子公司担保财产评估价值的覆盖部分,具体调整及受偿方案与有财产担保债权留债展期方案一致。(5)在以股抵债方式上,股票的抵债股票数、抵债价格根据债务公司的实际情况进一步规定。

(三)留债清偿方案分析

在上述的债权调整方案中,“留债清偿”在有财产担保债权组及普通债权组均有出现,是债权调整方案中的重要方式之一,有助于减缓债务人的债务清偿压力,在被批准重整计划的6家上市公司中,有3家在不同的债权调整方案中,使用了留债清偿的偿还方式。留债清偿的方案中通常详细包括:(1)留债期限;(2)留债利率;(3)还款方式;(4)清偿方式;(5)担保方式等内容。已被批准重整计划的6家上市公司的重整计划中,涉及的留债清偿方案如表15所示:

---

① 大部分是全额清偿,小部分的比例不足100%,如坚瑞沃能以12%的比例清偿。

表 15　2019 年被批准重整计划的 3 家上市公司的留债清偿方案

序号	公司名称	所属债权类型	留债清偿方案内容
1	＊ST 沈机	有财产担保债权	1. 留债期限:7 年; 2. 留债利率:在原贷款利率基础上下浮 20% 且不高于法院裁定批准本重整计划后最近一期人民银行 1 年期贷款市场报价利率下浮 20% 确定(取两者较低者); 3. 还款方式:每半年结息,结息日为每年度 6 月 20 日和 12 月 20 日,次日为付息还款日; 4. 清偿方式:前 3 年只付息不还本,从第 4 年开始,按照等额本息方式清偿,本金跟随付息安排一年清偿两次;本重整计划项下,2020 年视为第一年,之后完整的公历年度为第二年,以此类推; 5. 担保方式:留债期间保留原有财产担保关系。
		50 万元以上金融普通债权	1. 留债期限:7 年; 2. 留债利率:在原贷款利率基础上下浮 20% 且不高于法院裁定批准本重整计划后最近一期人民银行 1 年期贷款市场报价利率下浮 20% 确定(取两者较低者); 3. 还款方式:每半年结息,结息日为每年度 6 月 20 日和 12 月 21 日,次日为付息还款日; 4. 清偿方式:前 3 年只付息不还本,从第 4 年开始,按照等额本息方式清偿,本金跟随付息安排一年清偿两次;本重整计划项下,2020 年视为第一年,之后完整的公历年度为第二年,以此类推。
2	＊ST 厦工	普通债权(分为金融类普通债权和经营类普通债权)	每家债权人超过 50 万元的债权部分,按照 32% 的比例确定留债总额,在六年内清偿完毕,清偿期间从重整计划执行完毕之日的次月 1 日起算。 (1)金融类普通债权 以留债总额为本金,6 年共分 12 次清偿完毕,第一个两年每次清偿留债总额的 5%,第二个两年每次清偿留债总额的 7.5%,第三个两年每次清偿留债总额的 12.5%。留债期间每年 12 月 20 日为结息日,结息日下一日为付息日,前三个阶段分别按照现有借款合同约定利率的 50%、80% 和 100% 计息。若现有借款合同约定利率低于首次起息日前一个工作日贷款市场报价利率 50% 的,按照现有借款合同利率计息。现有借款合同由其他公司提供保证担保的,对于留债展期清偿的债务,继续提供保证担保。 (2)经营类普通债权 第一年至第六年每年清偿的比例,分别为留债总额的 10%、10%、15%、15%、25%、25%,由厦工股份在每年的 12 月 31 日前清偿,清偿期间不计付利息。

续表

序号	公司名称	所属债权类型	留债清偿方案内容
3	*ST 庞大	有财产担保债权	其他有财产担保债权在对应担保财产评估价值范围内,由庞大集团留债展期清偿。以该部分留债金额为本金,前 3 年只付息不还本,第 4 年清偿本金的 30%,第 5 年清偿本金的 30%,第 6 年清偿本金的 40%,还本日分别为每年最末一月的第 20 日。清偿期间由庞大集团按照 2.94% 的年利率支付利息,清偿期间从本重整计划执行完毕之日的次月 1 日起算。

根据重整计划方案,留债展期的清偿期间从重整计划执行完毕之日的次月 1 日起算。此时重整计划已经执行完毕,对于在重整计划执行外的留债必须加以非常详尽的规定以约束留债的清偿,并且留债清偿的期限通常较长,如 *ST 庞大和 *ST 厦工约定为 6 年、*ST 沈机约定为 7 年。如在留债清偿方案中不对债权的清偿方式详尽约定,留债清偿方式偿还的债权往往很有可能落空。

(四)出资人权益调整方案分析

上市公司破产重整中,企业为获得重生的机会,往往需要出资人和债权人共同努力,共同承担公司实现重生的成本。根据《企业破产法》第 85 条第 2 款规定,重整计划草案涉及出资人权益调整事项的,应当设出资人组,对该事项进行表决。

债权人的债权调整与让渡必不可少,但同时作为公司重要股东的出资人更是与公司重整的成败息息相关。出资人权益的调整不仅关系到债务的清偿,还关系的引入战略投资人时公司运营情况的发展,出资人与债权人共同进行权益调整必不可少。

实践中,出资人权益调整方式常见的有资本公积金转增股份、股权转让、减资缩股、存量股份调减等。根据学者统计,资本公积金转增股份的比例在 2014 年高达 100%,且这一比例持续保持到 2018 年。① 2019 年被批准重整计划的 6 家上市公司的出资人权益调整方案内容,如表 16 所示:

① 李曙光、郑志斌:《公司重整法律评论:上市公司重整专辑》(第 5 卷),法律出版社 2019 年版,第 158 ~ 169 页。

表16　2019年被批准重整计划的6家上市公司的出资人权益调整方案

公司名称	权益调整方式	权益调整内容
*ST中绒	资本公积金转增股份（债权人豁免债权形成部分资本公积）	1. 债权人宁夏恒天丝路贸易有限公司豁免上市公司5亿元债权形成资本公积金； 2. 资本公积金转增股票 以现有股本总额为基数，按照每10股约转增13.61股的比例实施资本公积金转增股票。 转增所得股票不向原股东分配，由管理人进行处置以及向债权人分配抵偿债务。
*ST厦工	资本公积金转增股份	以现有股本总额为基数，按照每10股转增8.5股的比例实施资本公积金转增股份。 转增股份不再向原股东分配全部，转增股份用于偿付债务和补充厦工股份生产经营所需资金。
*ST沈机	资本公积金转增股份	以现有股本总额为基数，每10股转增12股的比例转增合计约9.19亿股；总股本由7.65亿股增至16.84亿股。 引入战略投资人通用技术集团，战略投资人受让约5.05亿股票，资本公积金转增的剩余约4.14亿股票用于清偿债权。
*ST莲花	资本公积金转增股份	以现有股本总额为基数，按照每10股转增2.993 33股的比例实施资本公积金转股票，转增合计约3.18亿股。 转增股份不再向原股东分配，由重整投资人有条件受让。 莲泰投资及其指定的第三方和国控集团均有条件受让，受让的条件有： (1)莲泰投资及其指定的第三方：按照1.70元/股的价格受让转增股票，向重整公司莲花健康提供423,135,858.20元偿债资金；承诺协助重整公司通过融资贷款的方式筹集2.6元偿债资金； (2)国控集团：按照1.70元/股的价格受让转增股票，向重整公司莲花健康提供117,293,536.60元偿债资金；承诺对预计偿债资金不足部分协调提供贷款支持；承诺在重整公司莲花健康重整成功后，在合法合规的基础上，充分利用其在本地的投资优势为公司未来经营发展提供市场资源、合作机会等支持。

续表

公司名称	权益调整方式	权益调整内容
*ST 庞大	1. 资本公积金转增股票； 2. 控股股东及其关联自然人无偿让渡股票	1. 资本公积金转增股票： 以庞大集团现有总股本653,847.84万股为基数，按每10股转增5.641,598股的比例实施资本公积金转增股票，共计转增约368,874.67万股股票。 上述转增股票不向原股东分配，其中，70,000万股由重整投资人及其引进的财务投资人受让，70,000万元用于支付重整费用、清偿债务及补充公司流动资金，剩余用于根据重整计划的规定清偿债务。 限制转让：重整投资人自受让转增股票之日起三年内不得向关联方以外的第三方转让其所持有的庞大集团股票；其他受让转增股票的主体自受让转增股票之日起，6个月内不得转让其所持有的庞大集团股票。 2. 控股股东及其关联自然人无偿让渡股： 庞大集团控股股东及其关联自然人无偿让渡其所持的210,624.17万股股票，由重整投资人及其关联方有条件受让。承诺的条件包括：(1)对庞大集团业务结构进行调整，提升庞大集团的管理水平及运营价值，确保庞大集团恢复持续盈利能力；(2)2020年、2021年、2022年归属于母公司所有者的净利润达到计划标准；(3)自受让让渡股票之日起3年内不向关联方以外的第三方转让其所持有的庞大集团股票。
坚瑞沃能	资本公积金转增股票	资本公积金转增股票： 以现有总股本2,432,524,564股为基数，按每10股转增8.5股的比例实施资本公积金转增股本。 注销业绩补偿义务人李瑶所持股份，以其持有股份为基数实施资本公积转增股份进行回购注销。 (1)以郭鸿宝及宁波坚瑞现持股为基数转增形成4.94亿股份全部无偿让渡； (2)以除李瑶、郭鸿宝及宁波坚瑞以外的其他股东现持股为基数转增形成的股份中资本公积金转增股份的处置：每10股转增0.5股部分即0.78亿股向原股东分配，每10股转增8股部分即12.49亿由原股东无偿让渡； (3)上述原股东无偿让渡的约17.42亿元重整投资人以合计1亿元的对价有条件受让。

在上述6家上市公司的出资人权益调整方案中，6家都使用了资本转公积金转增股份的调整方式。

针对资本转公积金转增股份的方式，首先根据现有股本总额确定转增比例实施资本公积金转增股份，一般由大股东通过捐赠现金或者债权人放弃债权的方式增加上市公司资本公积金，再进行资本公积金转增股本的操作，如 *ST 中绒通过债权人豁免债权形成资本公积金,再与公司原有资本公积金共同转增股份。其次转增股票的用途,约定所转增股份不再向原股东分配全部,用于偿付债务和公司生产经营所需资金,或引入战略投资人。

最后投资人的引入可以自由决定是否设立条件,以利于上市公司的破产重整为目的出发设立条件,如 * ST 莲花,对重整投资人设立的条件包括,约定受让方在受让股票时承诺重整公司给予偿债资金、协助筹款,以及提供资源和合作机会等要求受让人善意、勤勉、尽责地协助公司重整的完成。此外,为进一步稳定重整公司的运营资金,可以规定限制投资人转让股份,如 * ST 庞大,"重整投资人自受让转增股票之日起 3 年内,不得向关联方以外的第三方转让其所持有的庞大集团股票;其他受让转增股票的主体自受让转增股票之日起 6 个月内,不得转让其所持有的庞大集团股票"。

针对控股股东及其关联自然人无偿让渡股票的方式,这也是一项重要的重整公司权益调整的方式。通过控股股东及其关联自然人让渡出股票,再将股票由重整投资人及其关联方有条件受让,引入投资人加强对重整公司的管理与运营。

四、2019 年 6 家经批准重整计划的上市公司停复牌安排分析

上市公司股票停复牌制度是资本市场的基础制度,主要功能是保证信息披露的及时、公平,提示重大风险,维护公平的交易秩序。停复牌制度,是指在证券市场中,为保证市场信息充分传播,维护市场秩序,由证券交易所申请、证券监管机关指令,在证券交易产品出现异常,或者围绕某证券有重大事项发生或即将发生时,强制暂停其交易,停牌经过一段时间,停牌事由消失或满足其他条件,交易所对证券产品恢复交易、进行俯拍的一项价格稳定制度,在上市公司重整中需减少停牌随意性、防范滥用停牌情形的发生。[①]《上海证券交易所上市公司筹划重大事项停复牌业务指引》(以下简称《停复牌指引》)规定,上市公司重整期间原则上股票不停牌,确需申请停牌的,公司将按《停复牌指引》规定办理,并履行相应披露义务。

根据证券权威网站"巨潮资讯"中上市公司的停复牌公告,查询到 5 家上市公

① 李曙光、郑志斌:《公司重整法律评论:上市公司重整专辑》(第 5 卷),法律出版社 2019 年版,第 340 页。

司自申请破产重整后的停复牌安排,[①]整理包括停牌事由、停牌依据、停复牌时间以及停复牌时长等,具体内容如表 17 所示:

表 17　5 家上市公司自申请破产重整后的停复牌安排

公司名称	公告编号	停牌依据	停牌事由	停牌时间	复牌时间	停复牌时长
*ST 厦工	临 2019－124	根据《上海证券交易所股票上市规则》和《上海证券交易所交易规则》等有关规定	为明确本次重整资本公积转增股本的除权参考价格计算公式要素	2019 年 12 月 20 日	2019 年 12 月 23 日	1 个交易日
	临 2019－037	《上海证券交易所股票上市规则》第 13.2.4条的相关规定	因厦门厦工机械股份有限公司(以下简称"公司")2018 年度经审计的净资产为负值	2019 年 4 月 29 日	2019 年 4 月 30 日	1 个交易日
*ST 庞大	2019－051	根据《上海证券交易所股票上市规则》第 13.2.1 条的规定	河北省唐山市中级人民法院裁定受理重整申请	2019 年 9 月 6 日	2019 年 9 月 9 日	1 个交易日
	2019－097	《上海证券交易所股票上市规则》和《上海证券交易所交易规则》等有关规定	为明确本次重整资本公积转增股本的除权参考价格计算公式要素	2019 年 12 月 27 日	2019 年 12 月 30 日	1 个交易日
*ST 莲花	2019－034	据《上海证券交易所股票上市规则(2019 年 4 月第十三次修订)》第 14.3.1 条的规定	债权人向法院递交了对公司进行重整的申请	2019 年 7 月 4 日	2019 年 7 月 5 日	1 个交易日

① 表中内容为想尽办法从网站公告查询到的结果,但不代表上市公司重整过程中的所有停复牌安排。如有遗漏之处,请读者批评指正。

续表

公司名称	公告编号	停牌依据	停牌事由	停牌时间	复牌时间	停复牌时长
*ST中绒	2019-122	《深圳证券交易所股票上市规则（2018年修订）》第12.1条和《深圳证券交易所上市公司信息披露指引第2号——停复牌业务》	债权人会议涉及由债权人表决《重整计划（草案）》、出资人组会议涉及由股东表决《出资人权益调整方案》，公司管理人拟与债权人开展必要沟通，避免造成公司股价异常波动	2019年11月7日	2019年11月14日	持续停牌
	2019-83	据《深圳证券交易所股票上市规则（2018年修订）》第12.1条和《深圳证券交易所上市公司信息披露指引第2号——停复牌业务》第1条、第5条、第10条的规定	债权人会议涉及由债权人表决公司《财产管理及变价方案》等事项，避免造成公司股价异常波动	2019年8月23日	2019年8月26日	1个交易日
坚瑞沃能	2019-191 2019-192	《深圳证券交易所股票上市规则（2018年修订）》第12.1条及《深圳证券交易所上市公司信息披露指引第2号——停复牌业务》第1条、第5条、第10条的规定	公司将召开第一次债权人会议，为维护投资者合法益，避免造成公司股价异常波动	2019年11月7日	2019年11月8日	1个交易日
	2019-228	据《深圳证券交易所创业板股票上市规则（2018年11月修订）》第12.1条和《深圳证券交易所上市公司信息披露指引第2号——停复牌业务》的规定	债权人会议涉及由债权人表决《陕西坚瑞沃能股份有限公司重整计划（草案）》、本次出资人组会议涉及由股东表决《陕西坚瑞沃能股份有限公司重整计划（草案）之出资人权益调整方案》	2019年12月23日	2019年12月30日	5个交易日

分析以上公告内容,公告披露有停复牌安排的有＊ST厦工、＊ST庞大、＊ST莲花、＊ST中绒和坚瑞沃能,以上出现的停牌事由有:(1)为明确重整资本公积转增股本的除权参考价格计算公式要素,如＊ST厦工和＊ST庞大分别停牌一个交易日;(2)年度经审计的净资产为负值,如＊ST厦工;(3)被法院裁定受理重整申请,如＊ST、庞大和＊ST莲花,分别停牌一个交易日;(4)涉及会议表决事项,为保证公平信息披露,避免造成公司股价异常波动而安排停复牌,如＊ST中绒和坚瑞沃能。

对停牌时长统计发现,大部分停复牌时长为一个交易日,特殊情况下才增长,如＊ST中绒涉及重要会议的表决事项,避免造成公司股价异常波动,向交易所申请了持续停牌;坚瑞沃能在停牌公告中也声称“持续性停牌”,但由于公司第二次债权人会议已于2019年12月27日上午准时召开,于是在司第二次债权人会议召开后的第一个工作日即公告复牌,总计停牌5个交易日。

五、结语

2019年是上市公司重整蓬勃发展的一年。全年被法院裁定受理破产重整的有7家上市公司,其中6家上市公司已顺利被法院裁定批准重整计划。上市公司较为特殊,往往涉及众多投资者的利益安排,涉及大量职工的安置与稳定,需要地方政府和证券监管机构共同联动。本报告通过对2019年全国上市公司重整情况及重整方案进行总结与分析,可以发现,上市公司虽特殊、复杂,但上市公司重整的方案与思路仍有迹可循。从案例出发寻找规律是报告的出发点,通过对数据分析与总结,并对理论研究、实务操作两个层面均展开论述,实现本文的学术价值和实践价值。

目前的上市公司破产重整正不断发展,我们相信未来破产重整的步伐将还会持续向前,未来将还会有个人破产的立法、破产法的修订、破产法相关配套措施的不断完善等举措,目前无论是官方还是破产实务界,对破产法的发展都报以最大的支持呼声,我们对此也报以最大的期待。

安徽省破产审判“府院联动”机制调研报告

项　红　黄中梓　王　元　伍宏武*

一、前言

中共十九大报告中指出，必须坚持质量第一、效率优先，以供给侧结构性改革为主线，推动经济发展质量变革、效率变革、动力变革，提高全要素生产率。“破”“立”“降”，大力破除无效供给，把处置“僵尸企业”作为重要抓手，推动化解过剩产能，推进供给侧结构性改革。2017 年 12 月，中央经济工作会议首次提出新时代中国特色社会主义经济思想，坚持市场在资源配置中起决定性作用，更好发挥政府作用。依靠市场机制和政府引导，通过破产法实施，按破产清算、重整、和解的法定破产程序处置“僵尸企业”，优化资源配置，是适应我国经济发展新常态的必然要求。

在当前企业市场化退出机制尚不健全、市场化推进破产程序有效实施的条件不够充分的情况下，研究通过人民法院的破产审判工作、府院联动协调及破产法律共同体建设，引导督促市场主体有序退出、有效促进市场主体有序出清、推动经济结构调整、保障社会稳定，具有重要的现实意义。为充分发挥破产审判在服务和保障经济新常态和供给侧结构性改革大局方面的积极作用，最高人民法院先后发布一系列文件，为破产案件顺利进入司法程序提供了制度保障，并先后召开全国部分法院破产重整工作座谈会、全国法院破产审判工作会议、发布全国法院破产审判工作会议纪要及十大破产典型案例，积极指导地方各级法院不断完善破产审判工作机制。然而，破产审判、破产法共同体建设、破产法本身都具有极强的实践性，在通过市场化、法治化推动供给侧改革的过程中，破产审判的地位角色尚未得到准确定

---

* 项红，合肥市中级人民法院民三庭、破产庭副庭长；黄中梓，安徽天贵律师事务所主任、安徽省律师协会破产与重组法律专业委员会主任；王元，合肥市中级人民法院民二庭法官助理；伍宏武，安徽天贵律师事务所律师。

位。同时,由于现行法律制度间存有一定矛盾甚而是冲突,破产审判在解决法律本身问题及社会主要矛盾转化、改革深化过程中面临的诸多非法律性事务问题挑战的过程中,常常需要政府在行政管理和服务职能等方面,提供直接或间接的支持、协调,以推进破产审判进程、提升审判质效。各地法院在实践过程中,也积极探索与当地政府建立沟通、协调的制度机制,即当前实务中热度较高的"府院联动"(又称"府院协调")机制,克服破产相关制度供给不足、司法和行政手段因各自独立运行工作合力不强等困境,以解决企业破产过程中的相关衍生社会问题。①

作为当下化解破产衍生问题的有效途径之一,"府院联动"机制有助于为破产审判工作顺利开展创造良好外部环境,较好推动破产审判中面临的职工安置、资产查控、企业税收、信用修复等非法律事务问题得以高效解决。但"府院联动"机制也存在理论基础薄弱、制度化机制缺失、分散性临时性色彩浓厚、破产程序行政化负担过重等不足,部分地区在此项机制运行过程中也面临诸多操作障碍与困惑。为此,特成立调研组进行专题调研,拟从当前多地"府院联动"机制建立与运行现状出发,分析研判"府院联动"机制面临的主要共性问题,进而提出当前要科学厘定行政权与司法权合理边界、建立常态化"府院联动"工作机制,并从完善配套法律制度、推动机制创新、强化政府公共服务职能等方面入手,以常态化、规范化、法治化的破产审判工作,保障市场化破产重整程序的有效实施。

二、调研背景

(一)破产案件基本情况

《企业破产法》实施后,全国法院每年受理的企业破产案件数量,2008 年、2009 年均为 3000 余件,2010 年为 2000 余件,2011 年、2012 年、2013 年均为 2000 件以下。2013 年开始,全国法院受理的破产案件数量出现拐点、逐年上升,特别是 2015 年中央经济工作会议提出全面推进"三去一降一补"供给侧结构性改革以来,全国法院破产案件受理数量连年大幅攀升,2014 年为 2031 件、2015 年为 3568 件;2016 年全国法院共受理企业破产案件 5665 件,比 2015 年上升 53.8%;2017 年全国法院新收企业破产申请审查、破产案件 9542 件,同比上升 68.4%;2018 年全国法院新收企业

① "府院联动"或"府院协调"并无本质区别,仅是各地在具体开展工作过程中的称呼不同。为方便本文叙述,以下均以"府院联动"代指此类沟通协调机制。

破产申请审查审查、破产案件13,000件,同比上升36.24%。[1](见图1)

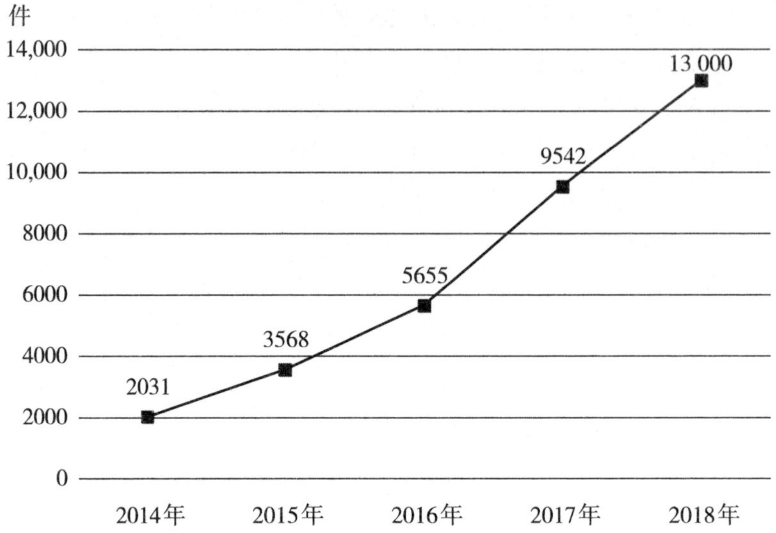

图1　全国法院2014年至2018年破产案件受理数

安徽省近年来破产纠纷案件受案数量亦稳步增长。从2013年1月至2019年3月,全省法院共受理破产案件766件(旧存231件,新收535件),结案375件。以合肥市为例,2015年至今合肥两级法院受理的破产案件数量呈大幅增长态势。2015年,全市法院共受理破产申请审查案件6件,经审查后正式立案受理破产案件3件;2016年,全市法院共受理破产申请审查案件29件,经审查后正式立案受理破产案件10件;2017年,全市法院共受理破产申请审查案件40件,经审查后正式立案受理破产案件29件;2018年,全市法院共受理破产申请审查案件91件,经审查后正式立案受理破产案35件。(见图2)

① 参见《杜万华:依法开展破产案件审理,稳妥处置"僵尸企业"》,载最高人民法院网:http://www.court.gov.cn/fabu-xiangqing-20132.html,最后访问日期:2019年12月7日;参见《最高人民法院通报破产审判工作情况》,载《人民法院报》2017年2月25日,第1版;参见《最高人民法院:完善破产审判工作机制优化企业破产法治环境》,载中国法院网:https://www.chinacourt.org/article/detail/2018/03/id/3219396.shtml,最后访问日期:2019年12月7日。

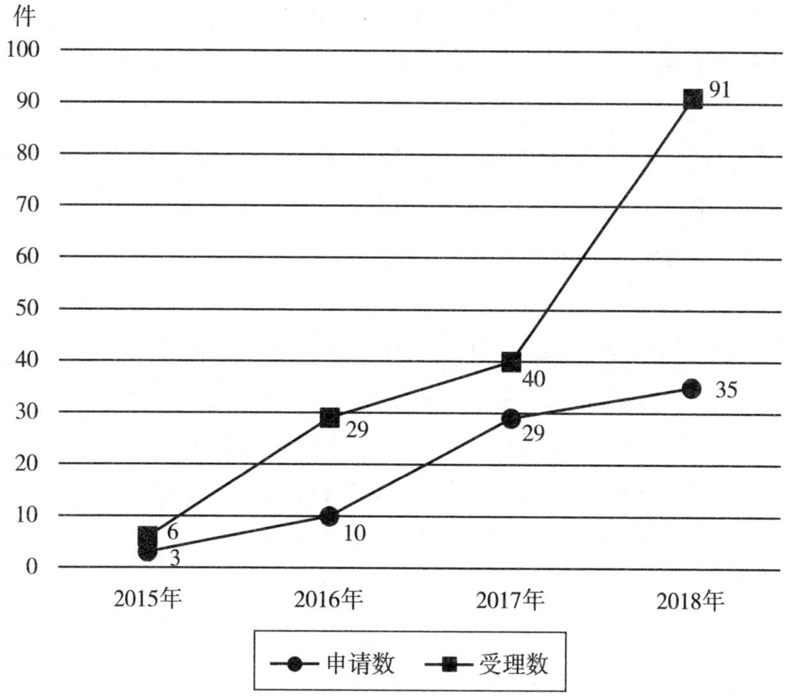

图 2　合肥市法院 2015 年至 2018 年破产案件申请、受理数

(二)破产案件中非法律事务处理困境

人民法院、破产管理人在破产案件推进过程中,除了要开展破产财产处置、债权清偿等法律事务,还要处理职工安置、税务、土地、工商、征信等一系列衍生问题。在亟待依靠机制和政策支持解决破产相关非法律事务的现实境地下,人民法院、破产管理人等对破产法外部环境和相应配套制度的需求尤为迫切,“府院联动”机制的现实功能和社会意义也益发突出。为此,调研组前往池州市与当地政府、法院和安徽省部分地区(马鞍山、黄山、宣城、池州、安庆、淮北等地)破产管理人座谈,向省内部分破产管理人发放调查问卷,并函询省内从事破产管理人业务较多的律师事务所、会计师事务所、破产清算机构在业务开展过程中涉及与政府机构沟通协调的有关问题,发现以下几点共性问题:

1. 涉税问题突出

(1)欠税数额等税负成本不明确。部分税务机关对于税收债权申报不够积极,在破产案件受理后不及时申报截至破产受理日的欠税,导致管理人在审核债权时存在一定困难。同时,由于税务部门对受理日后清算期间的财产税如房产税、城镇土地使用税等是否需要征收及如何征收执行标准不一，税务部门对此不作明确的答复，既不追征税款，也不明确表示减免税收，导致管理人是否在破产费用中列支此项财产税难以确定。因破产分配通常具有不可逆性，导致管理人履职难度和执业风险增大，如对税收问题或可能存在的税收风险考虑不足，将可能直接导致清算遇阻、重整失败。重整过程欠税处理标准不一，尤其是国地税合并后，欠税不能单独清偿、经营不能开票，会导致重整失败。

(2)滞纳金、罚款等核销困难。根据最高人民法院《关于审理企业破产案件若干问题的规定》第 61 条①、最高人民法院《关于税务机关就破产企业欠缴税款产生的滞纳金提起的债权确认之诉应否受理问题的批复》规定，②税务机关对企业的罚款和破产案件受理后的税款滞纳金，不属于破产债权。然而，相关税收法律、规章并未对破产企业所欠税款的滞纳金、罚款等作出特别规定，实践中，税务部门依据《税收征收管理法》第 32 条③、《税收征收管理法实施细则》第 75 条的规定，要求管理人按照实际缴纳日缴纳税款及相应滞纳金、罚款等，否则无法办理发票领取、税号注销等涉税事务。破产企业在清算、重整期间如有相应经营活动开展，将面临极大阻力，企业破产清算完毕后也因无法取得注销税务登记证明，难以在工商登记部门办理注销。但管理人如按照税务部门的要求全额缴纳前述款项，又与破产法的规定相悖，也与《全国法院破产审判工作会议纪要》第 28 条的精神不符。④

(3)重整、清算程序中相关税负过重。进入破产程序的企业基本上都存在纳税

---

① 最高人民法院《〈关于审理企业破产案件若干问题的规定〉》第 61 条规定："下列债权不属于破产债权：(一)行政、司法机关对破产企业的罚款、罚金以及其他有关费用；(二)人民法院受理破产案件后债务人未支付应付款项的滞纳金，包括债务人未执行生效法律文书应当加倍支付的迟延利息和劳动保险金的滞纳金；(三)破产宣告后的债务利息；(四)债权人参加破产程序所支出的费用；(五)破产企业的股权、股票持有人在股权、股票上的权利；(六)破产财产分配开始后向清算组申报的债权；(七)超过诉讼时效的债权；(八)债务人开办单位对债务人未收取的管理费、承包费。上述不属于破产债权的权利，人民法院或者清算组也应当对当事人的申报进行登记。"

② 最高人民法院《关于税务机关就破产企业欠缴税款产生的滞纳金提起的债权确认之诉应否受理问题的批复》明确，破产企业在破产案件受理前因欠缴税款产生的滞纳金属于普通破产债权。对于破产案件受理后因欠缴税款产生的滞纳金，人民法院应当依照《最高人民法院关于审理企业破产案件若干问题的规定》第 61 条规定处理。

③ 《税收征收管理法》第 32 条规定："纳税人未按照规定期限缴纳税款的，扣缴义务人未按照规定期限解缴税款的，税务机关除责令限期缴纳外，从滞纳税款之日起，按日加收滞纳税款万分之五的滞纳金。"

④ 《全国法院破产审判工作会议纪要》明确，对于法律没有明确规定清偿顺序的债权，人民法院可以按照人身损害赔偿债权优先于财产性债权、私法债权优先于公法债权、补偿性债权优先于惩罚性债权的原则合理确定清偿顺序。

困难的实际情况，破产企业在重整、清算程序中涉及的增值税、所得税、房产税、城镇土地使用税等多项税收，直接影响案件清算、重整效果。如在清算程序中，企业房产、土地交易附随房产税、城镇土地使用税、耕地占用税、土地增值税等数十项税种，增加了破产财产变价成本、影响变价质量和效率。而在破产重整程序中，因自重整计划执行完毕时起，债务人对按照重整计划减免的债务不再承担清偿责任，但根据税务机关的规定，对该部分豁免债务应计企业应纳税所得额，并按照25%的税率征收企业所得税，由此产生的巨额税收债务，给重整企业造成巨大负担，甚至可能导致企业再次进入破产清算。

2. 信用修复困难

（1）金融信用修复。企业在进入破产程序前，多因不能偿还到期银行债权，在相关商业银行企业信贷等级评定和人民银行征信系统中载有不良记录。破产重整期间，企业所有者、经营者往往已经更换为新参与的投资者，需要回归市场开展经营活动，但因企业过往不良记录影响，重整企业无法获取银行授信、开具保函，经营活动无法正常开展。虽然破产重整期间，企业已发生实质性变化，不应简单等同于进入破产程序之前的企业主体，但从商业银行及人民银行的角度出发，其认为企业重整前后名称、统一社会信用代码未发生变更，其仍是之前企业的延续，不愿变更修复不良信用记录，使重整程序遭遇严重阻碍，甚而导致重整后的企业无法健康发展、再次陷入困境。

（2）纳税信用修复。进入破产程序的企业大多存在未足额缴纳税款、滞纳金、罚款等情形，被税务机关列入税务系统"黑名单"，在纳税信用评价中直接定为D级，并适用相应的严格管理措施。① 破产企业在重整期间，因引入新的投资主体，需要对税务登记证上的法定代表人进行变更，亦期将企业移出税务系统"黑名单"，以

① 《纳税信用管理办法（试行）》第20条规定："有下列情形之一的纳税人，本评价年度直接判为D级：（一）存在逃避缴纳税款、逃避追缴欠税、骗取出口退税、虚开增值税专用发票等行为，经判决构成涉税犯罪的；（二）存在前项所列行为，未构成犯罪，但偷税（逃避缴纳税款）金额10万元以上且占各税种应纳税总额10%以上，或者存在逃避追缴欠税、骗取出口退税、虚开增值税专用发票等税收违法行为，已缴纳税款、滞纳金、罚款的；（三）在规定期限内未按税务机关处理结论缴纳或者足额缴纳税款、滞纳金和罚款的；（四）以暴力、威胁方法拒不缴纳税款或者拒绝、阻挠税务机关依法实施税务稽查执法行为的；（五）存在违反增值税发票管理规定或者违反其他发票管理规定的行为，导致其他单位或者个人未缴、少缴或者骗取税款的；（六）提供虚假申报材料享受税收优惠政策的；（七）骗取国家出口退税款，被停止出口退（免）税资格未到期的；（八）有非正常户记录或者由非正常户直接责任人员注册登记或者负责经营的；（九）由D级纳税人的直接责任人员注册登记或者负责经营的；（十）存在税务机关依法认定的其他严重失信情形的。"

开展后续正常税务活动。但税务机关通常以税收债权未能全额受偿、变更企业法定代表人或涉逃税等理由拒绝修复企业涉税信用记录,对税务登记证亦不予变更,导致企业重整后无法隔断之前的不良信用记录、仍然面临发票申领等各类限制和巨额税务处罚,直接影响了实际投资人的权益和积极性。

(3)工商征信信用。进入破产程序的企业多已进入工商行政管理部门的经营异常名录,部分企业更因长期处于经营状态或因涉严重违法失信行为,被列入严重违法失信企业名单,在市场准入、经营生产等方面受到诸多限制。目前,工商行政管理部门已对严重违法失信企业名单的企业进行名单管理,并通过企业信用信息公示系统公示市场主体的变更、异常经营、行政处罚等信用信息。[①] 企业重整后,如在工商行政管理部门的信用记录仍为经营异常、“黑名单”等状态,将无法正常开展经营活动,极不利于重整企业的再生和发展。但实践中,工商行政管理部门多以缺乏可操作性为由,对重整企业的信用修复申请不予办理。

3. 财务状况不清

(1)财务资料、账册等不够全面。在企业破产过程中,账目资料不全、不实、不清的问题极为突出。部分企业自身财务管理制度不够健全,加之破产前后相关财务人员尽责意识不强,账目混乱、财税报表不明、资料散失,无法体现企业的财产全貌,管理人在审核破产债权、核查企业整体财务业务状况的过程中困难重重,难以真正全面、完整掌握企业财产状况。且管理人因不享有直接向金融机构查询的权利,即使持调查令向金融机构等申请调取企业账户资金往来业务流水、企业法定代表人和股东等关联人员账户资金流向时,也难以得到金融机构的全面有效配合。[②]

(2)对“逃废债”等行为的查处、打击力度不足。部分破产案件中,企业法定代表人、股东等人员通过故意隐匿企业财务业务资料、转移经营利润、虚构债务、调整账务、抽逃出资、公司账户与股东等相关亲属个人账户交互使用等方式,阻碍管理

① 《严重违法失信企业名单管理暂行办法》第 3 条规定:“本办法所称严重违法失信企业名单管理,是指对列入严重违法失信企业名单的企业实施信用约束、部门联合惩戒,并通过企业信用信息公示系统向社会公示。”

② 《金融机构协助查询、冻结、扣划工作管理规定》第 2 条规定:“本规定所称‘协助查询、冻结、扣划’是指金融机构依法协助有权机关查询、冻结、扣划单位或个人在金融机构存款的行为。协助查询是指金融机构依照有关法律或行政法规的规定以及有权机关查询的要求,将单位或个人存款的金额、币种以及其他存款信息告知有权机关的行为……”

《金融机构协助查询、冻结、扣划工作管理规定》第 4 条规定:“本规定所称有权机关是指依照法律、行政法规的明确规定,有权查询、冻结、扣划单位或个人在金融机构存款的司法机关、行政机关、军事机关及行使行政职能的事业单位(详见附表)。”

人掌握企业真实经营状况。管理人在履职过程中受业务水平等因素影响,或是难以发现事实真相,或是发现涉嫌转移财产、虚构债务等线索向公安部门反映后,因认识不同等原因,公安部门不愿积极侦办。虽然法律、司法解释对隐匿、故意销毁会计凭证、会计账簿、财务会计报告的刑事责任,和清算义务人对因怠于履行义务导致企业主要财产、账册、重要文件等灭失无法清算的赔偿责任等,作出了相应规定,①但在实践中,转移、隐藏的财产大多未在清算责任人名下,打击逃废债的多部门协调机制亦不完善,难以对破产企业的法定代表人、股东等追究刑事责任或进行民事诉讼追偿,无法形成有效威慑和制约。

4. 维稳压力突出

企业进入破产程序后,因涉及债权人、企业职工等多方利益,相互交错、碰撞、冲突,矛盾极为突出、一触即发,而破产企业的资产大多所剩无几,难以在短时间内满足不同群体的强烈诉求。部分当事人因担心自身利益无法得到补偿,试图通过到法院、政府部门门口“集体散步”、管理人办公场所静坐等非正常、非理性行为表达自身诉求,不仅直接影响管理人正常工作秩序,也极易引发群体性、突发性事件。管理人、法院在对上述群体开展大量的解释、说服、安抚工作时,也往往感到力不从心,难以回应、解决不同群体的各项诉求,亟待政府部门的联动协调机制予以支持,以妥善化解维稳压力,维护社会稳定。

5. 资产处置困难

除前述税费负担外,破产企业的资产处置还存在资产种类繁杂、市场需求不足、处置方式狭窄等诸多困难,如企业厂房设备陈旧老化、再利用价值不高,难以找到合适买家;政府的产业招商政策优惠多针对新引进企业,对本地已有企业破产过程中的投资人引入等缺乏相应的政策支持;企业的职工宿舍等非经营性资产和存在权利瑕疵、权属不明的房产土地,因财产移交手续复杂、无法办理过户手续等原

---

① 《刑法》第 162 条之一规定:“隐匿或者故意销毁依法应当保存的会计凭证、会计账簿、财务会计报告,情节严重的,处五年以下有期徒刑或者拘役,并处或者单处二万元以上二十万元以下罚金。单位犯前款罪的,对单位判处罚金,并对其直接负责的主管人员和其他直接责任人员,依照前款的规定处罚。”

《最高人民法院关于适用〈中华人民共和国公司法〉若干问题的规定(二)》第 18 条规定:“有限责任公司的股东、股份有限公司的董事和控股股东未在法定期限内成立清算组开始清算,导致公司财产贬值、流失、毁损或者灭失,债权人主张其在造成损失范围内对公司债务承担赔偿责任的,人民法院应依法予以支持。有限责任公司的股东、股份有限公司的董事和控股股东因怠于履行义务,导致公司主要财产、账册、重要文件等灭失,无法进行清算,债权人主张其对公司债务承担连带清偿责任的,人民法院应依法予以支持。上述情形系实际控制人原因造成,债权人主张实际控制人对公司债务承担相应民事责任的,人民法院应依法予以支持。”

因,难以进行市场化处置等。资产处置的高难度、低效率,不仅导致破产案件审理周期普遍偏长、案件久拖不决,也使债权人无法及时挽回经济损失,影响其下一步发展规划。

6. 费用保障不足

(1)涉维稳事项费用保障不足。企业进入破产程序后,因涉及职工工资、医疗伤残补助、基本养老保险等费用支付问题,不稳定因素较多,如应对不当,极易影响破产程序的正常推进。这一问题在劳动密集型企业及无产可破的案件中尤为突出。在缺乏政府相应保障费用支持、亦无投资人等第三方自愿先行垫款的情形下,管理人无力、无法对上述费用予以先行处理,相应风险压力长期无法释放。

(2)垫付破产费用难以收回。企业破产过程中,管理人在调查审计企业财务状况、对外公告召开债权人会议、提起相应诉讼并预交诉讼费、继续经营管理等过程中,都会产生相应的破产费用,如无债权人等相关方垫付,管理人只能自行垫付开展工作,如遇到无产可破或财产不足以清偿破产费用的情形,管理人垫付的有关费用无法收回,这种非因自身原因导致的经济损失,直接影响管理人执行职务的积极性。实践中,因自身经济基础、利益风险等多方因素考量,管理人会尽量避免接触此类案件,接手后对于是否确实无产可破、是否存在转移藏匿财产等情形亦缺乏足够的尽职调查,债权人的切身利益难以得到保障。

(3)管理人所获报酬低于预期。因企业破产程序相对复杂、业务能力要求高、资金投入大、周期长、收费相对不高,且最终获得的报酬难以确定,具有较高素质的社会中介机构参与热情与积极性不足,财产追收和破产清算效率难以得到保证。部分案件中,管理人虽已尽忠实勤勉义务,但由于企业财产价值过低或难以变现,管理人所获报酬远低于期望值,甚而入不敷出、难以覆盖其工作成本。

7. 注销仍存障碍

就司法的终局性和权威性而言,法院作出终结破产程序的裁定具有最终效力,行政机关应当予以尊重,并配合办理相关手续。但在实践中,因法律、行政法规和规范性文件之间相互冲突、难以协调,导致企业破产程序终结后,迟迟难以注销。这其中,又以企业税务注销登记程序无法办结为主要原因。根据《税收征收管理法》《税收征收管理法实施细则》《国家税务总局关于落实“三证合一”登记制度改革的通知》等有关规定,税务注销是工商注销登记的前置程序,因破产过程中税务机关的税收债权多难以得到清偿，导致税务注销登记程序久拖不决。① 虽然根据2016年12月26日发布的《工商总局关于全面推进企业简易注销登记改革的指导意见》（工商企注字〔2016〕253号）的规定，人民法院裁定强制清算或裁定宣告破产的企业，可申请办理简易注销登记，不再需要提交清税证明，②但该规定与《税收征收管理法》和《税收征收管理法实施细则》相冲突，且工商总局、税务总局在2018年1月15日联合下发的《关于加强信息共享和联合监管的通知》（工商企注字〔2018〕11号）要求，税务部门通过信息共享获取工商部门推送的企业拟申请简易注销登记信息后，经核实，对于仍有未办结涉税事项的企业，税务部门在公告期届满次日向工商部门提出异议。而根据前述工商企注字〔2016〕253号指导意见的规定，对于公告期内被提出异议的企业，登记机关应当在3个工作日内依法作出不予简易注销登记的决定。国家税务总局2018年8月20日下发的《关于贯彻落实全国深化“放管服”改革转变政府职能电视电话会议精神优化税收营商环境有关事项的通知》（税总函〔2018〕461号）亦对简易注销再次作出要求，要求各地税务部门对有未办结涉税事项的企业，应在公告期届满次日提出异议。③ 上述制度冲突和障碍，使破产企业难以及时、彻底退出市场，在一定程度上影响了市场交易安全和经济活动秩序，亦加重了行政机关的监管压力。

---

① 《税收征收管理法》第16条规定：“从事生产、经营的纳税人，税务登记内容发生变化的，自工商行政管理机关办理变更登记之日起三十日内或者在向工商行政管理机关申请办理注销登记之前，持有关证件向税务机关申报办理变更或者注销税务登记。”

《税收征收管理法实施细则》第15条规定：“纳税人发生解散、破产、撤销以及其他情形，依法终止纳税义务的，应当在向工商行政管理机关或者其他机关办理注销登记前，持有关证件向原税务登记机关申报办理注销税务登记；按照规定不需要在工商行政管理机关或者其他机关办理注册登记的，应当自有关机关批准或者宣告终止之日起15日内，持有关证件向原税务登记机关申报办理注销税务登记……”

《税收征收管理法实施细则》第16条规定：“纳税人在办理注销税务登记前，应当向税务机关结清应纳税款、滞纳金、罚款，缴销发票、税务登记证件和其他税务证件。”

《国家税务总局关于落实“三证合一”登记制度改革的通知》要求，已实行“三证合一、一照一码”登记模式的企业办理注销登记，须先向税务主管机关申报清税，填写《清税申报表》。

② 《工商总局关于全面推进企业简易注销登记改革的指导意见》规定，人民法院裁定强制清算或裁定宣告破产的，有关企业清算组、企业管理人可持人民法院终结强制清算程序的裁定或终结破产程序的裁定，向被强制清算人或破产人的原登记机关申请办理简易注销登记。

③ 《关于贯彻落实全国深化“放管服”改革转变政府职能电视电话会议精神优化税收营商环境有关事项的通知》提出，与市场监管部门协同推进企业简易注销改革，2018年年底前，在企业简易注销公告前，设置企业清税提示；对有未办结涉税事项的企业，税务部门应在公告期届满次日提出异议，最大限度便利市场主体，激发市场活力。

三、“府院联动”机制运行现状

当前,全国暂无统一的破产审判“府院联动”机制运行模式,为解决破产审判工作中遇到的诸多问题,各地多根据当地实际情况,建立或筹建在不同层级运行的机制模式,如浙江、甘肃已建立省级企业破产“府院联动”工作机制,江苏、陕西正就本省相关工作机制建设征求意见等。从机制模式的代表性、多样性出发,调研组选取浙江及下辖温州地区、江苏苏州地区、安徽池州、宣城、淮北地区作为对象,以反映不同地区在“府院联动”机制运行过程中的基本模式和思路。

(一)浙江模式和温州经验

1. 浙江模式

作为全国首个在省级层面实质运作破产审判府院联动机制的省份,浙江该项机制建设走在全国前列。浙江省政府先后出台了《关于处置“僵尸企业”的指导意见》《关于成立省级“僵尸企业”处置府院联动机制的通知》《推进企业破产审判重点工作及任务分工方案》,提出建立多部门涉“僵尸企业”信息共享机制、严厉打击逃废债行为、建立健全市场化退出机制、加大税收、金融、土地管理、财政等多方面政策支持,并明确省内各级政府要主动与法院建立府院联动机制,积极对接最高人民法院和省高级人民法院有关市场化、法治化、常态化破产审判工作的部署,支持法院依法独立行使审判权,协调研究破产审判中涉及的维稳、公共服务和社会管理职能。① 2017 年 12 月,浙江又出台了《浙江省人民政府办公厅关于加快“僵尸企业”处置的若干意见》,对“僵尸企业”处置过程中落实和完善税收、金融、财政、土地等政策问题提出具体要求。在上述省级破产审判府院联动的框架内,浙江全省各地联动机制纷纷建立、落地生根。截至 2017 年年底,全省 11 个地区中已经有 9 个出台专门的破产审判府院联动机制文件并成立相应的协调机构,有力地推动了破产审判外部环境的优化。②

2. 温州经验

温州市作为我国民营经济的先发地区和改革开放的前沿阵地,民营经济规模在当地经济总量占有绝对比重,具有明显的区域特点。2011 年下半年,温州出现民

---

① 详见浙江省促进企业兼并重组工作部门联席办公室等单位联合下发的《关于处置“僵尸企业”的指导意见》(浙并购办〔2016〕4 号)。

② 详见《2017 年浙江法院破产审判工作报告》。

间金融风波，许多企业陷入严重的经营和债务困境，大量企业进入破产程序。数据显示，2013 年至 2017 年，温州两级法院受理的破产案件数量占全省总量 1/3 以上，审结数占全省总量 1/2 以上。① 面对严峻的经济形势，温州法院不断探索、积极创新，在破产审判工作中形成了“温州经验”。

2013 年年初，温州成立由市长任组长的企业破产风险处置工作领导小组，以协调解决破产审理过程中涉及的房屋土地产权确认、税收减免等难题。随后，温州出台了《企业破产处置工作联席会议纪要》《企业破产处置工作联席会议纪要（二）》《企业金融风险处置工作府院联席会议纪要》，强化了政府在企业破产审判工作中的公共服务职能，以推动解决破产重整企业信用修复、税收减免、破产企业注销等难题。在具体衔接协调过程中，温州中级人民法院还针对具体事项，分别与相关部门形成会议纪要或工作办法。如在征信信用修复方面，温州中级人民法院于 2016 年推动出台全国第一个解决重整企业信用修复的地方性会议纪要，通过当地人民银行中心支行在人行征信系统添加“大事记”等手段隔断重整企业原失信记录；②税务问题方面，先后与原温州市国土资源局、温州市国家税务局等部门分别出台了三个税费协作会议纪要，明确各方具体对接部门及义务，并建立破产重整纳税评价机制、创新企业所得税退税机制、改变破产财产处置税费承担模式、明确税收债权的清偿顺位；③保障管理人报酬方面，与温州市财政局联合出台《温州市市级企业破产援助资金管理和使用办法》，建立 200 万元的破产援助专项资金，并推动温州市两级财政设立破产援助专项资金，共计 1050 万元。温州法院的探索和经验，一定程度上解决了企业破产过程中面临的各项协调、联动难题，为破产审判工作提供了强有力的保障。

---

① 参见《温州法院企业破产审判报告（2012 ~ 2017 年）》，载徐亚农主编：《破产审判的温州探索》，法律出版社 2018 年版，第 4 页。

② 温州市中级人民法院、中国人民银行温州市中心支行《关于贯彻“共同推动供给侧结构性改革防范金融风险的合作框架协议”的会议纪要》（温中法〔2016〕71 号）第 3 条：……对于重整成功后需要对其信用记录进行修复的企业，人行温州市中支应在管理人提交申请并由法院出具相关函件的情况下，于收到申请后及时通过添加“大事记”或“信息主体声明”等手段对企业的重整情况进行说明。

③ 详见温州市中级人民法院、温州市地方税务局《关于破产程序和执行程序中有关税费问题的会议纪要》（温中法〔2015〕3 号）、温州市中级人民法院、温州市国家税务局《关于破产程序和执行程序中有关税收问题的会议纪要》（温中法〔2015〕45 号）、温州市中级人民法院、温州市国家税务局、温州市国土资源局、温州市地方税务局《温州市中级人民法院关于营改增后司法处置不动产过户问题的会议纪要》（温中法〔2016〕75 号）。

(二)江苏苏州地区的实践解法

目前,苏州中级人民法院已在全市范围建立企业破产预警机制,依托市政府企业风险预警平台,密切关注辖区企业经营风险,提前做好应对准备。而在苏州下辖的吴江、常熟等地区,亦在府院联动机制建设方面先行先试,开展了一系列探索,积累了可复制、可推广的实践经验。

1. 吴江经验

作为"执转破"试点示范法院,苏州市吴江区人民法院探索和总结出的"吴江经验",在江苏及周边地区具有一定代表意义。吴江法院制定《关于执转破案件简化审理程序的规定(试行)》,并通过加强外部协调联动,积极争取当地党委、政府支持。区委把"执转破"工作融入供给侧结构性改革大局,区政府审议通过《关于建立府院联动处置"僵尸企业"工作机制的实施意见》,在全区搭建起区长担任组长的"一总四分八纵"组织体系,区镇两级政府从职工安置、财政支持、税收优惠等24个方面与法院联动,实施级别式分类处置,落实全方位配套保障,加大精准式资产盘活,形成了"大破产"工作格局,有效推动了"僵尸企业"市场化、法治化处置进程。[①]

2. 常熟实践

作为最高人民法院指定的破产审判"债务人自主重整模式探索与完善"试点单位,常熟法院在破产审判工作中,先后出台《关于规范执行案件移送破产审查的若干规定》《关于退市企业职工工资及民工工资先行垫付机制》《常熟市人民法院破产专项基金设立公约》《常熟市人民法院破产专项基金管理办法》等一系列制度和规范,并积极与原国家税务总局常熟分局、常熟市地方税务局联合发布《关于企业破产、公司强制清算案件审理中涉税问题操作指引》,对税收债权的清偿顺位、增值税收取标准、职工补偿安置费用所得税、企业所得税特殊性税务处理等事项予以明确,有力保障了破产案件的顺利推进。

(三)安徽省部分地区的探索实践

目前,安徽省尚未建立省级常态化府院联动机制,各地法院在破产审判工作中,多根据当地实际情况与政府开展沟通协调,并建立模式不一、阶段不同的联动机制。以池州市、宣城市、淮北市为例:

---

① 参见《吴江法院破产审判工作成绩单出炉 半年业绩超去年全年》,载吴江新闻网:http://www.wjdaily.com/news/182539,最后访问日期:2019年12月7日。

1. 池州市

近年来,池州市主城区贵池区先后有19个房地产项目出现停工、烂尾现象,其中13个房地产项目已进入破产程序。为解决涉房地产企业相关问题,池州市先后成立项目问题处置工作领导小组、主城区房地产遗留问题处置工作领导小组,将市住建、国土、规划等相关部门纳入其中,并建立完善烂尾楼处置信息共享机制,构建住建委、国土、规划、法院、资产管理人、池州产投集团联席例会制度,定期发布烂尾楼处置进度及存在的问题。在工作开展过程中,法院与政府有关部门就不动产查封、税收、土地出让金、工程验收等实际问题进行沟通,对需要由市政府出面协调的问题,通过设在房地产管理部门的领导小组办公室汇报上会。对于一些破产程序自身无法解决的问题,则由政府通过会议纪要的方式,以特事特办、帮扶企业的方式予以解决,取得了一定的效果。

2. 宣城市

目前,宣城市尚未建立全市范围内的府院联动机制,但宣城市主城区宣城区、下辖县级市宁国市等已建立不同形式的联动机制,并已实际运行。宣城区针对“执转破”过程中涉及多部门协调的相关事宜,由区委办印发《关于建立“执转破”府院联动机制的通知》,在全区15家单位间建立“执转破”府院联动机制并确立联席会议制度,以协调解决执行处置过程中涉债务处理、资产盘活、政策引导、打击逃废债务、社会稳定等问题。同时,设立100万元破产费用专项资金,用于对“无产可破”企业的破产费用和管理人报酬发放,切实解决“执转破”程序启动问题。[①] 宁国市成立处置“僵尸企业”工作领导组,先后出台《中共宁国市委 宁国市人民政府关于宁国市处置“僵尸企业”工作意见》(宁发〔2016〕46号)、《宁国市处置“僵尸企业”工作实施方案》(宁政办秘〔2016〕277号)、《关于进一步创新机制强化“府院联动”加快推进“僵尸企业”处置工作的实施意见》(宁政〔2018〕38号),通过建立预警提醒机制和府院信息共享平台,及时了解高危企业信息,及时启动对接“僵尸企业”处置机制。在财政保障方面,宁国市通过设立破产管理专项资金,将破产企业土地、房产转让过程中产生的地方税收注入破产管理专项资金账户,统筹解决“僵尸企业”拖欠职工工资问题,并由市财政局、市经济技术开发区管委会各出资100万元设立破

① 参见《党委政府“五个强化保障”助力执行攻坚》,载安徽财经网:http://www.ahcaijing.com/html/2018/xuanc_0815/92320.html,最后访问日期:2019年12月7日。

产管理人报酬基金，用于解决无产可破的管理人报酬问题。[①]

3. 淮北市

淮北市近两年以府院联动机制为基础，通过和解方式处理了多起房地产企业破产案件，并取得良好社会效果。淮北市中级人民法院摸索并自创一套和解模式，其中最大的亮点就是创新资产管理人模式，协调政府部门负责人成立破产管理人组织。在当地党委、政府支持下，由法院按照案件需要，指定并指导房管、国土、城乡建委、建投公司组成破产管理人，各单位负责人亲自参与，以非商业模式运作，依法解决企业用地、规划、税收等问题，大大提高工作效率和问题解决能力。办理房地产企业破产案件，关键在于给企业"输血"，能够继续建设剩余工程。但这些企业都是严重失信的企业，已丧失融资资格，无法从金融机构获得贷款。但是以各行政机关部分负责人成立的管理人，可以协调官方性质的融资机构融资，同时法院及时解除查封，释放有效资产，使破产管理人有资产可供支配，企业重新运转，有力破解制约破产和解达成最核心的资金难题。

"淮北模式"的另外一个重要方面，要加强预判分析，制定翔实充分的工作预案。受理前，法院要掌握企业资产、负债、财务、工程进展、债权人构成等各方面情况，分别对破产清算、破产和解的可行性、利弊进行全面分析。受理后，按照"少破产、多重组"的工作理念，对企业资产大于负债，推进和解有较好前提条件和群众基础的案件，扎实推动和解，耐心细致做好法律释明和债权人思想工作。在工作推进过程中，法院领导对案件全程监督指导，配齐配强合议庭法官，对每一步工作可能遇到的复杂情况提前预判，应对在前。

在后续和解协议的执行过程中，"淮北模式"走出"兜底"一步，受理案法院要强化对和解协议监管，直到和解协议履行完毕。至此，淮北市中级人民法院绘出了争取党委政府支持、前期预判分析、组建资产管理人组织、监管协议履行、加强司法公开的一整套房企破产和解模式。

四、当前"府院联动"过程中面临的问题

当前，府院联动机制在部分地区取得较为明显的成效，一些破产衍生问题得以有效化解。然而，从整体来看，各地现行的府院联动机制多处于起步阶段，机制构

---

① 参见《探索创新企业破产案件审理新机制稳妥处置"僵尸企业"服务经济转型升级——宁国市法院关于企业破产案件审理的调研报告》，载宁国法院网：http://www.ngfy.gov.cn/News_View.asp?NewsID=2719，最后访问日期：2019 年 12 月 7 日。

建、实施和发展情况不尽如人意，标准与程序不够统一完善，机制优势和潜力未能充分释放。具体而言，当前“府院联动”过程中，主要存在以下四个方面的问题：

（一）政府职责定位不明

政府、法院分别妥善行使行政权、司法权，相互尊重、相互协调、相互配合，共同推进企业破产成为经济发展新动力，是破产程序中府院联动机制运行的最佳模式。然而，在实践中，如何确定政府履责领域、政府应当如何履行相应职能、与法院之间如何协调处理一应事务，尚未有明确、具体的规范要求。本应在推动破产程序中发挥重要作用的政府部门，因权责模糊、定位不清、角色不明，难以持续、稳定发挥作用。一些地方政府将信访问题作为衡量是否支持破产案件协调的标准，根据个案情形衡量政府需要参与的程度和履行的相应责任，不同案件不同对待；有的地方政府过多干涉企业破产的各个环节，以行政命令指引司法程序，要求法院服从服务地方政府决策意志；一些地方政府则认为企业进入破产程序后，破产事务及衍生社会矛盾已属法院工作事项，政府不应再通过提供扶持、救助政策等方式介入，应由法院通过司法手段予以处理。政府部门存在的缺位、越位、错位现象，使法院办理破产案件时需要频繁与相关政府职能部门反复沟通、越位处理大量事务性具体问题，不仅难以保障破产程序的顺利推进，也影响政府和法院各自职能的有效发挥。

（二）缺乏研判预警机制

政府的财政、税务、市场监管、统计、发改、经信、人社等部门及当地人民银行分支机构、供水、供电公司，掌握着企业运行所涉的资源消耗、质量效益、税务、社会保险、融资担保等各项数据和指标。这些数据指标，能够直接、精准地反映企业的真实现状，且可用于评估企业经营健康程度和预测一定时期内的发展趋势。然而，这些极具价值的数据大多散落于各个政府部门，虽然单项数据价值巨大，但缺乏各个部门之间的数据交流、共享、整合、分析、开发运用，“信息孤岛”“数据烟囱”问题依然突出。上述问题的存在，导致在数据采集方面具有明显优势、掌握第一手资料的地方政府，却对企业运行状态和可能的衍生问题缺乏足够的研判及提前预警，对存在借贷危机、资金异动等情形的高破产风险企业未能及时进行事前评估并采取相应措施，错过了因企施策、化解风险的窗口期，丧失应对破产过程中有关问题的先机。同时，由于政府部门的有关数据并未及时与法院进行共享，法院也难以在受理破产案件前做好相应准备，使法院在受理案件后较为被动，先期环境条件不佳，不利于破产程序的及时有效推进。

（三）联动机制体系尚未完善

目前，部分地方政府已与法院开展了具有当地特色的联动实践，通过不同层次、不同形式的沟通协调，推动解决破产实务中面临的各项难点问题。然而，多数地区尚未形成常态化、制度化、规范化的联动机制，依然是通过成立工作组、联合协调小组、领导小组等方式，对个案或某类企业出现的有关问题“一事一议”“一企一议”“一类一议”，研究给予一定的特殊政策，临时性、过渡性色彩较为浓厚。作为非常设机构，工作组的职能地位缺乏稳定性，形成的相关会议纪要难以长期、连贯、稳定执行，影响破产进程和社会效果。这种更接近于人治而非法治、制度化的个案解决方式，多依赖于人与人之间或以人为代表的机构之间沟通协调，能否解决问题则取决于人的态度而非制度，且与当地“一把手”的重视程度紧密相关，具有较大的不确定性。[①] 有些地区虽然建立府院联动机制，但只明确了政策框架，缺乏具体的实施细则，联而不动、协而不调问题突出，法院在审理破产案件时，仍要针对个案与政府部门多次、分别进行沟通，政府在维稳、政策协调、税费减免、财产处置等事项上亦未能充分履行公共服务和社会管理职能，联动机制的价值和意义难以显现。此外，由于缺乏顶层设计和统一规范，各地形成的联动机制都存在一定的局限性，体制机制“瓶颈”依然阻碍破产程序推进，破产法的应有功能未能得到充分发挥。

（四）现行法律供给不足

相较于其他民商事法律制度而言，面向破产企业的顶层制度设计并不完善，以《企业破产法》为核心的破产法律制度较为滞后。我国现行与企业相关的法律法规主要是对常态企业调整、规制，而对于处于严重困境或破产程序中的非常态企业应当如何区别对待、特殊调整，缺乏足够的关注，存在法律规定不够具体、可操作性不强、制度衔接不畅、法律法规间相互冲突等诸多问题。在实践中，政府部门多从其自身职责和利益角度出发，严格按照有关法律、行政法规和规范性文件对涉及破产企业的行政管理事项提出要求，导致破产程序中相关衍生问题难以解决，各方利益平衡与保护极为困难。例如，企业进入破产程序后，课税规则理应进行特殊调整，以有别于正常经营状态，所涉及的税收减免核销等一系列涉税问题也应当有所规范，便

---

① 参见王欣新：《府院联动机制与破产案件审理》，载《人民法院报》2018年2月7日，第7版。

于管理人妥善分配各破产债权的清偿比率。然而,现行相关涉税法律法规及规范性文件对此并未进行专门规定,仅有少数针对金融机构等特殊主体及特殊情形的税收优惠政策。① 受《税收征收管理法》的有关规定约束,②税务部门在没有相应依据的情况下,如配合法院对企业所欠税款、重整债务豁免所产生的所得税等税收债权予以减免,不符合税收领域的现行规定。类似的问题,也出现在企业信用修复、无产可破案件的管理人报酬支付等方面。温州等地的探索实践,虽然在一定区域范围内缓和上述冲突和矛盾,但在国家层面上,相关法律规定的长期缺失、虚置空转、自行其是、相互冲突,严重阻碍了破产审判工作的顺利开展,亦致破产法的市场化实施缺乏良好的制度支撑。

五、对策建议

完善府院联动机制,不仅对于实现政府与法院的良性互动、保障破产法的市场化实施具有现实必要性,更是为推动建立普遍、规范、衡平的整体制度架构,促进法律制度的不断统一、完善。具体而言,因行政权、司法权的传统运行惯性难以在短时间内发生改变,整体破产法治环境优化和配套法律制度建设亦具有阶段性、层次化、递进式的外部特征,在完善府院联动相关机制、推动破产法市场化实施的过程中,应分别设置近期、中远期目标规划,同时启动、同步进行。在近期目标上,应当尽快明确政府在府院联动中的自身定位,积极构建常态化、体系化的联动机制;在中远期目标上,应当推动府院联动机制向制度化方向发展,并推动破产相关法律制度体系的不断完善,充分发挥破产法律制度的应有价值,为市场经济健康发展保驾护航。

(一)近期目标

1. 明确政府定位

“府院联动”机制适用的目标,是使政府在破产审判之外更好地发挥其社会调

---

① 参见国家税务总局发布的《减免税政策代码表》,载国家税务总局网:http://www.chinatax.gov.cn/n810346/n3504626/n3504648/c3521452/content.html,最后访问日期:2019 年 12 月 7 日。

② 《税收征收管理法》第 3 条规定:“税收的开征、停征以及减税、免税、退税、补税,依照法律的规定执行;法律授权国务院规定的,依照国务院制定的行政法规的规定执行。任何机关、单位和个人不得违反法律、行政法规的规定,擅自作出税收开征、停征以及减税、免税、退税、补税和其他同税收法律、行政法规相抵触的决定。”

《税收征收管理法》第 33 条规定:“纳税人依照法律、行政法规的规定办理减税、免税。地方各级人民政府、各级人民政府主管部门、单位和个人违反法律、行政法规规定,擅自作出的减税、免税决定无效,税务机关不得执行,并向上级税务机关报告。”

整作用。[①] 司法权的被动性、中立性,使法院在处理破产衍生问题上面临诸多的局限性,而政府所具有的公共服务和社会管理职能,在解决涉经济发展、社会稳定等问题上具有天然优势。当然,政府所具有的行政权力,既能为破产审判营造良好的外部社会环境,亦可能不当干预司法活动或产生权力瓶颈。因此,在政府与法院的联动过程中,既要克服行政权与司法权"分而治之"的固有弊端,通过行政权的适当介入解决破产衍生问题,亦要防止行政权力过度干预司法活动,避免行政权力在破产程序中的膨胀、滥用,通过合理确定政府与法院各自职权的限度或边界,促进行政权与司法权的有效联动。政府应当站在推动"腾笼换鸟"、优化资源配置效率的全局性角度,积极解决企业破产所涉各类社会衍生问题,并给予司法权足够的尊重,避免缺位、越位、错位现象,为实施市场化破产程序有效化解过剩产能、促进市场出清、推进产业结构转型升级的预期效果提供有力支撑。

2. 构建常态化、体系化的联动机制

传统的"一事一议"方式,具有明显的"头痛医头、脚痛医脚"特征,单一性、片面性等问题突出。政府与法院应当在破产程序的各个环节积极加强沟通协调,通过事前预警研判、事中联动协调、事后积极处置,推动解决破产过程中涉及的各项难点问题,努力实现破产法治效果的共赢。

在事先预警方面,政府应积极发挥其在数据资源采集、整合方面的优势,利用数字城市、智慧城市、中小企业生产经营运行监测等平台,融合分析涉及企业运行的多部门数据,并对照可能引发企业经营风险、债务危机的关键数据指标,对企业是否存在破产风险筛查、评估。对可能进入破产程序的危困企业建立相应的监测名册,定期开展跟踪监测和分析预警,并将相应监测数据与法院审判、执行数据进行对接,从而有效提升预警和防范效能,实现智慧监管。法院亦可提前介入了解危困企业的相关情况,通过司法建议等方式化解衍生风险,为破产审判创造良好的先期外部环境。

在事中联动协调方面,应建立常态化、规范化的联动机制,设立或者明确专门负责联动协调的政府机构,积极化解法院与政府财政、税务、市场监管等部门、人民银行分支机构、金融监管部之间的沟通不畅、衔接乏力问题,努力破除行业主义、部门主义等行政弊端,统筹解决企业破产过程中产生的职工安置、社会保险、税负承担、信用修复、财产处置、破产费用不足等困难,并在依法处置过程中积极运用相关

① 参见王欣新:《府院联动机制与破产案件审理》,载《人民法院报》2018 年 2 月 7 日,第 7 版。

救助、帮扶政策，有效稳控破产社会风险。法院、检察、公安、人民银行分支机构、金融监管部门还应当加强联合惩戒，有效威慑和制约虚假破产、逃废债、隐匿账目等行为。

在事后处置方面，破产程序终结后，政府有关部门应积极协助办理税务、工商注销登记手续，推动企业及时、彻底退出市场，维护市场经济活动正常秩序。为避免联动机制被“束之高阁”、缺乏实践运用检验，地方政府还应及时梳理、宣传与企业破产有关的法律法规、上级及本地政策，对参与联动机制的各政府部门相关人员特别是具体经办人员积极开展各种形式的指导，并定期开展《企业破产法》、行业法律法规、本地联动机制细则等专题培训，切实提高对接、经办人员对破产相关基本法规、政策、流程、标准的认识和了解，推动各部门在联动机制框架内规范有序执法，破解联动机制整体效能发挥的“最后一公里”问题。

（二）中远期目标

1. 建立健全制度规范

从当下实践来看，部分地区在推动府院联动机制中取得一定的成绩，但受制于制度层面的障碍，一些值得复制和推广的经验、做法未能得以规范、普遍适用，部分事项在落实过程中也面临区域樊篱，亟待在较高层面上出台制度规范予以统一。目前，国家发改委等部门已部署研究“僵尸企业”债务处置综合政策以及金融等相关领域的具体政策，要求落实有利于“僵尸企业”出清的税收政策，推动各地建立政府与法院之间关于企业破产工作沟通协调机制，并完善依法破产体制机制。① 最高人民法院已会同有关部门从制度上共同解决企业破产费用不足的问题，江苏等地法院亦已建议由最高人民法院协调中国人民银行等部门解决重整企业信用修复、破产重整税费减免等问题，努力从更高层面上推动对破产衍生问题的常态化、规范化调整。② 因此，各地应及时对府院联动机制运行过程中的有益探索、做法进行系统深入总结，并以制定政府文件等方式将府院联动过程中的创新探索、有效经验上升为可定型、可借鉴、可推广的制度。同时，地方政府应积极主动向上级政府反映在府院联动过程中所需的政策、制度支持，在省级、国家层面推动府院联动各项工作

① 参见国家发展改革委员会、人民银行、财政部、银保监会、国资委《关于印发〈2018 年降低企业杠杆率工作要点〉的通知》（发改财金〔2018〕1135 号）。

② 《最高法召开发布会　介绍法院破产审判工作情况》，载最高人民法院网：http://www.court.gov.cn/fabu-xiangqing-83772.html，最后访问日期：2019 年 12 月 7 日。

制度规范的出台，使之具有更为广泛、更为强大的制度约束力，为府院联动机制在企业破产所涉各个领域、各个环节、各个方面持续稳定发挥作用提供良好的制度保障。

2. 修订、完善破产法律制度

如前所述，破产实践中税务减免、企业重整信用记录修复、不良资产处置、管理人报酬保障等问题，涉及《税收征收管理法》《征信业管理条例》《贷款通则》等多部法律法规、部门规章，缺乏富有可操作性的统一规则，相互之间存在冲突。实践中面临的诸多矛盾、困难和问题，都与破产法律制度体系的不够健全、效率不高息息相关，需要通过加强破产法律制度体系顶层设计、立改废释并举、不断完善其内容范畴和框架结构予以解决。当前，国家发改委等部门已将开展破产法规修订前期研究、适时提出修改《企业破产法》纳入工作要点，全国人大常委会亦将破产法的修改纳入立法规划。①

为有效提高破产法律制度的适用性、可操作性，充分发挥破产法律制度对深化供给侧结构性改革、完善市场化退出机制的引领、规范和保障作用，国家有关机构应积极推进破产法修改工作，在修订、完善破产法律制度的过程中对现行相关法律制度进行全面清理，逐条梳理现有法律法规中与破产有关的规定，并根据当前经济社会发展需求予以保留、修改、整合、废止，从而减少法律法规适用过程中的冲突和困扰。针对当前破产领域中没有明确规定、亟待解决但又短期内无法通过立法解决的问题，最高人民法院可及时出台相应司法解释作为过渡手段，并会同有关部门开展调研，推动立法工作开展。在立法完善的过程中，应改变宜粗不宜细的传统立法理念，避免设置原则、抽象、含糊的法律条文，确保破产法具有可诉性、可裁性、可执行性，从而有效发挥其规范作用。

六、结语

府院联动机制的产生，是在破产法律制度体系尚未完善、未能通过立法及时解决全部破产矛盾的情况下，人民法院为了解决破产衍生社会问题而采取的“权宜之计”。府院联动机制固然能够解决当前深化供给侧结构性改革、推动产业转型升级过程中面临的市场退出机制不健全、破产法市场化法治化实施条件不足的现实问题，但也应清醒地认识到，府院联动机制有其固有的体制性缺陷，其建立具有典型

① 参见《十三届全国人大常委会立法规划》，载法制网：http://www.legaldaily.com.cn/index/content/2018-09/08/content_7640854.htm，最后访问日期：2019年12月7日。

的阶段性和实用主义特征。因此，在当前没有更为完善的制度体系的情形下，各地政府、法院有义务、有责任构建合理合法合规的府院联动机制，并在运行过程中及时总结经验，努力推动经验做法沉淀为制度模式，并进而推进破产法修改进程，不断完善破产法律制度体系，为全面发挥市场机制效用、促进经济转型升级提供制度保障。

《全国法院民商事审判工作会议纪要》破产部分的重要修订及全文解读

许胜锋　张　生*

2019年8月6日,最高人民法院发布了《全国法院民商事审判工作会议纪要(征求意见稿)》(以下简称《征求意见稿》)。在征求意见期间,我们通过全国律师协会,向最高人民法院报送了关于《征求意见稿》破产部分的建议,并于8月23日发表在中伦微信公众号“中伦视界”(以下简称《中伦意见稿》)。

2019年11月14日,最高人民法院发布了《全国法院民商事审判工作会议纪要》(以下简称《纪要正式稿》)。如《中伦意见稿》所述,本次会议纪要将对此后的破产审判工作产生积极而深远的影响。同时,从《征求意见稿》到《纪要正式稿》,通过分析研究其中的增删修订,能够窥探最高人民法院对相关问题的司法态度及纪要文本背后的司法精神,对更为深刻地了解纪要具有积极作用。此外,《中伦意见稿》中的几点意见被《纪要正式稿》所吸收,或者说与《纪要正式稿》的相关修订内容所契合,能够为中国破产法制建设进言献策,虽为跬步,亦足欣喜。

以下系我们对《纪要正式稿》从实务角度展开的解读,同时探讨《纪要正式稿》对《征求意见稿》的相关修订内容。

一、关于总说部分

十、关于破产纠纷案件的审理

会议认为,审理好破产案件对于推动高质量发展、深化供给侧结构性改革、营造稳定公平透明可预期的营商环境,具有十分重要的意义。要继续深入推进破产

* 许胜锋,北京市中伦(深圳)律师事务所合伙人律师;张生,北京市中伦(深圳)律师事务所律师,非权益合伙人。

审判工作的市场化、法治化、专业化、信息化，充分发挥破产审判公平清理债权债务、促进优胜劣汰、优化资源配置、维护市场经济秩序等重要功能。一是要继续加大对破产保护理念的宣传和落实，及时发挥破产重整制度的积极拯救功能，通过平衡债权人、债务人、出资人、员工等利害关系人的利益，实现社会整体价值最大化；注重发挥和解程序简便快速清理债权债务关系的功能，鼓励当事人通过和解程序或者达成自行和解的方式实现各方利益共赢；积极推进清算程序中的企业整体处置方式，有效维护企业营运价值和职工就业。二是要推进不符合国家产业政策、丧失经营价值的企业主体尽快从市场退出，通过依法简化破产清算程序流程加快对"僵尸企业"的清理。三是要注重提升破产制度实施的经济效益，降低破产程序运行的时间和成本，有效维护企业营运价值，最大限度发挥各类要素和资源潜力，减少企业破产给社会经济造成的损害。四是要积极稳妥进行实践探索，加强理论研究，分步骤、有重点地推进建立自然人破产制度，进一步推动健全市场主体退出制度。

总说部分着重阐述了如下精神：

1. 继续强调破产在市场经济中的重要作用和地位。目前，"优化营商环境"成为中国政治和经济生活中的一个关键词，破产成为司法领域的重要着力点。2019年10月23日，世界银行发布《2020年营商环境报告》，中国的总体排名比去年上升15位，名列第31名，是世界银行营商环境报告发布以来中国的最好名次。在世界银行10项评估指标中，办理破产排名提升10位至第51位，对中国总体排名的提升起到积极作用。可以预计，随着中国市场经济改革的进一步深化，破产在营商环境中的排名仍有上升空间，破产的重要性将进一步提升。《纪要正式稿》所强调的破产审判工作的市场化、法治化、专业化、信息化，亦与破产在市场经济中的地位相互呼应、相互促进。

2. 更加强调破产在维护企业营运价值方面的作用。《征求意见稿》首先强调破产在企业退出方面的作用，然后才阐述破产在挽救困境企业方面的作用。《纪要正式稿》则将两者的表述顺序对调，而且大大丰富了破产在维护企业营运价值方面的表述内容，对重整、和解及破产清算分别阐述，而且首次提出要积极推进破产清算程序中的企业整体处置方式，有效维护企业营运价值和职工就业，此种提法是本次纪要的一处亮点。中伦近期承办的富贵鸟鞋业破产案，在重整失败转破产清算后，即迅速通过经营性资产整体拍卖的方式，实现资产价值的最大化，并取得了良好的社会效果。

3. 更加强调破产程序的效率价值。《企业破产法》实施十余年来，破产在挽救困境企业、实现企业的有序退出方面发挥积极和有效的作用，但与此同时也产生一定的积案。积案的形成既有客观因素，也存在主观和人为因素，积案的存在增加了破产程序运行的时间和成本，损害了广大债权人的权益和社会整体经济利益，降低了破产程序的效率价值。但是实践中破产程序的公平价值得到足够重视，效率价值却并未被给予充分关注，破产积案的负面影响并未得到充分认识。《纪要正式稿》意识到此问题，强调破产程序的效率价值，推动建立破产案件中正确的价值观和价值体系。目前司法系统开展的清理破产积案的工作，正是最高人民法院这一司法精神的体现。

4. 强调建立自然人破产制度。自然人破产制度在中国早有呼吁。2019 年 7 月，国家发展和改革委员会、最高人民法院等 13 个单位联合发布《加快完善市场主体退出制度改革方案》，在此具有重要意义的方案中，首次在顶层设计的层面提出要“研究建立个人破产制度”，此后便披露出浙江省出现个人破产制度的探索性案例，温州市中级人民法院更于 2019 年 8 月发布《关于个人债务集中清理的实施意见（试行）》，个人破产制度的探索明显升温。如《纪要正式稿》所述，个人破产制度的建立是“健全市场主体退出制度”的必要组成部分，从目前的相关配套设施来看，个人破产制度的建立也已具备初步条件。但中国国情差异较大，且个人破产制度对市场经济运行的规则和秩序将产生深刻影响，因此，应当分步骤、有重点地推进建立个人破产制度。

二、破产的申请、受理与撤回

107.【继续推动破产案件的及时受理】充分发挥破产重整案件信息网的线上预约登记功能，提高破产案件的受理效率。当事人提出破产申请的，人民法院不得以非法定理由拒绝接收破产申请材料。如果可能影响社会稳定的，要加强府院协调，制定相应预案，但不应当以“影响社会稳定”之名，行消极不作为之实。破产申请材料不完备的，立案部门应当告知当事人在指定期限内补充材料，待材料齐备后以“破申”作为案件类型代字编制案号登记立案，并及时将案件移送破产审判部门进行破产审查。

注重发挥破产和解制度简便快速清理债权债务关系的功能，债务人根据《企业破产法》第 95 条的规定，直接提出和解申请，或者在破产申请受理后宣告破产前申请和解的，人民法院应当依法受理并及时作出是否批准的裁定。

108.【破产申请的不予受理和撤回】人民法院裁定受理破产申请前，提出破产申请的债权人的债权因清偿或者其他原因消灭的，因申请人不再具备申请资格，人民法院应当裁定不予受理。但该裁定不影响其他符合条件的主体再次提出破产申请。破产申请受理后，管理人以上述清偿符合《企业破产法》第三十一条、第三十二条为由请求撤销的，人民法院查实后应当予以支持。

人民法院裁定受理破产申请系对债务人具有破产原因的初步认可，破产申请受理后，申请人请求撤回破产申请的，人民法院不予准许。除非存在《企业破产法》第十二条第二款规定的情形，人民法院不得裁定驳回破产申请。

关于破产的申请、受理与撤回，《中伦意见稿》认为纪要的积极作用体现在：第一，进一步强调破产案件的立案登记制度，有助于进一步化解破产申请受理难问题，推动破产案件的及时受理。第二，就债务人对申请破产的债权进行清偿的法律后果作出了明确规定，即消灭债权人的债权和破产申请权，赋予债务人以对抗权和救济权。第三，明确破产申请受理后，破产申请不可撤回。在《纪要正式稿》中，上述司法精神仍然继续保留。

关于破产的申请、受理与撤回，《纪要正式稿》对《征求意见稿》有部分修订，主要如下：

1. 弱化维稳因素对立案的影响。《征求意见稿》在立案登记环节，将维稳因素排除在外，《中伦意见稿》认为此系巨大进步，但有必要更进一步，明确对于具有维稳因素的案件，法院应积极作为、能动司法，充分利用府院联动机制等制度，积极协调相关方，化解维稳问题对破产案件可能造成的不利影响，而不能简单地因维稳问题而不予受理破产申请。《纪要正式稿》吸收我们的意见，除了继续规定不得以非法定理由（包含维稳理由）拒绝接收破产申请材料外，还增加规定要加强府院协调，不应当以“影响社会稳定”之名，行消极不作为之实。

2. 注重发挥破产和解制度的功能。和解程序具有程序简化、成本较低、当事人自治程度较高的特点，适宜用于挽救债权债务关系较为简单、不需要对企业经营结构做出重大调整的中小微企业。因和解程序具有比重整程序更大的制度灵活性，在清理债权债务、减少社会振荡方面具有独特优势，为困境民营企业，特别是中小民营企业的重生提供了机会，但实务中和解程序运用不多。与《征求意见稿》相比，《纪要正式稿》在总说部分和破产案件受理部分两处，增加发挥和解制度功能的表述，反映了最高人民法院对和解制度在债权债务清理等方面寄予厚望，和解制度的前景值得期待。

3. 明确了对申请破产的债权进行清偿行为的可撤销性。《中伦意见稿》认为，对申请破产的债权进行清偿是否适用《企业破产法》第 31 条、第 32 条的规定,即是否可撤销,需要予以明确,如果债务人的该清偿行为属于履行生效裁判,则不应予以撤销,但是如果申请破产的债权尚未取得生效裁判,则该清偿行为与一般性的清偿行为无异。《纪要正式稿》吸收了上述意见,规定破产申请受理后,管理人以上述清偿符合《企业破产法》第 31 条、第 32 条为由请求撤销的,人民法院查实后应当予以支持。

三、受理后债务人财产的保全与执行

109.【受理后债务人财产保全措施的处理】要切实落实破产案件受理后相关保全措施应予解除、相关执行措施应当中止、债务人财产应当及时交付管理人等规定,充分运用信息化技术手段,通过信息共享与整合,维护债务人财产的完整性。相关人民法院拒不解除保全措施或者拒不中止执行的,破产受理人民法院可以请求该法院的上级人民法院依法予以纠正。对债务人财产采取保全措施或者执行措施的人民法院未依法及时解除保全措施、移交处置权,或者中止执行程序并移交有关财产的,上级人民法院应当依法予以纠正。相关人员违反上述规定造成严重后果的,破产受理人民法院可以向人民法院纪检监察部门移送其违法审判责任线索。

人民法院审理企业破产案件时,有关债务人财产被其他具有强制执行权力的国家行政机关,包括税务机关、公安机关、海关等采取保全措施或者执行程序的,人民法院应当积极与上述机关进行协调和沟通,取得有关机关的配合,参照上述具体操作规程,解除有关保全措施,中止有关执行程序,以便保障破产程序顺利进行。

关于受理后债务人财产保全和执行程序的处理,纪要首先强调人民法院系统内部的责任追究机制,即相关人民法院未依法及时解除保全措施、移交处置权,或者中止执行程序并移交有关财产的,上级人民法院应当依法予以纠正;相关人员违反上述规定造成严重后果的,破产受理人民法院可以向人民法院纪检监察部门移送其违法审判责任线索。其次,对于国家行政机关采取的保全措施或者执行程序,纪要强调要积极与上述机关进行协调和沟通,取得有关机关的配合。

关于受理后债务人财产的保全与执行,《纪要正式稿》的主要精神如下:

1. 进一步解决实务中查封的解除和执行的中止之难题。如《中伦意见稿》所述,破产中债务人财产保全措施的解除和执行措施的中止是实践中的重点和难点问题,最高人民法院亦极为重视,在其颁布的相关规范性文件中,多次提及该问题,最高人民法院在该问题上的态度的基本演进路径为:仅规定采取财产保全措施和执行措施的单位应及时解除财产保全措施并中止执行程序→破产受理法院有权请求相关上级法院予以纠正→相关法院应追究违法执行人员的责任。《纪要正式稿》则更进一步,明确相关人员违反规定造成严重后果的,破产受理法院可以向法院纪检监察部门移送其违法审判责任线索。

2. 关于其他具有强制执行权力的国家行政机关的查封和执行。就最高人民法院的态度来说,其倾向于认为《企业破产法》中查封的解除和执行的中止的规定应适用于国家行政机关,在《最高人民法院关于适用〈中华人民共和国公司法〉若干问题的规定(二)》(以下简称《公司法解释(二)》)中,最高人民法院规定对债务人财产采取保全措施的"相关单位",应当解除保全措施。《纪要正式稿》亦表明最高人民法院的此种态度。但由于《企业破产法》没有作出明确规定,司法系统无法直接解除或者通过法定程序协调解除国家行政机关的查封,而只能通过积极与上述机关进行协调和沟通,取得有关机关的配合,参照上述具体操作规程,解除有关保全措施,中止有关执行程序。

3. 确定查封的解除和执行中止的效力时点。《征求意见稿》规定,"执行法院在收到破产受理裁定后,拒不解除保全措施或中止执行的,破产受理法院可以请求执行法院的上级法院依法予以纠正"。在《中伦意见稿》中,我们对此提出两点意见:第一,"执行法院"的表述范围过窄,不能涵盖诉讼查封等情况。第二,《征求意见稿》的表述会误导产生如下理解:在破产申请受理后相关法院收到受理裁定前,相关执行工作无须中止,在此期间执行完毕的,亦无须执行回转。我们认为此种理解严重违背《企业破产法》的立法精神。《纪要正式稿》吸收我们的上述意见,将相关表述调整为"相关人民法院拒不解除保全措施或者拒不中止执行的,破产受理人民法院可以请求该法院的上级人民法院依法予以纠正"。

四、破产案件受理后有关债务人诉讼的处理

110.【受理后有关债务人诉讼的处理】人民法院受理破产申请后,已经开始而尚未终结的有关债务人的民事诉讼,在管理人接管债务人财产和诉讼事务后继续进行。债权人已经对债务人提起的给付之诉,破产申请受理后,人民法院应当继续审理,但是在判定相关当事人实体权利义务时,应当注意与企业破产法及其司法解释的规定相协调。

上述裁判作出并生效前,债权人可以同时向管理人申报债权,但其作为债权尚未确定的债权人,原则上不得行使表决权,除非人民法院临时确定其债权额。上述

裁判生效后，债权人应当根据裁判认定的债权数额在破产程序中依法统一受偿，其对债务人享有的债权利息应当按照《企业破产法》第46条第2款的规定停止计算。

人民法院受理破产申请后，债权人新提起的要求债务人清偿的民事诉讼，人民法院不予受理，同时告知债权人应当向管理人申报债权。债权人申报债权后，对管理人编制的债权表记载有异议的，可以根据《企业破产法》第58条的规定提起债权确认之诉。

113.【重整计划监督期间的管理人报酬及诉讼管辖】要依法确保重整计划的执行和有效监督。重整计划的执行期间和监督期间原则上应当一致。二者不一致的，人民法院在确定和调整重整程序中的管理人报酬方案时，应当根据重整期间和重整计划监督期间管理人工作量的不同予以区别对待。其中，重整期间的管理人报酬应当根据管理人对重整发挥的实际作用等因素予以确定和支付；重整计划监督期间管理人报酬的支付比例和支付时间，应当根据管理人监督职责的履行情况，与债权人按照重整计划实际受偿比例和受偿时间相匹配。

重整计划执行期间，因重整程序终止后新发生的事实或者事件引发的有关债务人的民事诉讼，不适用《企业破产法》第21条有关集中管辖的规定。除重整计划有明确约定外，上述纠纷引发的诉讼，不再由管理人代表债务人进行。

对于重整计划执行期间的债务人诉讼管辖问题，纪要明确，因重整程序终止后新发生的事实或者事件引发的有关债务人的民事诉讼，不适用《企业破产法》第21条有关集中管辖的规定。

破产案件受理后有关债务人诉讼的处理，包括《纪要正式稿》第110条规定的普遍性问题以及第113条规定的重整计划执行期间新发生的诉讼问题，其主要内容如下：

1.关于破产受理前已经开始的有关债务人的民事诉讼。对于此类诉讼在破产受理后的审理问题，《纪要正式稿》调整了《征求意见稿》的表述，但并未发生本质性变化，法院仍应当继续审理，但是在判决时应当注意与破产法的规定相协调。例如，为给付之诉的，不能再作出给付判决，而应当作出债权确认的判决。

需要注意的是，《纪要正式稿》与《征求意见稿》均规定在此类诉讼的裁决生效前，债权人可以同时申报债权，但是否赋予其临时表决权，两者存在差别。对于此类债权的临时表决权问题，《征求意见稿》沿用了《企业破产法》的常规性规定，并未表明其差异化态度，但是《纪要正式稿》却强调原则上不得行使表决权，除非法院临时确定其债权额。考虑到《纪要正式稿》删除了《征求意见稿》中关于法院告知债权人撤回诉请的表述,我们理解为,对于破产受理前开始的诉讼,最高人民法院倾向于债权人撤诉,由此可以节约诉讼资源,避免诉讼资源的无谓浪费,同时也有利于提高破产效率。只不过在《纪要正式稿》中,通过对其临时表决权的限制表达了此种态度,而且相比于《征求意见稿》,对临时表决权的限制力度更强,更能够实现最高人民法院的司法意图。

2. 关于破产受理以后新提起的要求债务人清偿的民事诉讼。对于此类诉讼,《纪要正式稿》明确不予受理,同时新增内容规定,债权人后续仍有权提起债权确认诉讼,这是为了避免因对一事不再理原则的错误理解,而不当剥夺债权人的救济权。

需要注意的问题是,因破产受理后新发生的事实或事件引发的要求债务人清偿的民事诉讼,是否适用上述规定而不予受理?因新的原因而引发的给付之诉,通常是在破产期间继续经营过程中所产生,此种债务一般属于共益债务。《企业破产法》及相关司法解释和规范性文件尚未明确共益债务的争议解决机制,在后续的立法中需要对此问题予以关注。我们认为,对于因共益债务的纠纷引发的诉讼,即使其为给付之诉,亦应予以受理,应将破产受理前的原因引发的诉讼和破产受理后的原因引发的诉讼区别对待。

3. 关于重整计划执行期间新发生的诉讼。对于此类诉讼,应当区分其事由是重整程序终止前发生的还是终止后发生的。终止后发生的,不再适用《企业破产法》关于集中管辖的规定,且除重整计划有明确约定外,不再由管理人代表债务人进行;终止前发生的,仍应当适用集中管辖的规定,且仍应当由管理人代表债务人参加诉讼。

五、重整程序中的债务人自行管理

111.【债务人自行管理的条件】重整期间,债务人同时符合下列条件的,经申请,人民法院可以批准债务人在管理人的监督下自行管理财产和营业事务:

(1)债务人的内部治理机制仍正常运转;

(2)债务人自行管理有利于债务人继续经营;

(3)债务人不存在隐匿、转移财产的行为;

(4)债务人不存在其他严重损害债权人利益的行为。

债务人提出重整申请时可以一并提出自行管理的申请。经人民法院批准由债务人自行管理财产和营业事务的,企业破产法规定的管理人职权中有关财产管理和营业经营的职权应当由债务人行使。

管理人应当对债务人的自行管理行为进行监督。管理人发现债务人存在严重损害债权人利益的行为或者有其他不适宜自行管理情形的，可以申请人民法院作出终止债务人自行管理的决定。人民法院决定终止的，应当通知管理人接管债务人财产和营业事务。债务人有上述行为而管理人未申请人民法院作出终止决定的，债权人等利害关系人可以向人民法院提出申请。

关于重整中的债务人自行管理，纪要首次明确，重整期间，债务人同时符合下列条件的，经申请，人民法院可以批准债务人在管理人的监督下自行管理财产和营业事务：内部治理机制仍正常运转；债务人自行管理有利于债务人继续经营；债务人不存在隐匿、转移财产的行为；债务人不存在其他严重损害债权人利益的行为。同时，纪要明确规定，经人民法院批准由债务人自行管理财产和营业事务的，管理人职权中有关财产管理和营业经营的职权应当由债务人行使。

关于重整中债务人自行管理的内容，《纪要正式稿》基本未对《征求意见稿》作出修订，如《中伦意见稿》所述，纪要回应了实践中普遍关切的几项问题，包括：

1. 明确债务人自行管理的适用条件。我们始终认为，债务人自行管理制度是更为市场化的制度，在中国债务人自行管理适用较少的背景下，欲激发重整制度的活力、激发自行管理制度的活力，首先应当明确自行管理制度的适用条件，使债务人对其能否获得自行管理的职权形成合理判断。《纪要正式稿》在此方面无疑迈出了重要一步。

2. 建立了债务人自行管理的终止制度，包括终止的情形、终止的申请主体、终止的法律后果。根据此条规定，如果债务人存在《企业破产法》第 78 条规定的相关情形，如有欺诈、恶意减少债务人财产或其他显著不利于债权人的行为，或由于债务人的行为致使管理人无法执行职务的，其法律后果并不必然是《企业破产法》第 78 条规定的宣告债务人破产，亦有可能是终止债务人自行管理。此规定和理解是正当的，避免了因债务人的行为而使债权人承担债务人破产清算的不利后果。

3. 明确债务人提出重整申请时可一并提出自行管理的申请。对于提出自行管理申请的时间，实务中存在一定争议，有观点以《企业破产法》第 73 条的字面意思为依据，认为在法院裁定受理重整申请后债务人才有权提出自行管理申请。我们认为此种观点是缺乏合理性和必要性的，《纪要正式稿》对此予以正面回应。

4. 原则性区分了自行管理模式下债务人和管理人的职责分工。《企业破产法》规定，债务人自行管理的，《企业破产法》规定的管理人的职责由债务人行使，该规定与实践相脱节。实际上,对于债务人的资产调查、债权审查以及撤销权、抵销权行使等重整法律事务,尤其是可能与债务人存在利益冲突的事项不宜或不能由债务人负责,而只能由管理人负责。因此,实践中法院在准许债务人自行管理时,通常也会明确区分和界定债务人和管理人各自的职责。纪要认识到该问题,因此回本归源,规定仅将管理人职权中有关财产管理和营业经营的职权交由债务人行使,除此之外的职权,仍应由管理人行使。

另外需要注意的是,对于符合自行管理条件的,《征求意见稿》规定法院"应当批准"自行管理,《纪要正式稿》则修订为"可以批准"自行管理。该变动给予人民法院批准债务人自行管理时一定的灵活性。我们认为,在自行管理制度在我国实践发展尚不充分的情况下,赋予人民法院以必要的自由裁量权,具有其合理性。

六、重整中担保物权的恢复行使

112.【重整中担保物权的恢复行使】重整程序中,要依法平衡保护担保物权人的合法权益和企业重整价值。重整申请受理后,管理人或者自行管理的债务人应当及时确定设定有担保物权的债务人财产是否为重整所必需。如果认为担保物不是重整所必需,管理人或者自行管理的债务人应当及时对担保物进行拍卖或者变卖,拍卖或者变卖担保物所得价款在支付拍卖、变卖费用后优先清偿担保物权人的债权。

在担保物权暂停行使期间,担保物权人根据《企业破产法》第75条的规定向人民法院请求恢复行使担保物权的,人民法院应当自收到恢复行使担保物权申请之日起三十日内作出裁定。经审查,担保物权人的申请不符合第75条的规定,或者虽然符合该条规定但管理人或者自行管理的债务人有证据证明担保物是重整所必需,并且提供与减少价值相应担保或者补偿的,人民法院应当裁定不予批准恢复行使担保物权。担保物权人不服该裁定的,可以自收到裁定书之日起十日内,向作出裁定的人民法院申请复议。人民法院裁定批准行使担保物权的,管理人或者自行管理的债务人应当自收到裁定书之日起十五日内启动对担保物的拍卖或者变卖,拍卖或者变卖担保物所得价款在支付拍卖、变卖费用后优先清偿担保物权人的债权。

关于重整中担保物权的恢复行使。针对《企业破产法》第75条关于重整期间对债务人的特定财产享有的担保权暂停行使等规定,纪要在明确暂停行使一般原则的基础上,强调既要注重维护企业重整价值,也要依法平衡保护担保权人的合法权益。管理人或者自行管理的债务人如果认为担保物不是重整所必需的，应当及时对担保物进行拍卖或者变卖，拍卖或者变卖担保物所得价款在支付拍卖、变卖费用后优先清偿担保权人的债权。担保权人与管理人或者自行管理的债务人就担保权应否恢复行使发生争议的，应当由管理人或者自行管理的债务人举证证明担保物是否为重整所必需，人民法院据此裁定是否应当恢复行使。担保权人对人民法院不予批准恢复行使的裁定不服的，可以自收到裁定书之日起十日内，向作出裁定的人民法院申请复议。

最高人民法院对重整程序中担保物权的态度，整体上遵循更加注重保护担保权人、更加注重权益平衡的演进路径。《纪要正式稿》对该问题的规定，可概括为一扩张、一缩限与程序强化。

所谓一扩张，是指在《企业破产法》第 75 条的框架下，《纪要正式稿》扩大了担保物权恢复行使的例外情形，将担保物为重整所必需确定为例外适用的一种新情形，体现了在保障重整、保护其他债权人利益的前提下对担保权人更为充分的保护。

所谓一缩限，是指对《企业破产法》第 75 条规定的担保物权的恢复行使增加了但书式规定，即担保物有损害或价值减少的可能的，管理人或者债务人可以通过证明担保物是重整所必需，并且提供与减少价值相应担保或者补偿的方式，对抗担保物权人恢复行使担保权的权利。这是在不损害担保物权人利益的情况下，充分考虑了重整程序及其他债权人的需求。

所谓程序强化，是指明确了担保物权恢复行使的具体程序、时限和救济措施，这是对《企业破产法》原则性规定的具体落实，使担保物权人的权利救济更具有可操作性。另外，在此前最高人民法院颁布的《人民法院破产程序法律文书样式（试行）》中，对担保物权人请求恢复行使担保物权的请求，法院系采用复函的形式予以处理，在《全国法院破产审判工作会议纪要》中，则将复函变更为裁定书，亦表明了最高人民法院对该问题的重视。

七、管理人报酬

113.【重整计划监督期间的管理人报酬及诉讼管辖】要依法确保重整计划的执行和有效监督。重整计划的执行期间和监督期间原则上应当一致。二者不一致的，人民法院在确定和调整重整程序中的管理人报酬方案时，应当根据重整期间和重整计划监督期间管理人工作量的不同予以区别对待。其中，重整期间的管理人报酬应当根据管理人对重整发挥的实际作用等因素予以确定和支付;重整计划监督期间管理人报酬的支付比例和支付时间,应当根据管理人监督职责的履行情况,与债权人按照重整计划实际受偿比例和受偿时间相匹配。

重整计划执行期间,因重整程序终止后新发生的事实或者事件引发的有关债务人的民事诉讼,不适用《企业破产法》第21条有关集中管辖的规定。除重整计划有明确约定外,上述纠纷引发的诉讼,不再由管理人代表债务人进行。

关于重整计划执行期间的有关问题。针对重整计划执行期间与监督期间的关系,纪要明确二者原则上应当保持一致。如果不一致的,人民法院在确定和调整重整程序中的管理人报酬方案时,应当根据重整期间和重整计划监督期间管理人工作量的不同予以区别,以提升管理人工作报酬确定的合理性。

《纪要正式稿》第113条涉及正常的重整程序中重整期间和重整计划执行期间的管理人报酬,第114条涉及重整转清算情况下的管理人报酬,其要点包括:

1. 重整程序中原则上管理人的报酬应当区分为重整期间和重整计划执行期间两个阶段,分别确定并分别支付。《全国法院破产审判工作会议纪要》规定管理人报酬原则上应当根据破产案件审理进度和管理人履职情况分期支付,将重整程序中管理人报酬区分为重整期间和重整计划执行期间两个阶段并分别支付,亦是对上述分期支付精神的落实和发展。

2. 重整期间因法定事由转入破产清算程序的,应当按照破产清算案件确定管理人报酬,重整案件不再另行计算管理人报酬。

3. 重整计划执行期间因法定事由转入破产清算程序的,后续破产清算阶段的管理人报酬应当根据管理人实际工作量予以确定,不能简单根据债务人最终清偿的财产价值总额计算。结合《纪要正式稿》关于重整程序中管理人报酬区分为重整期间和重整计划执行期间的精神,该句话应可理解为:重整计划执行期间转入破产清算程序的,重整计划规定的重整期间的管理人报酬不受影响,应予正常支付。另外,我们认为,重整程序的核心工作是重整计划的制订和协商,重整期间管理人已经完成了主要的和核心的工作,而重整计划执行期间,重整计划由债务人负责执行,管理人仅履行监督重整计划执行的职责。因重整计划执行不能而转入破产清算程序的,主要是由债务人、新投资方原因或者市场变化等因素造成,而与管理人的履职程度无关。因此,管理人报酬主要应当体现于重整期间。

八、重整程序与破产清算程序的衔接

114.【重整程序与破产清算程序的衔接】重整期间或者重整计划执行期间,债务人因法定事由被宣告破产的,人民法院不再另立新的案号,原重整程序的管理人原则上应当继续履行破产清算程序中的职责。原重整程序的管理人不能继续履行职责或者不适宜继续担任管理人的,人民法院应当依法重新指定管理人。

重整程序转破产清算案件中的管理人报酬,应当综合管理人为重整工作和清算工作分别发挥的实际作用等因素合理确定。重整期间因法定事由转入破产清算程序的,应当按照破产清算案件确定管理人报酬。重整计划执行期间因法定事由转入破产清算程序的,后续破产清算阶段的管理人报酬应当根据管理人实际工作量予以确定,不能简单根据债务人最终清偿的财产价值总额计算。

重整程序因人民法院裁定批准重整计划草案而终止的,重整案件可作结案处理。重整计划执行完毕后,人民法院可以根据管理人等利害关系人申请,作出重整程序终结的裁定。

重整期间被宣告破产的,重整程序与破产清算程序属于同一个破产案件,这在实践中无甚争议。对于重整计划执行期间被宣告破产的,重整程序与破产清算程序是否属于同一个破产案件,这在实践中争议甚大。不同的地方法院在颁布的规程、指引等规范性文件中,对该问题作出了截然相反的规定。该问题源于对重整计划执行期间性质所产生的争议,有观点认为,法院裁定批准重整计划,重整程序终止,其实际效果就是重整程序的终结,其后的重整计划的执行,本质上属于合同的履行过程,不应视为重整程序的组成部分,从而将重整计划执行期间排除在司法重整程序之外。相应地,在重整计划执行期间转入破产清算程序的,即应当将该破产清算程序认定为一个新的破产案件。但该观点无法充分合理地解释和解决实践中的一些现象和问题,比如在重整计划执行期间,相关主体仍履行相应职责,如法院可出具延长重整计划执行期限和监督期限的法律文书、管理人仍履行监督职责和代表债务人参加原有诉讼的职责、债权人会议可对重整计划的执行变更作出决议等。此外,如果根据上述观点,在重整计划执行完毕时,法院不必出具执行完毕的裁定,然而对于债务人而言,该裁定是确认债务重组收益的重要依据,对债权人而言,该裁定则是确认债权损失并在财务上计提损失的重要依据。

《纪要正式稿》对重整计划执行期间的性质问题作出正面回应,使对该问题的争论可以尘埃落定。其要点包括:其一,建立了重整程序的终结制度,重整程序终止于法院裁定批准重整计划,终结于重整计划执行完毕。因此,重整计划执行期间仍属于重整程序的组成部分,而且重整计划执行完毕后,法院可作出重整程序终结的裁定。其二,重整计划执行期间转入破产清算程序的,该破产清算程序与重整程序属于同一个破产案件。其三，在破产清算程序中，原重整程序中的管理人原则上应当继续履行职责。

需要注意的是，《征求意见稿》规定：重整程序因法院裁定批准重整计划草案而终止的，重整案件并不因此结束，但人民法院审判管理部门可以对此类案件确定合理的考核标准。但《纪要正式稿》将此修订为：重整程序因人民法院裁定批准重整计划草案而终止的，重整案件可作结案处理。《纪要正式稿》的修订，应是考虑到诸如采取留债延期清偿方案的部分重整案件重整计划执行期限较长，如不能及时结案，将会在内部考核等方面产生问题。但需要说明的是，在批准重整计划草案、重整程序终止后结案的，仅系基于案件管理方案的技术性需要，其不能影响相关事项的推进与执行，如重整程序终止后，因执行重整计划需要受理破产案件的人民法院对因出资人权益调整而涉及的股权过户出具协助执行裁定书、对解除保全措施而出具协助执行裁定书等，此时法院仍应继续履职，而不能以重整案件已结案为由拒绝履职。

九、预重整

115.【庭外重组协议效力在重整程序中的延伸】继续完善庭外重组与庭内重整的衔接机制，降低制度性成本，提高破产制度效率。人民法院受理重整申请前，债务人和部分债权人已经达成的有关协议与重整程序中制作的重整计划草案内容一致的，有关债权人对该协议的同意视为对该重整计划草案表决的同意。但重整计划草案对协议内容进行了修改并对有关债权人有不利影响，或者与有关债权人重大利益相关的，受到影响的债权人有权按照企业破产法的规定对重整计划草案重新进行表决。

《纪要正式稿》第115条规定的庭外重组协议效力在重整程序中的延伸，实际系对预重整的规定。预重整是20世纪80年代在美国的破产实践中自发生成的产物，近年来，随着破产界对预重整的不断研究以及预重整案例的不断涌现，预重整被逐步发现其优势并成为当下的热点问题。中国最早关于预重整的规定应为浙江省高级人民法院于2013年通过的《关于企业破产案件简易审若干问题的纪要》（浙高法〔2013〕153号），该纪要创设的破产申请的预登记制度，具备预重整制度的某些基本特征。温州市政府于2018年12月印发了《企业金融风险处置工作府院联席会议纪要》（温政办函〔2018〕41号），该会议纪要专项对预重整进行了规定。最高人民法院最早关于预重整的规定，始见于《全国法院破产审判工作会议纪要》，但该纪要仅仅表明了最高人民法院支持对预重整进行探索的态度，缺乏有价值的原则以及具有可操作性的规则。而《纪要正式稿》则在前述工作的基础上更进一步，对庭外重组阶段的协议在重整中的效力问题进行了明确规定。

从美国的预重整规则和实践来看，预重整制度的核心内容和特征包括：信息的充分披露，重整申请前的谈判与表决，以及表决结果被直接带入重整程序。本次《纪要正式稿》直面预重整的核心问题，明确庭外重组阶段的表决结果能够有条件直接带入重整程序，这是中国预重整制度发展历程中的重大突破与里程碑。但仍需意识到的是，建立系统的预重整制度仍然有较长的路要走。从《纪要正式稿》的规定来看，其虽然建立了具有重大价值的预重整原则，但仍缺乏可操作性的规则和标准。《纪要正式稿》规定庭外重组阶段达成的协议与重整中的重整计划草案内容一致的，即可将表决结果带入重整程序中，因此，本条规定的关键在于“内容一致”，但因《纪要正式稿》未就何为“内容一致”作出明确规定，由此将导致产生一系列的问题：其一，如果庭外重组阶段的协议仅仅是重整计划草案内容的一部分，如果庭外重组阶段缺乏资产负债信息的充分披露以及偿债能力的分析等内容，此种情况下是否可视为“内容一致”。需知表决结果的直接确认必然是与信息的充分披露密不可分的，后者的缺位将导致前者丧失合理性和正当性。其二，在相关方对“内容一致”产生争议时，应当如何赋予异议人以救济权，应当由哪一主体依据何种程序作出裁判。其三，在适用本条规定时，又应当依据何种流程或程序进行操作和实施。以上种种问题，表明了预重整制度的复杂性。预重整制度的系统建立，绝非一朝一夕之事，需要在最高人民法院的精神及《纪要正式稿》的原则指引下，持续不断地进行探索。

十、审计、评估等中介机构的确定及责任

116.【审计、评估等中介机构的确定及责任】要合理区分人民法院和管理人在委托审计、评估等财产管理工作中的职责。破产程序中确实需要聘请中介机构对债务人财产进行审计、评估的，根据《企业破产法》第28条的规定，经人民法院许可后，管理人可以自行公开聘请，但是应当对其聘请的中介机构的相关行为进行监督。上述中介机构因不当履行职责给债务人、债权人或者第三人造成损害的，应当承担赔偿责任。管理人在聘用过程中存在过错的，应当在其过错范围内承担相应的补充赔偿责任。

在理解本条相关规定时，应关注以下几方面：

1.《征求意见稿》中的如下表述:“积极探索促进企业整体转让的制度机制,进一步提升破产财产处置的市场化、公开化、信息化程度,有效降低破产财产处置费用,提高破产财产处置效率”,在《纪要正式稿》中被删除。我们认为其原因是《纪要正式稿》将此部分内容移至破产部分的总说部分,即“积极推进清算程序中的企业整体处置方式”,故本条不再重复。

2. 根据本条规定,管理人对聘用审计、评估机构承担过错赔偿责任。在实务中,人民法院多采取依管理人申请摇珠方式选定中介机构。如《深圳市中级人民法院破产案件管理人工作规范》第 32 条规定:“管理人对债务人财产进行审计、评估、拍卖应当申请本院以摇号方式确定中介机构。”在采取此种模式的情况下,管理人并没有聘请审计与评估机构的自主权,而只是根据法院的摇珠结果与审计和评估机构签订委托合同,因此,管理人不宜亦不能对此承担过错责任。《征求意见稿》没有注意到此种情况,因而其规定整体上欠缺逻辑自洽性。《纪要正式稿》对此有所修订,规定“要合理区分人民法院和管理人在委托审计、评估等财产管理工作中的职责”,并且“经人民法院许可后,管理人可以自行公开聘请”。管理人自行聘请的,应对其聘请行为承担过错赔偿责任。

由管理人自行公开聘请审计和评估机构,具有其必要性和合理性。摇珠选定中介机构确实体现了程序透明,能够有效避免职业道德风险,但鉴于审计评估机构服务质量、案件复杂程度等有差异,摇珠的随机性决定了其所选出的审计评估机构并不一定能够满足案件需求。正如管理人的选任除了随机方式之外,还有公开竞争等方式,目前各地法院亦正在普及管理人的分级管理制度及重大案件竞争方式选任管理人机制等,这些措施的最终目的,是建立有差异化的市场,使所选择出的服务主体能够基本匹配个案需求。因此,由管理人自行公开聘请审计和评估机构,具有其合理性,是对目前现行制度的一种有效补充。

3. 管理人仅对其聘用行为承担过错赔偿责任,且此种责任系补充责任。管理人的赔偿责任,仅限于其在聘用过程中存在过错,中介机构不当履行职责等情形,均不能单独构成管理人赔偿责任的适用要件。其原因在于,根据《资产评估法》《注册会计师法》等法律法规及相关行业准则,审计和评估工作具有独立性要求,管理人虽然应当对审计评估机构的行为进行监督,但此种监督尚不足以使审计评估机构放弃其独立性,或尚不足以压制审计评估机构的独立性,因此,监督责任本身不能构成管理人赔偿责任的基础。

另外,管理人的赔偿责任,系补充责任,即对于已发生的赔偿责任,首先应由主责任人审计评估机构承担,在主责任人不能承担的情况下,由管理人补充承担。

十一、公司解散清算与破产清算的衔接

117.【公司解散清算与破产清算的衔接】要依法区分公司解散清算与破产清算的不同功能和不同适用条件。债务人同时符合破产清算条件和强制清算条件的,应当及时适用破产清算程序实现对债权人利益的公平保护。债权人对符合破产清算条件的债务人提起公司强制清算申请,经人民法院释明,债权人仍然坚持申请对债务人强制清算的,人民法院应当裁定不予受理。

对于该条内容,《纪要正式稿》未对《征求意见稿》进行修订。本条解决强制清算和破产清算的竞合问题。虽然根据《最高人民法院关于审理公司强制清算案件工作座谈会纪要》的规定,强制清算程序在具体程序操作上可准用破产清算程序的规定,但两者在功能作用和具体规则上还存在明显差异。强制清算程序默认的适用条件或者说工作结果是资产大于负债,债权人的债权能够在强制清算程序中获得全额受偿,因此,强制清算程序中没有设立债权人委员会的规定,没有查封措施应当解除、执行程序应当中止的规定。基于以上原因,强制清算程序的落脚点不在于对全体债权人公平清偿利益的保护,而这恰恰是破产清算程序的落脚点。因为全体债权人公平清偿利益的价值高于个别债权人的清偿利益,因此,在两者发生冲突时,应优先保护前者。也就是说,在企业同时符合强制清算和破产清算条件时,应优先适用破产清算程序。《最高人民法院关于审理公司强制清算案件工作座谈会纪要》已经表达出此种精神,根据其第32条和第33条的规定,在强制清算程序中,如果发现债务人具备破产原因的,清算组或有关权利人有权申请债务人破产,法院应当予以受理并终结强制清算程序。本次《纪要正式稿》则更进一步,将上述精神延伸至申请环节,规定债务人同时符合破产清算条件和强制清算条件的,对于债权人提出的强制清算申请,法院应当裁定不予受理。

在适用本条规定时应注意,本条仅适用于债权人申请的情形。根据《公司法解释(二)》的规定,股东亦有申请债务人强制清算的权利,但依据《企业破产法》的规定,股东不具有申请债务人破产的资格。因此,本条规定不能适用于股东,在股东申请强制清算的情况下,即使债务人同时具备破产清算条件,法院亦不能据此不予受理。

十二、无法清算案件的审理与责任承担

118.【无法清算案件的审理与责任承担】人民法院在审理债务人相关人员下落

不明或者财产状况不清的破产案件时,应当充分贯彻债权人利益保护原则,避免债务人通过破产程序不当损害债权人利益,同时也要避免不当突破股东有限责任原则。

人民法院在适用《最高人民法院关于债权人对人员下落不明或者财产状况不清的债务人申请破产清算案件如何处理的批复》第3款的规定,判定债务人相关人员承担责任时,应当依照企业破产法的相关规定来确定相关主体的义务内容和责任范围,不得根据《公司法解释(二)》第18条第2款的规定来判定相关主体的责任。

上述批复第3款规定的"债务人的有关人员不履行法定义务,人民法院可依据有关法律规定追究其相应法律责任",系指债务人的法定代表人、财务管理人员和其他经营管理人员不履行《企业破产法》第15条规定的配合清算义务,人民法院可以根据《企业破产法》第126条、第127条追究其相应法律责任,或者参照《民事诉讼法》第111条的规定,依法拘留,构成犯罪的,依法追究刑事责任;债务人的法定代表人或者实际控制人不配合清算的,人民法院可以依据《出境入境管理法》第12条的规定,对其作出不准出境的决定,以确保破产程序顺利进行。

上述批复第3款规定的"其行为导致无法清算或者造成损失",系指债务人的有关人员不配合清算的行为导致债务人财产状况不明,或者依法负有清算责任的人未依照《企业破产法》第7条第3款的规定及时履行破产申请义务,导致债务人主要财产、账册、重要文件等灭失,致使管理人无法执行清算职务,给债权人利益造成损害。"有关权利人起诉请求其承担相应民事责任",系指管理人请求上述主体承担相应损害赔偿责任并将因此获得的赔偿归入债务人财产。管理人未主张上述赔偿,个别债权人可以代表全体债权人提起上述诉讼。

上述破产清算案件被裁定终结后,相关主体以债务人主要财产、账册、重要文件等重新出现为由,申请对破产清算程序启动审判监督的,人民法院不予受理,但符合《企业破产法》第123条规定的,债权人可以请求人民法院追加分配。

针对实践中关于债务人相关人员下落不明或者财产状况不清的破产案件中相关主体的义务内容和责任范围、无法清算造成损失的责任性质、责任主体和追责方式不明,强制清算与破产清算制度适用错位等问题,纪要基于强制清算制度与破产清算制度的不同制度目标、不同适用条件,就此类破产清算案件中的责任承担问题予以纠偏,明确在破产程序终结后不能适用《公司法解释(二)》第18条第2款的规定判定债务人的原股东承担民事责任,避免不当突破股东有限责任原则。

本条系对《最高人民法院关于债权人对人员下落不明或者财产状况不清的债务人申请破产清算案件如何处理的批复》(以下简称《批复》)作出的解释。在理解本条规定时,应重点关注如下问题:

1. 关于《批复》第3款规定的“债务人的有关人员不履行法定义务”,其中的“债务人的有关人员”,是指债务人的法定代表人、财务管理人员和其他经营管理人员,这与《企业破产法》第15条规定的义务主体一致。其中的“不履行法定义务”,是指不履行《企业破产法》第十五条规定的配合清算义务。这与《纪要正式稿》本条第二段中“依据《批复》第3款的规定判定债务人相关人员承担责任时,应当依照企业破产法的相关规定来确定相关主体的义务内容和责任范围,不得根据《公司法解释(二)》第18条第2款的规定来判定相关主体的责任”所表达的司法精神是一致的。《纪要正式稿》通过对《批复》中义务主体和行为性质的解释,明确了《批复》的适用对象为破产法及破产程序,将《批复》与公司法及公司法下的程序进行了明确的切割,亦即不能依据《批复》判定相关主体承担公司法下的义务。

2. 明确增加了债务人相关人员的责任追究措施。对于不履行配合清算义务的行为,除了可以根据《企业破产法》第126条、第127条追究其责任外,还可参照民事诉讼法规定,对其予以拘留,构成犯罪的,依法追究刑事责任;另外,还可对债务人的法定代表人和实际控制人限制其出境。我们认为,上述责任追究措施虽系在对《批复》进行解释的语境下所规定,但其应统一适用于所有的破产案件。债务人的有关人员不配合清算的问题具有一定普遍性,然而《企业破产法》的责任追究措施力度有限,如对于不向管理人移交财产、印章和账簿、文书等资料的情形,依据《企业破产法》仅能对直接责任人员处以罚款。《纪要正式稿》明确除此之外,还可以采取拘留和限制出境的措施,相信能够有效打击债务人有关人员怠于履行配合清算义务的行为。

3. 对《批复》第3款中“其行为导致无法清算或者造成损失”及其法律后果作出了新的解释。从《纪要正式稿》的精神来看,《批复》第3款实际上规定了两种相互独立的情形及其法律后果,一种是上文所述的“债务人的有关人员不履行法定义务”,另一种是此处所述的“其行为导致无法清算或者造成损失”。这两种情形或者行为除了在义务主体方面一致外,在行为的构成要件、法律后果等方面均有差异。虽然《批复》将其规定在同一款条文中,但其更形同于两款不同的条文。

根据《纪要正式稿》的规定,“其行为导致无法清算或者造成损失”中的“行为”,指的是债务人的有关人员不配合清算的行为,或者依法负有清算责任的人未依照《企业破产法》第 7 条第 3 款的规定及时履行破产申请义务。“无法清算或者造成损失”,是指不配合清算的行为导致债务人财产状况不明,或者清算责任人未及时履行破产申请义务导致债务人主要财产、账册、重要文件等灭失。该两种行为所造成的相同的后果是,管理人无法执行清算职务,给债权人利益造成损害。

根据《批复》的规定,上述行为的法律后果是有关权利人有权起诉债务人的有关人员或清算责任人请求其承担相应的民事责任。《纪要正式稿》对该法律后果作出了新的解释,即指管理人请求上述主体承担相应损害赔偿责任并将因此获得的赔偿归入债务人财产,管理人未主张上述赔偿的,个别债权人可以代表全体债权人提起上述诉讼。

4. 关于《批复》与《公司法解释(二)》第 18 条第 2 款的关系。关于《公司法解释(二)》第 18 条第 2 款,此前的主流观点认为,因债务人人去楼空等原因,法院以无法清算或无法全面清算为由,裁定终结破产清算程序或强制清算程序的,债权人可依据《公司法解释(二)》第 18 条第 2 款的规定提起诉讼,请求清算义务人对公司债务承担连带清偿责任,实务中亦有较多的案例据此作出裁判。但根据《纪要正式稿》的规定,《公司法解释(二)》第 18 条第 2 款所规定的“无法进行清算”,可包括强制清算,但不再包括破产清算。亦即即使企业符合《公司法解释(二)》第 18 条第 2 款所规定的情形,但如果该企业进入破产清算程序,债权人也不得依据《公司法解释(二)》第 18 条第 2 款的规定,向相关责任主体主张连带清偿责任,而只能是根据《纪要正式稿》的规定,由管理人向相关责任主体主张损害赔偿责任,或者在管理人未主张的情况下,由个别债权人代表全体债权人提起上述诉讼,并且因此获得的赔偿将归入债务人财产,而不能由个别债权人单独受偿。这体现出破产法的归破产法、公司法的归公司法的基本原则,体现最高人民法院将《批复》与公司法明确切割的司法精神。

5. 根据《纪要正式稿》的规定,在债务人主要财产、账册、重要文件等灭失的情况下终结破产的,如果后续债务人主要财产、账册、重要文件等重新出现的,亦不得以此为由恢复破产程序,这体现了破产程序的严肃性和不可逆性。但如果符合《企业破产法》规定的,可以进行追加分配。追加分配的安排体现了破产制度的统一性和自洽性,即既能够维护破产程序的不可逆性,又不至于损害债权人的合法权益。

十三、结语

《纪要正式稿》共计 130 条、全文 4 万余字,涉及《民法总则》《公司法》《合同法》等多个部门法,含括公司纠纷、合同纠纷、担保纠纷、破产纠纷、民刑交叉纠纷等十一大类纠纷案件的重点、难点、热点问题,内容非常丰富。

破产法和破产案件具有综合性的特点,企业的破产不仅是对破产法的适用,而且会涉及公司法、物权法、担保法、合同法、劳动法等诸多法律的适用问题。我们注意到《纪要正式稿》中散落的大量规定,与办理破产案件具有密切关系。比如,合同纠纷案件中关于借款合同涉及的贷款利息基本标准的规定、民刑交叉案件的规定、商品房消费者的规定等,均与办理破产案件密切相关。

本文中我们主要对《纪要正式稿》第十章破产纠纷部分进行解读。事实上,《纪要正式稿》对破产审判、破产业务的影响是全面的、深远的,尚需进一步领悟、学习,本文对《纪要正式稿》破产纠纷部分的解读若有不当之处,尚祈业界同人批评指正。

美国破产面面观

完善我们的破产制度,给予人们第二次机会

伊丽莎白·沃伦*

卢佳帆　陶泳臣**译

我耗费了职业生涯中大多数时间,研究一个简单的问题:美国家庭为什么会破产?

当我作为一名年轻的法学教授开始我的职业生涯时,我像当时的很多人一样认为,大多数家庭是因为他们不负责任或者浪费而破产。他们过着入不敷出的生活。当他们最终尝到不负责任的恶果时,他们利用我们的破产制度,从债务中脱身而出。

但当我开始教授破产法时,我发现没有人——甚至是所谓的"专家"——对数据深入研究,去弄明白究竟是什么导致家庭陷入破产。

所以,我找到两位才华过人的伙伴,开始收集有关家庭破产原因的数据。那时,我们需要手工收集信息,但法院复印收费很高。为了省钱,我将我自己的复印机——它的绰号是 R2D2①——绑在我旁边的飞机座椅上,在全国的法院间飞来飞去,用其复印成千份破产文书,以开始了解美国家庭为什么会寻求破产。

我永远不会忘记在我第一次行程中,坐在圣安东尼奥的一个用木板装饰的法

---

* 伊丽莎白·沃伦(Elizabeth Warren),马萨诸塞州联邦参议员,曾为 2020 年美国大选民主党主要竞选人,但已于 2020 年 3 月 5 日宣布退出竞选。在参选期间,沃伦一直以对华尔街金融巨头和美国富豪的强硬态度及对普通美国家庭与少数族裔的关怀著称。她借此成功塑造了"硬核"左翼竞选人的形象,并在年轻选民、少数族裔和工薪阶层中广受欢迎。

** 卢佳帆,中国政法大学 2020 级硕士研究生;陶泳臣,中国政法大学 2020 级硕士研究生。

① R2D2 是美国著名系列电影——《星球大战》中的吉祥物机器人,陪伴主角游历于星际之间,深受广大影迷喜爱。——译者注

庭里,看着申请破产的家庭进出法庭,出现在法官面前。他们看起来就像是我长大的那个家庭——紧紧地抓着中产阶级的边缘。现在他们站在法官的前面,准备放弃他们所有的几乎一切,只为从讨债人那得到片刻歇息。

我们已经结束的研究结果表明,这些申请破产的家庭中,大多数并不是轻率或不负责任的——他们仅仅只是受到强迫他们为了固守美国中产阶级的地位而承担更多债务与风险的经济的压榨。而这意味着一次重大的违约,就可能让他们从边缘处摔下。数据显示,这些家庭中近 90%,是因这三个原因之一而宣告破产:失业、医疗问题或家庭破裂。

20 世纪 90 年代初期,国会成立蓝丝带委员会,审查破产法并提出改进意见。有人请我帮忙。一开始我拒绝了。然后我回想起在研究中遇到的那些故事。我回想起那个家庭,他们终于实现开一家新餐馆的毕生梦想,然而却破产了。曾经描述着她最后如何成功地离开虐待她的前夫的年轻而疲惫的女人,现在却独自带着她年幼的孩子和一堆账单生活。年老的夫妇卖掉他们拥有的一切,并背上债务,来拯救他们正在与毒瘾搏斗的儿子,让他一次次地进入康复中心。随后我回了电话,答应了这件事。

这就是我与银行业十年来的斗争的开始,他们正努力改变我们的破产法,来榨干工薪家庭的一切。在委员会报告到来之际,银行业撰写了一份他们自己版本的破产法法案,并让国会中的盟友提出这一法案。在业界看来,国会既可能支持"诚实的付款人",也可能支持"逃债人"。这里没有讨论将工薪家庭推向破产边缘的医疗费用上涨或失业问题的空间。我知道,这项由业界支持的法案中的数百项改变,将使陷入困境的家庭更难获得救济。

我知道我需要帮助,我很幸运在参议院找到一些很棒的盟友。参议员泰德·肯尼迪(Ted Kennedy),领导了这一斗争多年。参议员保罗·威尔斯通(Paul Wellstone)、罗斯·法因戈尔德(Russ Feingold)和迪克·德宾(Dick Durbin)都满腔热情地加入。接下来的三年里,我们竭尽所能与业界抗争。然而,参议院和众议院最终以巨大优势通过了这项业界支持的法案。但是克林顿总统在其任期的最后几天,推翻业界的计划,并否决了该法案。

在那一轮中金融业失败了,但它并没有放弃。最终,它再次召集国会中的盟友,并于 2005 年在共和党内得到的压倒性支持和一些民主党员的支持下,成功地通过了的另一个版本的法案。

银行业花费了超过 1 亿美元来将那项法案变成法律,因为他们知道这一价值远远超过他们的底线。而且他们是对的——通过变本加厉地榨取家庭，他们成功地赚取巨额利润。

但这对穷困中的家庭来说非常糟糕。法案通过后，破产申请持续降低 50%，而破产人数持续降低 25%。通过让人们更难清偿债务和及时支付房款，2005 年法案使得 2008 年的金融危机更加严重：专家发现法案“导致 800,000 美元的额外抵押贷款违约和 250,000 美元额外的抵押权回赎。”尽管业界及其在国会中的盟友声明，2005 年法案将会全面降低消费者的信用卡成本，信用卡债务成本仍会增加。

我输掉了 2005 年的那场斗争，工薪家庭为此付出代价。但我并未停止努力要求金融业承担责任，来帮助美国家庭。我开始为信用卡用户的新的保护奠定基础，并在 2007 年提出建立一个新的联邦机构，以保护美国家庭免遭抵押贷款、学生贷款和其他金融产品的欺骗的想法。帮助信用卡用户的规则，最终在 2009 年由奥巴马总统签署成为《信用卡法》。在 2010 年，奥巴马总统签署成立新的消费者机构——消费者金融保护局——这也成为法律。该机构现在已经向那些被大型银行和其他金融公司欺骗的人，返还 120 亿美元。

但我们现今的破产法还有一些严重的问题，这在很大程度上归因于 2005 年那部糟糕的法案。这就是为什么我要宣布我的计划，去废止 2005 年破产法案中的有害条款，彻底改革美国的消费者破产规则，来让美国人有更好的机会重新开始生活。我的计划将：让被债务压垮的人们更容易通过破产获得救济；扩大人们在破产过程中照顾自己和子女的权利；终止那些致使在破产时学生贷款几乎无法被免除的荒谬规定；让更多的人在破产时保护他们的房子和车，如此他们便能从一个坚实的基础上开始收拾残局，重建财务生活；帮助解决困扰我们破产制度的可耻的种族和性别差异；堵住允许富人和公司债权人牺牲其他人利益、滥用破产制度的漏洞。

一、更容易通过破产获得救济

我们目前的制度，让有需要的人们难以通过启动破产程序获得新生，这部分归因于 2005 年的破产法案。我的计划将简化程序、降低成本，使人们在破产时更加灵活地找到符合他们财务困境的解决方案。

简化破产申请流程。目前主要有两种个人破产程序——传统的第 7 章程序和耗时更长、更加严苛的第 13 章程序。在第 7 章中，破产的申请者通过交出除受“豁免条款”保护外的所有财产来清偿其债务，但保留他们的未来收入。在第 13 章中，申请者可以保留他们的财产，但需负担一个多年的还款计划。

2005年破产法案的核心是一个繁重且复杂的经济情况调查，这迫使许多收入高于州收入中位数的人，依据第13章申请破产，并且在一个持续的期间内用工资还款。这是一个很大的额外负担。在第13章中，债务人处在破产的时间更长，须向债权人支付更多。很多人都无法完成还款计划，且无法取得未清偿债务的免除。

我的计划取消了经济情况调查和针对消费债务人的两章，用一个单一且对所有消费者可适用的制度取而代之。下面将说明我的计划如何运作——

当人们申请破产时，他们将会像现在一样披露他们所有的债务、资产和收入。正如现行制度下，债权人必须停止在破产法院以外的对债务人提起的讨债行为。

申请者之后可以从一系列解决债务的选项中进行选择。可以选择的一系列方案中将包含第7章类型的交出所有非豁免的财产换取他们未偿债务的"清偿"，而且允许人们在处理他们个别的财务问题，而不用涉及所有的债务的选项。例如，有人可能通过破产来消除房产抵押贷款的逾期，同时在破产之外继续偿还其他债务。或者有人需要重组其长期债务，非豁免的财产如她需要开去工作的汽车、她想要保护的家庭住房，又或者如果债务人仅仅想要偿付她的债权人，债务人也可以选择递交一份还款计划并要求法院在执行计划所需范围内限制讨债行为的中止。

与现行制度一样，某些类型的债务是不可免除的。此外，债权人可以寻求驳回案件或以滥用为由反对个人免除债务，他们将更容易地证明高收入债务人的滥用。这些规定可以防止对破产制度的滥用。

我的计划将让破产制度简单、低廉、快速且灵活。它将取消抬高申请者成本、阻慑他们第一时间寻求破产保护的烦冗沉重的文书工作。2005年法案为美国中产阶级和富有的地产开发商设定了同样繁重困难的文书要求。两者都需要递交同样的文件——包括几个月来的工资存根和过往的纳税申报表——其中的大多数对寻求债务得到清偿的债权人毫无用处。

这些要求既昂贵又低效。无党派的政府会计工作室估计，这些要求增加第7章所要求破产申请者支付的律师费的50%以上。我的计划取消这些不必要的文书工作，而仅要求破产申请者披露他们的财产、负债、收入和开支。如有必要，法院可以随时指示人们提供更多信息。

再者，我的计划取消了2005年法案要求人们寻求申请前信用咨询的规定。这是一项成本高昂且耗时许久的要求，如果一定有的话，几乎没有证据证明它是有效的。

国会还通过对破产消费者的律师课以繁重的要求，增加了2005年法案中破产救济的成本。国会要求律师证明债务人财务披露的准确性、证明债务人支付某些款项的能力、以某些方式宣传其服务,以及向客户提供某些财务建议。这些被美国律师协会反对的规则,增加了律师的成本,然后转嫁到了消费者上,也未能充分保护消费者避开无良律师。我的计划是取消这些要求并授权地方破产法院成立纪律小组,来加强现有的用以规范低效或不诚实律师的规定的执行。

降低破产申请成本。当前,一个第 7 章的破产案件平均耗费破产申请者 1200 美元的律师费用。具有讽刺意义的是,学术研究证明了家庭和个人是如何必须为了破产存钱的。每年春天,随着退税支付给一个破产律师,以及人们经常收到工资支票的日子,破产申请数量都会激增。

更糟糕的是,很多破产申请者被重新安排更繁重的第 13 章破产,因为这是他们唯一能够负担起支付律师费的方法。这些人通常不需要更复杂、更昂贵的第 13 章程序,该程序的平均开销为 3200 美元,是第 7 章申请费用 2 倍以上。然而,第 7 章要求申请者用现金预先支付给律师,但多数申请破产的人显然现金短缺,而第 13 章允许申请者逾期支付律师费。因为人们无法负担预先支付律师费而迫使他们进入第 13 章,是一个荒谬的运行消费债务减免制度的方式。

我的计划将让人们更容易支付他们所需要的破产救济。它自动免除低于联邦贫困线的所有人的申请费,并缓慢且分阶段地收取高于该线的费用。而且它允许破产申请者在破产过程中或在破产后随时支付合理的律师费,而不仅仅是预先支付。

这些建议将使人们成本更低、更快捷地获得债务减免。速度很重要。研究表明"发汗箱"时期,即当消费者在为破产申请的决定冥思苦想时,对家庭和他们的财务健康尤其有害。2005 年法律通过延长"发汗箱"时期让信用卡公司受益。面对财务困难时,破产并不是对所有面临经济困难的家庭而言都是一个正确的解决办法,但对那些需要破产救济的家庭来说,它应当是可行的,且没有不必要的障碍和成本。我的计划将缩短发汗箱时期,并确保需要破产的消费者能够及时得到帮助。

二、扩大人们在破产过程中照顾自己和家庭的权利

破产法对于处在破产进程中的人们作出一些支出限制。我的计划是削减一些给人们——尤其是给有孩子的父母们——施加特别繁重负担的限制,且限制了他们在破产后的恢复能力。

例如,在对 2005 年法案的辩论中,民主党人提议修改法案,以使租房者可以继

续支付房租,如果这能让他们避免被强制迁出的话。虽然这项改革被国会否决,我的计划采纳它,作为一种公正的方式,让人们在破产过程中避免被难以置信的强制迁出所妨害。

同样,我的计划允许破产过程中选择还款方案的人们留出更多的钱去支付他们和孩子们的基本生活费用。2005 年,国会否决破产法的一项修正案,其允许家长在破产过程中,为他们孩子在玩具、书本和基本的娱乐活动花费一笔合理数额的钱。这是错误的——而我的计划将提供这些保护措施。

在同一次投票中,国会否决了一项允许工会成员在破产过程中继续支付他们的会费的改革——一项关键性的保护措施,以便人们保留工作并在破产过程结束后重获新生。我的计划为那些需要选择还款计划的人采取了这种保护措施。

三、终止破产中免除学生贷款债务的禁令

美国发生了学生贷款债务危机。其中一个原因是,我们的破产制度使人们几乎不可能摆脱这一债务,即使你一无所有。

在过去的四十年里,国会和法院逐渐加大在破产中免除学生贷款债务的难度。国会最初通过一项法律,规定只有在借款人表现出“过度困苦”时,才可以免除公共支持的学生贷款债务。法院最终将这一措辞解释为——为债务的免除设定一项非常高的标准——这个标准一般不适用于其他形式的消费债务。然后,国会以同样的过度困苦标准,明确保护私人机构提供的学生贷款。

这些要求损害了借款人的利益。今天,4500 万美国人正被 1.5 万亿学生贷款债务压垮,包括超过 1000 亿美元的私人学生贷款债务。而 2005 年法案几乎关闭了救济途径。

我将正面迎击学生贷款债务危机。我的学生贷款债务废除方案将为 95% 拥有该债务的人,免除高达 5 万美元的债务,消除家庭中的一个沉重的负担,并促进我们的经济。但对那些可能还有债务的人,我的破产改革计划结束了破产中对学生贷款荒谬的特别对待,使其像其他消费债务一样可以免除。

四、让人们在破产中保护他们的房屋与汽车

我还计划让人们在破产中更容易保护他们的房屋与汽车,这样的话,当他们试图重建财务生活时,可以始于更好的基础。

现行体制允许破产申请者在破产中保留一定数额的房屋净资产价值(被称为

“宅地豁免”)，但是这些价值在州与州之间不尽相同。部分州的豁免额度使这些州的人们更难以保存他们的房屋。与此同时，一些州将申请者房屋的全部价值免于破产，无论它的价值如何。这为滥用提供了契机，经常面临财务困境、名誉扫地的企业高管[如雷曼兄弟的迪克·富尔德(Dick Fuld)以及世通的斯科特·沙利文(Scott Sullivan)]以及名人[如辛普森(O. J. Simpson)以及福克斯新闻的罗杰·艾尔斯(Roger Ailes)]把搬往这些州，作为他们资产保护计划的一部分。虽然国会在2005年法案中积极作为，通过工薪家庭对虚构的“破产滥用”施加压力，但这对削减有钱有势的人实施明显的滥用机会毫无影响。

我计划设立统一的联邦宅地豁免。该豁免将设置为联邦住房金融局对破产申请者居住县的贷款额度的一半。由于县之间不同的贷款额度反映房屋市场的差异，我计划避免对于低成本房屋市场中的人们过于慷慨而对于高成本市场中的人们过于吝啬的最高限度。除此之外，以贷款额度为基准会比联邦现行的170,350美元的宅地豁免限制更加慷慨。对于大部分社会公众而言，2020年将为255,200美元。因为房屋净资产会构成有色人种社会中个人财富的更大份额，更高额的宅地豁免会在消费信贷制度中促进种族平等。

我也计划允许人们在破产中修正他们的抵押贷款额度——这通常是被法律所禁止的。对破产中抵押贷款额度的修正限制——即使其他类型的债务在破产中可以重新协商——会损害破产申请者与抵押放贷者。研究表明现行对修正的限制并没有使抵押利率持续降低。我的计划会终结这种有害限制。

我计划通过在破产中设立合理、标准的抵押贷款额度修正选项，进一步鼓励双赢的抵押贷款额度修正。

2008年的金融危机导致一场未预料到的抵押权赎回浪潮，接近800万的抵押权赎回在自2007年开始的十年内完成。不是所有这些抵押权赎回本可以被阻止，许多抵押权赎回并没有意义。在这些情形中，出借人与借款人本应能够达成双赢的修正合意。但是这些常识性交易并没有发生。

关键原因在于大部分抵押贷款已经被证券化。服务机构没有动力调整贷款额度，因为仅赎回抵押权更为容易且低廉(而且有时实际上有利于服务机构)。然而，这些抵押权赎回不仅损害借款人与出借人，对邻近财产的所有者也是。

破产目前不能为这个问题提供解决方法。我的计划可以。作为破产申请者可获得的选择清单的一部分，它提供了一个合理的预重整抵押贷款的特别破产程序，该程序将允许挣扎的房屋所有者获得法定的抵押贷款额度修正。在该程序中，如果抵押权赎回已经开始，房屋所有者证明她基于善意已经试图协商修正，她可以要求根据不动产的市场价值对抵押贷款额度自动修正，利率降为可以承受的负债收入比率。

房屋所有者从获得可以承受的抵押贷款额度中获益。出借人从比抵押权赎回收益更好的修正中获益。邻近者也从避免邻近的抵押权赎回中获益。这个常识性提议不应当只是双赢，但是破产中抵押贷款额度修正的可能应当鼓励更多破产之外的可协商的修正。

最后，我计划帮助解决"僵尸"抵押。抵押贷款的出借人有时启动，但不完全地，抵押权赎回，以避免承担不动产税收义务以及抵押房产上的违法责任。当房屋所有者已经腾出房屋，结果就是"僵尸"情形，在这种情形中，房屋所有者仍然承担纳税义务以及违法责任，但是并没有使用房屋。我计划通过让不再居住的房屋所有者能够强制出借人完成抵押权赎回或者以其他方式获得对不动产的权利并且支付其持续不断的费用，从而利用破产法"杀死"这些僵尸抵押。这将使家庭能够继续他们的生活，无须对他们不再居住的原不动产承担额外责任，以此获得全新的开始。这也将通过减少被抛弃以及荒废的不动产数量来帮助社会。

不仅是保护房屋，我同样计划为人们的汽车提供更加公平的保护。对超过三分之一的破产申请者而言，汽车代表他们最重要的财产。对于这些挣扎着的美国人，家庭汽车是破产安全网需要保护的主要财产。而且对汽车的使用通常是能够继续工作、接孩子去托儿所以及开始重建财务的要求。

作为 2005 年破产法案的一部分，国会使第 13 章的破产申请者更难以保留他们的汽车。根据之前的法律，债务人可以通过在合理期限内向出借人支付汽车的合理市场价格以保留他们的汽车。但是 2005 年法案改变了该法，以至于想要保留他们的汽车的家庭，通常偿还高于汽车的合理市场价格；他们必须支付全额的自己最初的汽车贷款，无论车辆的实际价值。

家庭不应当必须支付高于汽车的实际所值以保留它。这是为什么我的计划否定 2005 年破产法案的要求，使破产申请者更容易保留他们的汽车，并且保证他们的全新开始包括开始工作、上学以及看医生的能力。

五、消除破产制度中种族与性别差异

破产不是平等地影响所有人——它折射出我们经济中制度的不平等。女性和有色人种更有可能申请破产，这是某种程度上贫富与收入差异的反映。这种情形对中产阶级家庭尤其紧迫:我调查发现,黑人中产阶级家庭比白人家庭申请破产的可能性高出3倍,拉丁家庭是白人家庭的2倍。美国留存的贫富差距意味着有色家庭的平均财产远少于白人家庭——与此同时,有色家庭更有可能受到掠夺成性的贷款手段的伤害。

我们现有的破产制度中的结果同样不平等。美国黑人似乎更可能根据第13章申请破产,这是要求人们偿还多年以清除债务的成本更高且更加烦琐的破产形式——当他们努力偿还时还会使许多人陷入更糟糕的境地。数据同样表明黑人申请者的案件更有可能被驳回:生活在主要为黑人的地区的人们的案件被不予受理的可能性比那些生活在主要为白人的地区的人们高2倍。

我在对破产改革的数年争论中关于破产的差异性影响,已经敲响警钟。我大声喊出申请破产的中产阶级家庭在经济保障中的种族差异。我发表文章说明破产改革是一个女性问题,女性——实际上,从四年制大学毕业或申请离婚的女性比男性更多——将受到国会正在考虑的改变的影响最大。

以上我列举的改变——例如排除对黑人破产申请者进入第13章的操纵的单一进入要素的新制度、新宅地豁免以及取消经济状况审查——将帮助解决破产制度中部分可耻的种族与性别不平等。但是我也计划采取额外措施:

地方罚款。根据现行法,申请破产的人们一般不能豁免地方政府的罚款。虽然部分罚款具有重要的政治功能,但许多罚款是作为针对低收入黑人社会,尤其是真实的轻微犯罪的财税收入的退化形式。我计划排除对地方罚款的特殊权利,除了与死亡、人身损害或其他威胁公共安全的过分行为有关的罚款。

公民权利的债务。现行法律虽然阻止人们豁免地方罚款,但是允许豁免因侵犯公民权利产生的债务。这是不能接受的,尤其是警察暴行,特别是对手无寸铁的黑人孩子与成人的射杀,仍然是我们国家的严重问题。我计划改变法律,使其明确个人不能免除因对侵犯公民权利的授权,如警察暴行等,而产生的债务。

改善资料收集与审查。当个人提交破产申请时,他们有义务制作信息披露清单——但不是他们的种族、性别或年龄。虽然专业学者收集大量信息的努力可以帮助公开有色、女性以及年长的美国申请者的不同经历,但是如果我们较为系统地收集这些信息,我们可以继续改善我们的破产制度。这就是为什么如果他们选择的话,我计划邀请破产申请者提供他们的种族认同、性别以及年龄。

我的计划同样解决我们现有破产制度中严重的性别差异。因为制度歧视,即使从事相同的工作,女性的收入通常少于男性,而且女性往往需要比男性花费更长的时间偿还贷款,因此她们支付更多的利息。解决潜在的性别不平等问题可以从源头减少部分破产需求。但是这需要一个破产制度。

更为简单的个人破产制度的单一入口以及用一次性个人财产豁免替代诸多选项种类,与宅地豁免分离,将帮助实现这些价值。一次性个人财产豁免将由全家人提供,由受赡养者数量调整,而不是全家人中破产申请者的数量,以此防止仅保护父母一方与孩子。

除此之外,我计划为离婚赡养费、子女抚养收入、儿童税收抵免以及所得税抵免增加额外保护,确保人们(特别是单亲母亲)将有能力支撑他们的家庭,回归经济保障的正轨。这些源于他们的收入与财产将成为豁免财产。

六、堵住使富人获益的漏洞,打压大型企业

当现行破产制度对工薪家庭强加各种阻碍时,它还包括了使申请破产的富人获益以及无法使违法公司负责的漏洞。我计划堵住这些漏洞并且强加更多责任,以使我们的制度更加公平。

使富人获益的漏洞。在某些州,如特拉华州,富人可以申请破产,并且通过将财产放入使他们自己受益的信托来庇护他们的财产,以此获得债务豁免。这被称为"百万富翁的漏洞"。作为2005年破产立法的一部分,国会在驳回能真正关闭它的立法时,假装堵住这个百万富翁的漏洞。我计划通过确保自行建立的信托以及可撤销的信托中的财产不能从债权人的破产债权中豁免,以彻底缝合这个百万富翁的漏洞。我同样计划封锁有关的"挥霍条款"漏洞,该漏洞允许"家族信托"的受益人避免偿还他们的债权人(当善意维持该保护使无资格信托具备资格时)。

我也承诺给予破产法庭更多解决欺诈的手段。例如,根据现行法律,说谎并提交有关他某个财产的欺诈性文件的破产申请者被授权豁免,即使他被发现说谎。我计划堵住这些巨大的漏洞,以使法庭可以驳回对申请者隐瞒或说谎的财产上的豁免。

我还计划巩固"欺诈性转让"条款。欺诈性转让条款允许债权人追回破产申请者出于阻碍、拖延或欺骗债权人的目的作出某些转让。例如,欺诈性转让条款适用于已经将财产转入信托以避免支付离婚赡养费的赖账的前配偶。限制实际的欺诈性转让的联邦法律比某些州的更为简短,所以我计划扩展联邦的限制条款,以配合最长的州的限制条款。除此之外,为了阻止第三方接受这些欺诈性转让,我计划更新联邦刑法,以增加对明知性参与、帮助与支持,或者接受实际的欺诈性转让的

处罚。

债权人的责任。我同样计划打击违法或在破产程序中以其他方式不公平地压榨家庭的大型公司。例如，部分公司将利用破产程序催收债务，即使他们拥有违反消费者金融保护法的追踪记录。通过驳回违反消费者金融法损害债务人的债权人的债务，我计划增强我们的消费者保护法的威慑作用，并且帮助确保债权人以及他们的代理人更加守法，例如，贷款服务商与债务催收公司。

我还计划阻止公司催收不再有效的债务。在破产中，许多债务催收公司试图催收已到期债务，与此有关的限制条款正在实行，通过填满仍需清偿的债权以期望没有人会注意到他们对该债务不再享有催收的权利。这种行为会损害所有涉及的人，包括其他享有具有法律效力的债权的债权人。最高人民法院错误地规定，争取使已到期债务获得清偿不违反《公平债务催收实践法案》，所以现在是取决于国会修复法律时候。这是我的计划所做，明确已到期债务的催收是违法行为。

而且我计划允许个人起诉，以阻止债权人力图收购在之前的破产中已经被豁免的债务。这是很平常的，债权人，尤其是以低成本收购债务的企业，试图收购在之前的破产中已经被豁免的债务。这在数十年来都是非法的，但是实践仍然保留，因为法庭限制了处理该不当行为可获得的补偿。正如美国破产协会消费者破产委员会建议，我计划给予破产申请者提起诉讼并且让法庭命令对违反该法的债权人造成的损害进行补偿的权利。我还计划给予法庭在自己发现该恶行时强加有效制裁的权力。

最后，消费者贷款通常包含要求借款人通过仲裁解决法庭外任何纠纷的条款。我计划确保债权人不能继续他们在破产程序中通过强制仲裁追击消费者的努力，作为我面对不公正的强制仲裁条款的更宏大的斗争。破产申请者与债权人之间的纠纷应当在法庭中作为破产程序的一部分被公开、透明地解决，而不是在紧闭的门后的强制仲裁程序中。

薪火相传

伊丽莎白·斯通*

卢佳帆　陶泳臣**译

从事法律职业三十载，我有幸能够从一些最优秀的人身上收获良多。他们当中大部分人是法官或者律师，有一些在我担任法官前已经参与案件，有一些是委托人，还有相当一部分是后勤人员。其中至少有一条职业上的至理名言，来自最可靠的人，也就是我的母亲。

对于这些思考，我们最应当做些什么呢？当然，将其铭记，不断思考，努力践行。但在这三十年中，我学到的不仅是这些，更多的是如何看待他人的思考，这不断提醒着我对帮助过我的人的亏欠。现在将我的诸位人生导师的至理名言分享给你们，才是对他们才识的最好回馈。

第一，法律从业者可以拥有的第二好的工作。当我担任美国马萨诸塞州地区法院大卫·马佐尼(Hon. A. David Mazzone)法官的法官助理时，他告诉我，我拥有一名法律从业者所能拥有的第二好的工作，即担任一名联邦法官的法官助理。在那时，我还没有意识到这些话语背后的人生智慧，但是我实实在在地知道，有机会担任他的助理，的确是一件非常幸运的事。

当我19年后成为一名美国破产法院的法官，再次回想起这些话，它们那时对我有什么影响吗？在1983年，我明白法官助理是一个非常宝贵的职业机会，更重要的是，是一个为公众服务的机会，在这里我们一起努力，就能够有所改变。我预感到我能够每天学习到新的东西，后来事实证明确实如此。

---

* 伊丽莎白·斯通(Hon. Elizabeth S. Stong)，美国纽约东区破产法院法官。本文翻译已获得作者授权。

** 卢佳帆，中国政法大学2020级硕士研究生；陶泳臣，中国政法大学2020级硕士研究生。

但在二十年中,我学到了更多的东西——我各方面的生活经历对于自己担任法官这一角色都有所帮助。我还认识到,没有什么技巧,会比从各方角度看待一场辩论,或者从各方诉讼参与人的视角看待一个争议焦点更为重要。我同样感谢我独特的生活背景,以及我的法官助理和实习生的多样化的背景,它们在我开展工作时发挥着无可替代的作用。这些道理与声誉威望、职业认同感,让这份职业成为一名法律从业者能够拥有的最好的工作。

第二,做你自己。不再担任法官助理后,我成为纽约一个大型律师事务所诉讼业务的律师助理。在律所工作初期,我被指派去获取一个合同案件中被告的书面证词。我曾经听说过很多具有挑衅意味甚至令人厌恶的听证策略,并且怀疑自己作为一个资历较浅的律师,肯定会成为别人的目标。当我准备去获取证词时,我联系了一个律师合伙人,寻求开展工作的建议。

如我所料,他告诉我做好充分准备,并且仔细聆听证人的证言。但是,他也告诉我一些令我惊讶的建议,一些从那以后我已经分享给无数律师们的建议。他告诉我,不要试图模仿别人的风格,只需要做我自己。

做我自己!多么不可思议的建议。我从来没有获取过书面证词,除了阅读过文字记录外,我从来没有类似经历。在20世纪80年代中期,律所的诉讼业务中几乎没有女性律师助理,更没有女性合伙人,所以具有性别差异的行为模范确实匮乏。换言之,和我共事的人中,没有人看起来或听起来和我相似。这位给我这个意料之外但充满智慧的建议的合伙人,知道我应该做好了模仿其他人的充分准备,但也知道如果我通过自己的经历去形成自己的风格和方式,我会做得更好。

二十年诉讼律师的职业生涯,让我确信这是我收到过的最好的建议之一。做你自己往往并不容易,特别是当你在会议或者合议庭中与众不同时。发现你是谁、定义你的风格、分辨你的方式是极具挑战性的,但是最终,相比于模仿其他人,做你自己会使你变得更好。

第三,忠于自己。多年前,我参加了法学院的校友会。实际上,它主要是一场女性校友会,以纪念1953年第一届拥有女性的毕业生。在闭幕式上,一位成功律师分享了她的经历,反思了她如何在多元的、出色的事业中作出选择。我需要说明的是,一份事业必然是周密的计划和不断选择的结果。

令我惊讶的是,她欣然承认自己不时会在事业选择中犯下错误。她坦率地指出,只有她没有忠于自己时,这种情况才会发生。她还发现,当她用对他人关系重大的,但是对自己并没有那么重大意义的标准评价自己的选择时,她也会犯下错误。

我们都会作出事业上的选择，而且比想象中更多。决定从事一份新的职业当然是事业上的选择，但是决定不从事一份新的职业也是选择。决定参加律师协会委员会，或者接下一个公益性案件或业务，抑或寻找一位导师——或者成为一位导师——是事业上的选择，但是同样，决定不去做也是选择。不去做是一个选择，并且可能成为一个事业上巨大的错误选择。

她的话让我开始思考，我是如何作出事业选择的，不仅包括像离开私人律所去做一名法官这样的重大选择，也包括是否接下某个案件、是否寻找提供公益法律援助的机会、是否加入律师协会委员会等，几乎每天都要作出的小选择。最终，我总结出了一种能够帮助我很好地作出选择的方法。

首先，我会问我自己，“这是我真正在意的事情吗？”如果是，我会继续思考；如果不是，这件事或许不值得我花费时间。接下来，我会问自己，“我的参与会让它有所不同吗？”这个问题是最难的，因为究竟是否会有所影响是一件很难判断的事情。随后，基于现实考虑，我会问自己，“它是一份固定的差事，还是没有确定答案的？”如果它是一件我非常在意，并且相信自己可以使其变得有所不同的固定差事，我就会坚定地尽我所能去参与其中。通过这种方法，我会真正地忠于自己。

像这样思考的前提，是你明白自己在意什么，这样思考也会帮助我发现自己在意什么。所以我究竟在意什么？我想要成为一名优秀的法官，一名优秀的执业者，一名社会优秀公民，一名优秀的家长。当其他人想要为我打开一扇门时，我也想要为别人打开一扇门。我想要实现和维持一个公正的为所有人提供机会的多元化的法律事业，我想要把握每一次在这些领域有所作为的机会。

第四，每个人都很重要。最近我跟一家大型律师事务所的高级合伙人及总法律顾问在工作用餐时谈论小组计划，我们约在一家大型金融机构的餐厅。令我震惊的是，许多工作人员——包括服务员和其他人员——找到我们的桌子来跟那位高级合伙人打招呼，他也很热情地回应了每一个人。其中一位过来悄悄告诉我，“你知道的，我们喜欢他是因为当每个人在这里整晚整周地工作的时候，他会感谢我们！我们都记得！”

最近，我主持一个为法律界女性工作者举办的会议，其中一位主讲人是一名非洲裔美国女性，她是一家大型跨国公司的总法律顾问，她详细讲述了她面试这个职位时的故事。其中一位面试官对她原本的律所非常熟悉，他不仅联系了与她直接相关的人员，比如她的合伙人和委托人，还联系了他认识很多年的收发室的工作人员。在被聘用之后，她了解到这位收发员的推荐，对她的入职决定举足轻重。

总而言之,每个人都很重要,人们都会注意到。作为一名曾经担任过律师的法官,我很清楚权力与声望并不是个人选择视角或达成共识,或者说影响评价的绝对要素。一位收发室的工作人员不可能成为你另觅工作的推荐人,但是记住这位总法律顾问的故事,不要忘记感谢每一位帮助你完成工作的人。

第五,他们需要选择某个人,那个人可能就是你。很久以前,在我父亲失业后,因为高昂的大学学费,我申请了我能找到的所有奖学金。我写文章、参加竞赛、参加资格考试,所做的一切,都是为了能够实现进入我可以上最好的大学的梦想,无论它在哪里,无论需要付出多大的代价。实话说,我并没有意识到自己追求的事情有多大的风险。一天夜里,当我在写一份奖学金申请书以获得州级奖学金资格时,或许我变得有些失落——我不太记得细节了——我母亲说,"他们需要选择一个人,那个人可能就是你!"这句话让我大笑,但更重要的是,它让我坚持了下去,甚至更加努力。这句话一直伴随着我。多年后,当我申请研究生奖学金时,我又想起了这句话。数十年后,当我决定申请联邦法官的职位时,我又回想起这句令我重拾信心的话,"他们需要选择一个人,那个人可能就是你!"虽然我有许多理由不去申请这个职位,但是这句简单的话帮助我克服困难,并且不断追求那些对我真正重要的事情。

你或许足够幸运,找到一位能够在你思考如何实现你真正想要的东西时,指引你的行为榜样或者导师。你或许拥有无数支持者和朋友组成的关系网,抑或一位曾选择与你相似道路的引路人,你或许没有。关系网和行为榜样都是宝贵的,但是有时候你应该成为你自己的导师。所以,寻找那些你可以站立的肩膀——它们比你想象中多得多,有时在看似不可能的地方——但是不要忘记,"他们需要一个人,那个人可能就是你!"

第六,凡事皆有原因。我跟一位对于人和环境十分敏锐的助手共事多年。当她感到一些事情不对时,她通常会观察,"事出有因……"伴随这种精神,确保自己的结论"并非空穴来风",我提出下面具有实践意义的建议:

对你的职场生活保持激情,保持高标准!你会比你期望中获得更多职业认同感。

对你自己,至少比别人对你更加认真。

采用最高标准的职业要求践行法律,并为此感到荣幸。

跟你在意的人,一起参加致力于解决你热衷研究的问题的律师协会或其他组织机构。

在寻求建议时不要犹豫不决,明白你能够从每个人身上学习到东西。

寻找机会并且不要害怕冒险——风险越高,收获越大。

努力与机遇的创造

——贾维南律师访谈录

陈夏红　谢　琳*

克里斯托弗·贾维南(Christopher Jarvinen)律师现供职于 Berger Singerman 律师事务所,担任该所企业重组部合伙人,此前在 Richards Kibbe & Orbe 律师事务所与 Hahn & Hessen 律师事务所担任合伙人。贾维南先生在波士顿学院(Boston College)取得法律博士学位,并取得牛津大学管理学硕士学位。

贾维南先生是美国法学会(American Law Institute)、美国破产法学会(American College of Bankruptcy)、国际破产法协会(International Insolvency Institute)的成员。此外,他被钱伯斯(Chambers)评为破产及重组方向的杰出商事律师(leading business lawyers for business - bankruptcy/restructuring)。

2019 年上半年中国政法大学破产法与企业重组研究中心通过富布赖特项目,有幸邀请到贾维南律师来访问,我们也有机会听他分享他在纽约和佛罗里达执业,以及开展美国、欧洲(尤其英国)还有拉丁美洲相关业务的故事与经验。以下为访谈实录。

陈夏红、谢琳:请问您为什么选择来访中国?

贾维南:中国政法大学破产法与企业重组研究中心(以下简称"中心")邀请我来中心访问,我便欣然接受了邀请。在来到这里之前,我与中心没有任何接触。我觉得我收到邀请主要是因为我所从事的工作。我在纽约和佛罗里达执业,主要专注于以下三个地区的业务,美国、欧洲(尤其英国)还有拉丁美洲。当我不在美国的时候,我通常在巴西。

---

* 陈夏红,中国政法大学破产法与企业重组研究中心研究员,《中国政法大学学报》副编审;谢琳,北京大学博士研究生。

陈夏红、谢琳：作为中心首位富布赖特访问学者，可否请您谈谈愿意来访中心的理由？

贾维南：很荣幸有机会访问中心。中国市场规模非常大，在这种经济环境中公司重组变得十分重要。有这样一个机会访问中国一流大学以及设立于全球最大经济体之一的破产与重组学术研究中心，我的答案很明显是"肯定的"。

陈夏红、谢琳：请问您来访是为了发展中国市场吗？

贾维南：我并非基于商业考虑才选择富布莱特访问计划。我已经 54 岁，是美国一家律所的高级合伙人。很幸运，我的客户给我机会，让我有时间来此访问。唯一的遗憾是此次访问终究会结束，而我想留下来。造访越久，就越能提出更多关于企业重组和其他问题行之有效的解决方法。并且，对不同文化背景的体验越广泛，也能使我对当地居民的偏好研究更深入。只不过，七周的时间真的过得太快。

陈夏红、谢琳：您的学习经历丰富，请问可以谈谈为什么造访那么多不同的大学吗？

贾维南：因为我好学。我喜欢将教学与学习同时进行，并且我一般两者都能兼顾。

我的一些选择有一些偶然的因素。我最先去了哈佛大学神学院以期成为一名牧师。后来我想拿一个法律学位，因而去了法学院。真正进入法学院学习的时候，我觉得有些乏味，为了学到更多我又去了耶鲁，同时也没有放弃法学院的学习。后来我认识到商学院学位的价值，想要再攻读一个商学院学位。但是我想看看其他地方，不想继续在美国学。因为到了不同的地方，学习的内容不限于学术上的学习，还有当地人文的学习，并且不得不学。因此，十多年前我去巴西攻读了一个商学院硕士学位。我一直对管理重大项目感兴趣，因而我去了拥有最强管理专业的牛津大学。这些选择都存在一些偶然性，极大地丰富了我的人生阅历。我想终身学习是很重要的，很多美国学者在获得硕士学位后马上攻读博士学位，接着进入教学生涯。但是我并非学者，不是教授，也不像你一样是著名期刊编辑。我是一个执业律师，我的首要职责是为我的客户服务。我只是相信，终身学习是一个理念，你需要持续不断地使自己获得新的知识。即使我每年要工作两三千小时，我也仍然努力挤出学习与教学的时间。

陈夏红、谢琳：您事务繁忙，请问您如何进行时间管理？

贾维南：我每天很早就开始准备工作。在邮件、电话到来之前的两小时，我会起草或者修改日程清单。我习惯将当日或者本周需要做的事情列在清单上。刚才在等待会见之前,我就在修改我的清单。我喜欢将事项写下来。时间管理是一门学问,我也仍在学习中,希望可以进一步提高我的时间管理技能。

陈夏红、谢琳:请问什么事项是您的优先项?

贾维南:我的优先项一般是我的客户。不过在这七周,中心、你们、这里的学生以及其他与中心相关的人,是我的优先项。我的专业是我的热情所在,我大部分时间都花在与专业相关的事情上。我总是在思考,因为律师是问题解决者。我试图高效解决问题,从而避免对客户收费过高,尽可能少收费。我同样对企业重组非常感兴趣,不喜欢税收等领域。聪明的人往往选择税收领域。税收领域对我很难,但是破产领域对我具有天然的吸引力。我很享受其中,我喜欢拯救企业,喜欢“改善”财务困难的资产负债表,喜欢保护人们的工作。这种类型的工作让我感到快乐,这是最吸引我的地方。

陈夏红、谢琳:请问最开始是什么吸引您成为一名重整律师?

贾维南:我成为一名公司重整律师纯粹出于偶然。我曾经在一个完全不同的领域工作,那份工作使我非常痛苦、非常不开心。我不喜欢从事那种类型的法律工作。我从那个纽约精英大所辞职后,与一位纽约破产律师共进午餐。他是一个非常棒的人,他的个性和工作吸引了我。我了解了一下他的工作内容,发现很感兴趣。又逢 2000 年是进入破产律师行业的绝好时机,当时纽约律所的破产业务正在扩张中。几周后我就受雇于一家新的纽约律所,该律所的破产业务在当时广受好评。我很幸运在我对破产一无所知的情况下,仍然可以从他们那获得从事破产工作的机会。

工作第一天,高级合伙人过来对我说“准备行动”(clear the decks),我们要去参加一个潜在客户的“投标”(pitch),需要准备“投标书”(pitchbook)。当时我并不了解什么是投标、什么是投标书。后来才知道投标是参与潜在客户的会谈考查,而投标书则是在会谈中需要提交给潜在客户的材料,其中包括律所的推介资料。我成长很快,在职业生涯早期就领悟到了身为律师的艺术包括法律和商业两个方面。合伙人给我之前投标中使用过的投标书让我学习,我准备了新案件的投标书,最终获得了无担保债权人委员会的代理权。亲身参与第一个破产案件之后,我就喜欢上了破产业务。因为我开始意识到公司重组的核心是保存价值,为客户提供怎样在经济困难的情况下保存价值的方案。同样,我也很喜欢作为公司重组律师的日常工作,例如起草请求、与客户沟通、在法庭上与法官沟通,经常要像讲述一个精彩的故事一样讲述方案,吸引各方的兴趣,就像一部精彩的电影或书。讲述精彩动人的故事、起草文件以及在法庭中辩论都非常吸引我,且我发现我很擅长做这些事情。

1999 年,当我还在最开始的那家大律所工作时,我发现助理一般都没有出庭的机会,他们只能为其他出庭律师起草文件。大概要到工作的第五年他们才开始有出庭的机会,他们被视为“副手”(second chair)律师,而不是在法庭上辩论的主办律师,或者“首席”(first chair)律师。副手律师在法庭中的座位次于首席律师,便于承担辅助工作。

我比大多数人就读法学院的时间晚了十年。在美国,多数人 22 岁从大学毕业,然后直接进入法学院。他们大概于 25 岁获得法学学位。而我的成长路径跟大多数人不一样。在成为律师之前,我曾在华尔街工作,32 岁才进入法学院,毕业时已经 35 岁。我没有更多时间在我法律职业生涯初期花在等待上面,更不用说要花另一个五年才成为二把手律师。我希望可以直接出庭,成为首席律师。我喜欢在法庭中的感觉。因此,我很偶然地成为一名破产律师助理。二十年前,我向纽约的约五十家律所投递了简历,一个月内获得了好些工作机会。在我找工作的时候,破产业务正好处于扩张时期,自我努力与机遇恰好完美结合。

陈夏红、谢琳:可否问您一个较私人的问题,当然,您可以拒绝回答。您年收入大概多少?

贾维南:我想您问了两个问题。一是美国破产重整领域律师的收入如何;二是我的收入如何,这取决于我所在律所针对第 11 章案件的收费水平。

律师的待遇取决于工作的律所是不是大的精英律所。如果是在大的精英律所,待遇视精英大所之间的市场竞争情况而定。例如,20 年前,我刚刚开始在纽约的一家精英大所工作时,一年级律师的起薪是每年 125,000 美元。我想现在纽约律所的起薪是每年 190,000 美元,不包括奖金。纽约大所的合伙人每年可挣数百万美元。我一开始是每年 125,000 美元,第二年涨至 135,000 美元,第三年为 150,000 美元,第五年为 165,000 美元。在大律所,决定待遇的不是你是谁,而是你所处的“年级”(class year),即你从法学院毕业的年份。薪水的获得以作为助理付出的工作时间为基础。在律所工作八年后,一般的律所都会考虑升级你为合伙人。当然,刚刚所说的这类律所只占一小部分。在大多数律所中,律师助理的待遇很灵活,受到多个因素影响,例如律所收入、律师助理是否带来了新的业务等。

关于第二个问题,即一般律所处理第 11 章破产案件可以获得多少收入。第 11 章的案件涉及很多交易。当我说第 11 章的时候,只是指企业重组。申请破产保护的企业聘请的律师首先要向法院提出申请,以在破产案件中代理债务人企业。申请应当向法院提供的信息,应当包括律所代理债务人企业所要从事的活动的类型,并且要声明在该案中代理债务人企业不存在任何利益冲突,律所中负责该案相关事务的专业人士的小时费率以及其他信息。律所可以收取的费用取决于律师在代理过程中所承担的必要合理的工作。法院批准了保留申请(the retention application)之后,律所要再提交一个费用申请,获得法院批准之后才可以获得报酬,一般约每四个月提交一次。法院审查费用申请非常仔细,费用申请通常数百页,包括相关的明细以及工作小时记录,例如,我做了什么、相应收费多少。如果法院认为费用申请合理且必要的话,法院就会批准该费用申请。

重要的是,传统收费方式是计时收费。当我在佛罗里达工作的时候,每小时收费 625 美元;在纽约工作的时候,每小时收费超过 1000 美元。不过,除了计时收费方式之外,也有其他的替代方式。替代计时收费安排(alternative billing arrangements)在美国现在越来越流行。依据替代计时收费安排,不对我的客户采用计时收费,可能按月收费,例如,每月 10,000 美元,然后承担客户所有的工作。对于我经办的破产案件,我一般计时收费。

陈夏红、谢琳:在中国,管理人报酬往往与债务人无担保财产总额相关。一般情况下会给予折扣,折后报酬往往就不太高了。请问报酬可以由债权人或者其他方式决定吗?

贾维南:依据 1978 年《美国破产法》的设计,从事破产业务的律师与从事证券、诉讼和公司事务的律师获得的报酬水平相当。据我二十多年从业经验来看,与其他非破产案件客户相比,我不一定需要给第 11 章的客户提供折扣,无论是代理债务人还是债权人。我的工作内容是公开的,通过我向法院提供的费用申请可以查到。任何人不同意我在代理债务人企业过程中的收费,都可以提出反对。债权人可以反对,债务人企业中的员工也可以反对。并且需要注意的是,在提交费用申请之前先要获得客户同意的保留申请。在大多数情形下,这是获得债务人企业代理权的通行证。如果你代理一个债务人企业,债务人一般会很乐意与你一起工作。因为多数公司重组业务是"资产负债表"重组。通过资产负债表重组,债务可以在破产过程中移除,由此,公司的资产负债表可能可以减轻数十亿美元的债务,而相应的破产案件律师费用成本可能只需要几千万美元。

同样,《美国破产法》中有一个独特的规定,据此在第 11 章大型案件中设立"无担保债权人委员会"。这些委员会扮演着破产案件中所有非担保债权人集体利益的受托人角色，并且在破产过程中拥有广泛的法定权力“监督”债务人，并与债务人企业就重组计划进行谈判。这些委员会的一个主要目标就是要使非担保债权人的利益最大化。这些委员会需要聘任专业人士，如律师和财务顾问，以帮助他们完成在破产案件中的角色。但是重要的是，法院批准的这些委员会聘任的专家人士的费用和支出，将由债务人企业支付，而不是组成这些委员会的成员支付。这是平衡债务人企业与无担保债权人之间力量的一个方式。无担保债权人的主张没有优先权，在破产案件的清偿顺序中处于底端。所以，委员会有很强大的动力获得好的建议以及其他专业服务。

我在美国从业的风险是当我代理债权人委员会时，有时会遇到债务人企业进入破产清算的情形，即债务人停止营业，难以重组，破产案件从第 11 章的重组转向第 7 章的破产清算。如果案件转换，通常意味着债务人企业资金用尽。在这样的情形中，我代理债权人委员会所做的工作，可能无法获得报酬。这在我的职业生涯中出现过几次。没有获得报酬，不仅仅是因为债务人企业没有足够的资金，还因为案件从第 11 章转向第 7 章，导致基于第 7 章程序产生的费用，优先于所有基于第 11 章程序产生的费用。如此情形下，在支付了第 7 章程序所产生的费用之后，通常没有什么钱再用来支付第 11 章程序所产生的费用。

陈夏红、谢琳：请问您为什么没有选择成为个人破产律师？

贾维南：第 11 章有关企业的案件大概只有 7600 件。但是有几十万的消费者破产案件。我的专业领域不是消费者破产，是企业重组。对于我来说，拯救企业更具有挑战性，但是有很多律师处理消费者破产案件。很多第 7 章或第 13 章案件允许消费者破产。过程很简单，处理起来一般很容易。律师处理具体的消费者破产案件，所需时间较少。

并且，在消费者破产案件中也有很多具有挑战性的问题。这是一个完全不同的环境，机遇与挑战并存。

陈夏红、谢琳：请问您怎样看待美国当前的消费者破产？优势和劣势分别是什么？

贾维南：不过我的确为经济困难的、正处于不幸情形中的个人提供一些无偿服务与帮助。如果中国建立消费者破产制度，那么将给人们第二次机会，我觉得这是前进了一步。我相信诚实的债务人值得通过债务豁免获得第二次机会。并且，很大一部分自然人破产原因是疾病导致的无法预料的医疗费用，以及失业或者离婚。

陈夏红、谢琳：美国自然人破产制度建立的基础是债务豁免理念，但是在中国我们没有类似的文化。

贾维南:这很重要。我们并不认为破产的人是做了错事的人。好人也可能破产,如离婚或者一些意外都可能导致人们破产。在文化上并不看好时,怎样建立一个豁免债务的框架,这在中国是一个挑战。

挑战并不仅仅来自文化,同样还来源于东西南北的地域差异。例如,也有其他国家不允许自然人破产,比如拥有超过2亿人口的巴西。我想中国可以参考其他允许自然人破产的国家中的一些做法,设立一个适合中国特色的个人破产制度。

陈夏红、谢琳:关于文化背景,请问您觉得最重要的因素是什么?

贾维南:每个文化都有不同的背景。例如,在美国文化背景下,我们破产制度的关键理念是为经济困难企业保存价值。最终,每个企业将可能做出坏的决定,或者无法对变化的市场环境做出适宜的应对。他们的行业因而转变。例如,当我小的时候,只能去商店买东西。当互联网流行之后,我们几乎都在网上买东西,并让快递送到家。结果,没有适应这个新变化的销售商申请了破产清算。行业一直在变。企业重组专业人士(例如我自己)的主要问题是,如何为这些和其他重组或清算的企业保存价值,即怎样将资金从濒临灭亡的行业转移到新兴的发展的企业和经济领域中去,使资金创造财富。

再者,每个社会都有其自己的结构。我所在的社会中,法律与法律机构是至上的。无论何时有冲突,一般都由法院裁判,无论是不是破产法院,在美国都拥有权威地位。所以,我们大多数人都信奉法律。

我相信,在拥有自由市场体系以及法院至上体系的情形下,经济力量会为问题找到答案。在破产案件中各方的互动,涉及的主要经济利益包括主要的债权人、员工、供应商以及其他合作者等,解决方案将伴随你的互动产生。一般情况下,只要债权人同意特定的重组方案,经济规律会使之实现,而你可以基于此提出解决方案。

此外,为了保存价值,我们需要使社会冲突最小化。我感兴趣的是在中国的实践中重整依据《企业破产法》如何运行。由于访问的时间很短,只有几个月,我没有时间了解详细情况,如为了重组企业是怎样决定其商业计划的。我希望我可以拥有一个在这里的律所,以便可以见证《企业破产法》的发展。

总之,中国的企业重组结构与美国的不同。我们都拥有企业重组法,拥有很相似的语言表述。但是纸面上的语言在不同的文化、法律、制度和政治背景下的实际情况相差甚远。通常通过实践和失败,以及进一步的实践,问题才可以得到解决。因为重组涉及各种各样的数额巨大的债权,涉及很多重要的利益关系方,其中包括数以百万计的员工、投资者、担保债权人、政府以及地方权力机关等。你应当试图以有人情味的方式对企业重整。

陈夏红、谢琳：您和斯通法官都是美国破产协会的债权交易委员会(Claims Trading Committee at the American Bankruptcy Institute)的联合主席。请问贵委员会的动作方式及目标如何?

贾维南：我所在的纽约律所代理过很多金融服务行业的重要组织，如大型对冲基金、私募股权、银行等。我发现实务中很重要的一部分与二级市场债权交易相关，通常涉及数亿或数十亿美元。但是，当我想收集有关债权交易的资料时，通常难以找到。因而，我决定在美国破产协会中建立债权交易委员会，几个月之后开始提供相关资源给对此领域感兴趣的人们。

近期目标之一是，我们准备于2019年11月或者2020年在纽约召开一个会议，从而启动对债权交易相关问题的正式讨论。这是一个数万亿规模的行业。在三十年前并不存在，而当前规模十分庞大。这个市场成长非常迅速。我们还有其他的领导成员。我试图邀请可以代表多元话语的人员参加。因为有了多元话语，才可以提供好的服务与领导。我们在这个新的委员会中有一群很好的专业领导者。我们有纽约最广为人知的债权交易商；有一个合伙人来自开曼群岛，这让我们能获得一些国际化的视角，开曼群岛是世界上最大的离岸资金中心之一。很多债权交易是国际化的，有很多国际化的资金。所有这些声音，律师的以及非律师的、国内的以及国际的，造就了一个很好的团队。在美国没有其他组织致力于此事业。当你发现你职业中某部分领域的信息缺乏时，一个“闪光点”可能在你脑海中闪过告诉你这是一个创造该信息的机会，不仅是为了你自己，也是为了其他人。有能力创造该信息是一个很好的机会。

陈夏红、谢琳：可能今后中美两国同行可以合作，因为在美国这也很新。

贾维南：合作很重要。合作让你可以学习不同的体系，并且有机会了解该体系在不同背景下如何运行，从而在特定的背景下创造独特的路径。每个文化都选择了他们认为最好的方式并且创造了最适应其环境下运行的产品。

赵炳昊:与美国破产法,不得不说的故事

宫祥哲*

赵炳昊,中国政法大学法学硕士,美国宾夕法尼亚大学法学院法学硕士(LL. M)、法律博士(J. D.)、法学博士(S. J. D.),宾夕法尼亚大学沃顿商学院(Wharton School)商业管理证书获得者,每个周一都会准时出现在中国政法大学昌平校区的教室里。站在讲台上的赵炳昊只想以一位师者的身份,或者师兄的身份,给台下的同学们带来些什么。因为这个曾经熟悉的地方,为他打开了一扇通往美丽新世界的大门。

"我希望同学们能慢慢地具备辩证的思维,因为法律的学习并不是非黑即白的,它更是利益的驱使、案情的挣扎,当事人和法官的一念之差就会形成五光十色的判决。知识的学习固然重要,但更珍贵的是思维的养成。"①

一、初遇

刚刚步入大学,赵炳昊就对法学产生了浓厚的兴趣。常常为了听讲座,不辞辛苦地从大兴颠簸到昌平,一南一北,一来一回,在那个交通还不算发达的年代,便是一天的时间。

无数个岁月中的来来回回,执着与坚韧便慢慢地根植于这位青年的心中。终于功夫不负有心人,本科毕业后,赵炳昊考入了中国政法大学,开始攻读硕士学位。在这里,他开始书写着新的篇章,他心中破产法的萌芽开始恣意地吮吸阳光。

"我读研究生的时候,选修了李曙光老师的'比较破产法',是李老师把我带入了破产法的世界,并激发了我对破产法极大的兴趣。那时,我国《企业破产法》的立

---

* 宫祥哲,中国政法大学2020级硕士研究生。

① 本文中,引号中的内容为赵炳昊先生自述。——编者注

法工作正如火如荼，世界各国的破产法理论在课堂上讨论、介绍的也比较多。其中，《美国破产法》以其风格鲜明、结构严谨、设计巧妙给我留下了深刻的印象。”

二、沉浸

这份极大的兴趣支撑着赵炳昊，排除万难也要一探这精巧的美国破产法背后的奥秘。于是，在老师和同学们的帮助下，赵炳昊漂洋过海，来到了宾夕法尼亚大学法学院。在这里，他心中的疑惑慢慢解开，心中破产法的萌芽也慢慢成长为参天大树。

在宾大留学期间，赵炳昊选修了斯基尔教授的破产法（在宾夕法尼亚大学法学院，破产法课程被冠以“commercial credit Ⅱ”，“商业信贷进阶”的名称）。之后，他对破产法的兴趣愈加浓烈，一发不可收拾，在法学院选修了所有与公司法和破产法相关的课程。

从法学院毕业后，赵炳昊来到了美国特拉华州最高法院，开始担任杰克 · B. 雅各布大法官（Justice Jack B. Jacobs）的法官助理。在一个具有两百多年历史的法院里，赵炳昊成为有史以来第一位外国人法官助理，这使赵炳昊感到兴奋，也使他感到紧张。兴奋是因为得以近距离对美国联邦破产法院以及司法制度进行比较全面的考察；紧张是因为这份工作对赵炳昊来说是充满挑战的。

“当时去听庭审，法院是不可能再给你配一个翻译的，而且庭审也不会因为你一个外国人的原因，而放慢语速。案件听完后，法官会询问我的建议，一开始我也做不到迅速反应，常常无意见可以发表，基本是按照法官给的提纲去尝试着写文书。我记得我的第一稿，被法官批改后，几乎布满了批改的标识。说实话当时我有点知难而退的意思了。但是法官很有耐心，一字一句地给我解释、校对。就这样日复一日，每天的三点到四点我都会找法官请教。一年的时间，从第一稿满篇的修改再到 2007 年 9 月 1 日最后一篇文书一处修改，我也感觉到自己的进步。虽然每月 3000 多美元的工资，和律师相比很少，但使我得以近距离对美国联邦破产法院以及司法制度进行比较全面的考察。”

担任法官助理的时光里，赵炳昊有收获，也有迷茫。在这庞大的破产法世界中，如果只担任某一个角色，是难以一窥其背后奥秘的。于是赵炳昊又来到一家国际律师事务所的纽约总部执业。从法院到律所，这让一个初出茅庐的法学生难以应付。作为初级律师的赵炳昊在这里受到了充足的“锻炼”。

“合伙人不同于法官，他不会一字一句地批改你的文书，更多的时候是当面撕掉无法令他满意的文书。有的合伙人脾气相当不好,有一次我的同事因为文书写得不够好,被合伙人当众扔了皮鞋,可能当时言语已经解决不了他的愤怒了。"

随着赵炳昊对美国社会和法律体系观察思考的深入,他渐渐追寻到了想要的真相。"慢慢地,我感到了美国破产法的博大精深和深刻的社会含义。之所以这么说,是因为:其一,《美国破产法》涉及美国法律制度的方方面面,从证券法、程序法、公司法到知识产权法,不一而足。其二,美国破产法本身相当复杂。一方面,《美国破产法典》在结构乃至语言风格上都模仿了《美国国内税法典》。而《美国国内税法典》自诞生之日起,即以用语深奥、结构复杂著称于世。受此影响,《美国破产法》的条目之间盘根错节,语言晦涩难懂,使非专业人士往往如坠云雾。立法者制定复杂破产法初衷,除了在立法技术上的考量,更多的则是由于执业律师的推动。因为只有复杂的法律,才会为律师带来法律业务。其三,美国破产法与美国的历史和法律文化相伴相生。对于缺少背景知识的外国学习研究者,如果不能对美国破产法成长的土壤和历史有所了解,恐怕无法真正理解这部法律。"

"我们今天所看到的美国破产法不是一天形成的,如果从美国第一部现代破产法——1898 年《破产法案》(Bankruptcy Act of 1898)开始算起,美国破产法已经走过了一百多年的发展历程。在这之前,美国破产法几经废立,长期处于风雨飘摇之中。在 1898 年《破产法案》颁布之后尽管对美国破产法的颠覆性破坏已经不再出现,但是美国社会对破产法的立法模式、立法政策之争从来就没有停止过。现行《美国破产法》最初于 1978 年通过,现共有 9 章,即第 1、3、5、7、9、11、12、13 和 15 章。其中,第 1、3、5 章主要规定了一些适用于其他各章的基础性条款。《美国破产法》的其他六个章节分别调整六种不同类型的破产案件,包括第 7 章的清算程序、第 9 章的市政债务调整程序、第 11 章的重整程序、第 12 章针对农民和渔民的债务调整程序、第 13 章的个人债务重生程序,以及第 15 章的跨界破产程序,可见美国破产法的调整范围是十分广泛的。由于破产案件的特殊性和复杂性,美国还成立了联邦破产法院,作为联邦地区法院的一个组成部分专司破产案件的审理。几百年来,联邦各级法院有关破产法的判决浩如烟海。这一切逐渐构筑了一个独具特色的破产法律制度。"

三、烙印

在追寻美国破产法真相的过程中,赵炳昊渐渐地萌生翻译《债务的世界:美国破产法史》的想法。一方面赵炳昊希望为那些对破产法感兴趣的读者深入研究美国破产法,提供一些便利;另一方面也为自己多年以来学习破产法和公司法留下一点烙印。

“如果说历史孕育了真理,那么我想美国破产法的发展史至少可以给我们带来这样一些启示:

首先,一部成功的法律是建立在一个国家特定的历史文化传统、社会政治结构和整体法治生态之上的。美国破产法的立法宗旨是与美国的商业文化和社会心理密切相关的。长期以来,商业冒险、投机精神和公平竞争是美国商业社会倍加推崇的理念。近些年来,美国的各大公司和金融机构对颇具创意与冒险精神的杠杆收购,以及导致当前全球性经济危机的金融衍生产品乐此不疲。

其次,美国破产法实际上是以美国一整套法律制度作为基础的。在这套法律制度中尤为重要的是公司法。美国的公司法以特拉华州公司法为代表,严格规范了公司董事和高管对公司的信托义务。从某种意义上来说,正是信托义务奠定了经管债务人(debtor – in – possession)制度的基础。很难想象一个公司法不健全、公司董事和高管信托义务缺失的国家能够建立像《美国破产法》第11章“重整”(reorganization)一样的制度。

最后,美国破产法是全社会不同利益集团通过法律的渠道表达自身的利益诉求的典范。美国破产法的立法之旅就是社会各个利益集团之间利益平衡、博弈的过程。从这个意义上,美国破产法的历史就是一部美国不同利益集团围绕破产问题不断调整自身立场和利益交换的历史。当代世界各国破产法的立法理念和出发点早已不再是债权人的收账工具,而是以公平保障债务人和债权人的利益为价值取向。美国破产法的艺术就在于平衡债权人和债务人双方的利益。

当代中国,社会各个阶层的利益冲突不断加剧已是不争的事实。虽然,对中国是否存在利益集团还有这样或者那样的争论,但是借助法律调和社会矛盾和冲突已经成为有识之士的共识。美国破产法的发达史正是在这方面为我们打开了一扇门。如何使立法的过程民主化、科学化,防止一部分人或者某一个集团独占话语权、垄断真理,将是我们努力的方向所在。”

纽约东区破产法院斯通法官办公室实习体会

谢荣炜*

我在美国法学院就读期间，先后于2018年暑假在美国路易斯安那州的联邦地区法院实习、2019年1月至5月在纽约东区联邦破产法院伊丽莎白·S.斯通法官(Judge Elizabeth S. Stong)办公室实习。我在斯通法官办公室中，帮助法官助理们准备法官的开庭材料，同时有许多旁听法官庭审的机会。

学习美国破产法，改变了我对破产的刻板认知，我了解到一部好的破产法如何推动社会经济的健康发展。好的破产制度可以保护债权人的利益，进而降低整个社会的融资成本。有抵押权的债权人可以依赖破产程序保护自己的债权，无抵押权的债权人可以积极参与破产程序，尽可能地保护自己的债权，这样的制度让债权人在借钱时会对相对稳定的市场有期待，从而更放心地向企业提供贷款。

在美国，个人破产案件的数量远大于企业破产案件的数量。2018年，根据《美国破产法》第7章清算(liquidation)提请的案件有475,575起，其中自然人申请的案件有461,897起，占第7章总量的97%以上。《美国破产法》第11章是许多企业提请债务重组的依据。2018年，根据第11章提起的案件有7095起，其中有6078起案件是商事组织申请债务重组的案件。《美国破产法》第13章是给予自然人申请债务重组的特别保护措施，这一章只适用于自然人，它给予自然人提请一个为期36个月至60个月还款计划的权利，可以让自然人避免直接走到第7章清算，即债务人可以保住他们的抵押物，尤其是自住房。2018年，全美国依据第13章提请的案件有290,146起，大多数情况是债务人与他们的家庭，面临着债权人申请实现抵押权取得债务人的住房的困境。反观国内，近两年经常出现过度借贷的年轻人因还不上

---

* 谢荣炜，乔治·华盛顿大学(George Washington University)法学院2020届学生(Juris Doctor Candidate)。

网贷而自杀的消息,令人有感国内个人破产制度的必要性。美国曾经也有过一段暴力催收的时代,后来美国还颁布了一系列法律为债务人提供保障。

一、美国的破产法渊源

美国破产法的渊源之一是美国宪法。美国 1787 年宪法规定,国会有权制定全美国统一的破产法,因此,美国破产法是联邦法。美国的法院体系包含联邦法院与州法院。联邦法院对涉及联邦法律的案件享有管辖权,因此美国联邦地区法院对涉及破产的案件,享有初始管辖权。但是允许每个联邦地区法院可以把破产案件移送至破产法院审理美国法律依据《美国破产法》第 28 编第 157(a)条。因此,破产法院对破产案件的管辖权,可以看作从联邦地区法院而来。若当事人对破产法院的判决不服并进行上诉,案件通常由地区法院先进行审理;若当事人继续上诉,方至联邦巡回法庭。

美国国会制定《破产法》后,各破产法院还能够在上级法律允许的情况下自己设立一些规则,以帮助当事人们更好地解决问题。例如,纽约东区破产法院就出台了损失减缓项目(loss mitigation program),旨在帮助债权人与债务人共同协商并达成新的还款协议或双方同意对抵押物进行不足销售(short sale)。不足销售是指债权人同意债务人对抵押物立即进行出售,该笔收入将用于偿还债务,债权人同意即使该笔收入少于应还债务,该笔债务也将结束。

二、美国破产法官的历史

虽然说给予人们破产的法律保障,在美国建国之初就已经写进了宪法中,但是人们称这些破产法官们为“法官”,却也仅是开始于 20 世纪 70 年代的事情。在 1898 年《破产法案》(Bankruptcy Act of 1898)当中,联邦地区法院的法官们任命公断人(referees)来监督地区法院所受理的破产案件。随着时间的推移,人们开始意识到公断人的重要性,公断人们也被赋予了更多的司法职能。在 1973 年,美国最高法院出台了许多规则,旨在赋予这些公断人们以“破产法官”(bankruptcy judge)的头衔。同年,国会也建立了破产法委员会,希望能够正式建立破产法官制度,从而使相关人员可以从地区法院中独立出来。最终,在 1978 年,国会通过了 1978 年《美国破产法》(Bankruptcy Reform Act of 1978)。这部法律正式地把破产法院从地区法院中独立出来。破产法官的任期为 14 年,由联邦巡回法庭进行任命,某个地区的破产法官数量则由国会确定。

随着美国破产法院与破产法官的设立,他们开始更多地承担审判职能,而原先公断人所承担的行政职能,则转移至联邦破产管理署(U. S. Trustees)。联邦破产管理署负责监督破产案件与私人破产管理人(trustee),促进破产系统的效率、保护各当事人法定权益,追究破产当事人在程序中的犯罪行为。破产法官的权力来源与其他联邦法官的宪法渊源是有区别的。联邦地区法官、联邦上诉法庭法官和最高法院法官的权力是基于《美国宪法》的第 3 条第 1 款而来;破产法官的权力来源则是《美国宪法》第 1 条。因此在部分破产案件中,例如讨论到非破产债务人第三方义务解除(third - party non - debtor releases)时,有观点认为,在债权人反对的情况下,破产法官并不具备强制要求持反对意见债权人(non - consensual party)接受判决的权力,因为这份权力应当属于由《美国宪法》第 3 条设立的法官,即联邦地区法官。在实务上,债务人的董事或担保人一般会在重整计划中加入"非破产债务人第三方义务解除条款",以避免债权人在结束破产程序后仍进一步对相关方。

三、纽约东区破产法院办公楼的历史

纽约东区破产法院所在的办公楼历史悠久(始建于 19 世纪),其建筑风格非常有特色。这个办公楼建成于 1898 年,最初被作为邮局与东区地区法院共同办公的场所。1932 年,破产法院也搬了进来。后来,东区法院与破产法院相继搬到马路对面的新楼,但美国政府行政事务管理局(General Service Administration)一直把这栋楼保护得很好。纽约东区破产法院(布鲁克林地区)最终在 2005 年再次搬回这栋楼办公,并且这栋楼也被命名为"康纳德 · 杜伯斯坦破产法院办公楼"(Conrad B. Duberstein Bankruptcy Courthouse),以纪念东区破产法院杜伯斯坦法官(Judge Duberstein)对当地社区与破产法作出的杰出贡献。

四、斯通法官的案例分享 In re: Cengage Learning Inc. (2013)

虽然只有一河之隔,东区破产法院关于《美国破产法》第 11 章(chapter 11)的企业重整案子的数量不及在曼哈顿的纽约南区企业重整的案子多。不过斯通法官也承担过一些重大的重整案子,圣智学习集团(Cengage Learning Inc.)就是其中一个。据律商联讯法律 360(Law 360)报道,圣智学习集团是 2013 年美国所有申请破产保护的案例中最大的上市公司。

圣智学习集团是全球领先的创新型教育、学习、研究解决方案提供商,前身隶属于汤姆森集团的子公司——汤姆森学习出版集团(Thomson Learning)。2007 年,汤姆森学习集团被伦敦私人投资集团安佰深公司(Apax - Partners)和加拿大资本公司欧美斯资本(OMERS Capital Partners)收购之后,改名为“圣智学习”(Cengage Learning),并成为独立运营的公司。圣智学习集团在美国高等教育出版领域排名前列。除教材外,圣智学习集团旗下的盖尔(Gale Library)是全球最大的图书馆参考书出版公司,提供各图书馆所需的参考书籍及数据库。圣智学习集团以及其前身汤姆森学习出版集团与许多国内的出版社都有合作。

2007 年,汤姆森学习集团被安佰深公司(Apax Partners LP)与欧美斯资本公司(OMERS Capital Partners)以 77.5 亿美元的价格收购,但这两个股东是以杠杆收购(leverage - buy - out)的形式进行的,收购方通过发债取得收购的资金,收购完成后再把这部分债务转至目标公司上。这就意味着目标公司在收购结束后,自身会背负相当重的负债,并存在无法偿还债务的可能。2013 年,圣智学习集团遇上电子阅读方式开始流行的时期,开始经营不善并无法支付即将到期的债务,因此在 2013 年 7 月提请第 11 章破产重整保护,希望能够与债权人达成重整协议并以此减免贷款。提请破产申请后,公司仍正常支付员工的薪水与福利。本次破产申请,仅包含公司在美国境内的其他子公司,而不包含境外的公司资产。值得一提的是,债务人的代理律师之一,就是前国际破产协会主席詹姆斯·斯普雷里根(James H. M. Sprayregen)。

美国企业在申请第 11 章重整前,绝大部分的债务人会与部分债权人达成预重整协议(pre - package agreement),并以此降低进入破产程序后长期无法与债务人达成协议的风险。只有少数例外情形,才会出现债务人并未与任何债权人达成协议就进入破产。无任何协议就进入的破产程序被称为“自由落体般地进入破产程序”。在最初的预重整协议当中,圣智学习集团与拥有第一层级抵押权的债权人临时委员会(ad hoc committee of first - lien lenders)达成一致,同意继续偿还对拥有第一层级抵押权的债权人的大约 20 亿美元的债务。圣智学习集团也预期在破产程序开始后有稳定的现金流,因此并未申请债务人破产融资(debtor - in - possession financing)。最终,从 2013 年 7 月申请第 11 章重整保护,到 2014 年 3 月债权人会议通过重整计划,并由斯通法官批准生效,圣智学习集团仅用了 9 个月的时间减轻了 40 亿美元的债务,公司重整后的估值在 36 亿美元,每股股票价格约为 25 美元。拥有第一层级抵押权的债权人通过债转股的方式获得了大部分的公司股权,拥有第二层级抵押权的债权人与其他无抵押权债权人,获得了合计 2.25 亿美元的现金或等价值股票。在这 9 个月中,该案有以下焦点值得关注:

首先,无担保债权人委员会不满预重整协议,并且提请斯通法官通过动议,允许无担保债权人委员会取得代位权,并向圣智学习集团潜在债务人们发起诉讼,涉及财产包括现金与一些有争议的著作权。无担保债权人委员会希望在取得排他的代位求偿权后,再行使债务人的撤销权,从而取得这些财产。债务人律师的反对意见为,根据第二巡回法庭的判例,某一层级的债权人委员会只有在债务人或者财产管理人拒绝提请这些可能存在的诉讼时,才可以获得代位诉讼的权利。而这里的事实是,债务人律师称他们正在就同样的争议标的,提请破产衍生对抗诉讼(adversary proceeding),主张债务人的权利并促成债务人资产最大化。

其次,斯通法官指定纽约南区破产法院德兰(Drain)法官作为本案的调解员。面对债务人与债权人们的诸多纠纷,债务人曾提动议,请法院任命一名调解员,以此帮助债务人债权人更好地协商。这个动议在得到债权人委员会的支持后,由斯通法官裁定通过。斯通法官于2013年9月签发裁定,指定纽约南区破产法院德兰法官调解(mediate)。她在裁定中明确调解的范围,其中包括:债务人的估值、境内境外子公司的估值、拥有第一层级抵押权的债权人能否向债务人主张所有权利、2007年现股东对债务人发起的杠杆收购(leveraged - buy - out)、债权人间协议纠纷以及其他各方及调解员认为合适的争议。

随后,拥有第一抵押权的债权人向债务人提起诉讼,要求债务人行使撤回权,从而撤回在濒临破产前债务人从该层级抵押权人信贷协议中贷出的款项。濒临破产前,债务人基于与最高位次债权人的授信贷款协议,向债权人借出4.3亿美元,并将其中一部分钱投于共同基金(mutual funds)当中。债权人称,在濒临破产前,债务人对债权人负有审慎忠信义务(fiduciary duty)。然而债务人的举动造成本应属于第一抵押权债权人的财产被算为债务人财产,此部分财产会被用于偿还无抵押权债权人的债务中。债权人称此举使其财产价值受损,因此债务人的此笔交易应当被撤回。此动议后来经协商双方和解并达成一致,法院也并未就本动议做出决定。

经过一段时间的调解,债务人在2014年2月披露了调解结果,并向斯通法官提请债权人对重整计划投票,债务人将接受退出融资约17.5亿美元的抵押贷款。同时,重组计划中还包含新的公司章程、股东协议、新股发行计划和公司高管合同与激励计划。值得一提的是,圣智学习集团的股东安佰深公司在圣智学习集团申请破产后,自己在公开市场购入了8.5亿美元拥有第一抵押权的债权,并以此参与重组。正因为这笔在破产后的投资,安佰深公司作为最先层级的债权人,在整个重整计划中占有一席之地,而非作为股东较为被动地参与进来。安佰深公司在投票前反对计划中对于其将于较后次序受偿的条款,并迫使各方在最终投票前同意安佰深公司能够与第一抵押权的债权人同时期同等受偿。

最终,各方在2014年3月对重整结果达成一致,法官也批准了重整计划。这个估值超过30亿美元的公司仅花费9个月就完成了《美国破产法》第11章的重整程序,甩掉了40亿美元的债务。在重整期间,公司仍保持正常运行。完成重整后的公司很快完成转型,成为教育科技类企业。在2018年财年,其调整后税息折旧及摊销前利润(Adjusted EBITDA)达到3.7亿美元,因此当初选择债转股的股东们也取得不少收益。

五、斯通法官眼中成功破产案件的三点要素

(一)透明度(transparency)

美国破产法注重债务人信息的透明度。当债务人提请破产保护后,债权人处在一个相对不利的位置,其缺少足够的信息参与到破产程序当中,所以美国的破产法要求债务人将一切债务与财产的信息,都对债权人、破产管理人、联邦破产管理署披露,这样的披露讲求详尽与及时。

纽约东区破产法院设有法官助理办公室(clerk office),其主要职责类似于我们国内的立案庭。法官助理办公室接受破产债务人的申请,并接受当事人及律师提交的文件。所有的债务人都需要在立案时,在法官助理办公室填写并提交一份法院拟定好的表格,即"破产表格101"(bankruptcy form 101)。这份表格包含但不限于以下内容:债务人的个人身份信息、债务人是否单独或与他人共同申请破产保护、债务人是否在过去8年申请过破产及详细信息、债务人的财产及其大致估值、债务人的月收入、所有债权人及相对应的债务、有担保或有抵押债务是哪些、被抵押的财产是什么、债务人申请豁免的财产等。债权人及法官助理们通过浏览这些三四十页的表格,可以快速掌握债务人的各项信息。而在实践操作过程中,债务人却可能无法在截至日期前提交上述必要的资料(法院允许债务人分多次提交上述材料,但有最后期限),此时债权人或破产管理人会提请驳回案件,但是法官一般会根据实际情况做出考量,有时会重新定一个期限,让债务人提交材料,以避免案件被直接驳回。从实践可以看出,美国破产制度讲求透明度。

(二)回应性(responsiveness)

美国破产法院注重回应性,即及时并灵活地处理破产案件中出现的各种问题。

法官并不排斥当事人临时提请新的动议，并且会要求尽快安排开庭。例如，当时人有紧急请求开庭，法官助理会与法官沟通确定最早的可以临时增加庭审的时间。在企业申请破产的第 11 章案子中，法院也会给债务人创造条件，争取在申请破产刚开始时，安排一场首日开庭（first day hearing），听取并审理债务人及债权人律师们的一系列动议，并作出裁定，帮助企业在进入重整程序后仍能维持基本正常的生产。

这种回应，还体现在法院能够及时地回应法律和事实上的问题，及时聆听双方的争议点并作出裁定，最终化解风险并推动案件向前发展。案件的迅速推进可以更快地让债务人走出破产程序恢复正常经营、债权人更快地取回财产、无抵押债权人取得更高的回报率。有效的回应，建立在法官对案件本身的了解上，例如，在下文将介绍的案件中，法官在审理时作出的回应，充满弹性却也有助于解决问题。若法官在该案件中对债权人提请的破产衍生对抗诉讼作出胜诉判决，并要求债务人按照判决还款，债务人会很快再次违约并破产，因此看似简单的判决并不是一个好的回应。法官在深入了解后对此作出的回应就是举行调解程序，而非直接进行零和博弈的判决。

（三）价值保全（value preservation）

法院还注重对破产人财产的价值保全。价值保全既指保护债务人的权益，另外也保护债权人的利益。为了实现这个目的，破产法院的工作特点与联邦地区法院不太相同。

2018 年暑假我曾在联邦地区初审法院实习，因此对破产法院与地区法院的不同风格有深切体会。地区法院在民事诉讼中会在详尽地考虑双方证据、论点、过往判例后，对事实和法律上作出判决，即谁胜谁负。甚至当双方对事实问题争执不休时，地区法院会请陪审团作出事实认定。而破产法院为了实现破产程序的快速推进，让债务人从破产程序中走出来，避免债务人资产的减少，达成各方共识，减少各方在一个环节的过多纠缠，法官会灵活运用程序解决问题。

破产法院除了注重实体法律与程序正义以外，还讲究效率，讲究时效性，会考虑各方利益的平衡，包括一些弱势方或是未出席方的利益。这其实也是美国破产法院本质上是衡平法院（court of equity）的特点。斯通法官会基于案件的特点鼓励各方协商某个动议，或举行调解程序，以促进案件的推进并平衡各方利益。而在地区法院的普通民事诉讼当中，原被告相对更加对立（包括在情绪上与观点上），原被告会更倾向于取得法院的最终判决,所以他们在案件初期不太倾向于走协商或调解程序,因此整个时间线就会更长一点。所以破产律师需要很强的出庭诉讼能力及多方协商能力。破产法院法官也更主动地对案件审理程序进行主导,而不像美国的联邦地区法院一样,即在破产衍生对抗诉讼体系中处于相对被动的地步。破产法院的法官的主动纠问,有点像大陆法系法院的特质。

六、动议实践

由于案子数量多,法官几乎每周都会有两天,审理上百起个人破产案件的动议,因此很多时候也是时间紧,任务重。对于一些比较复杂的案件,法官助理会提前准备,并在开庭前一两天更新案件报告。开庭报告可以让法官在庭审时迅速掌握案件事实、适用法律以及双方争议点,并提出初步分析与建议(通过动议、驳回动议、延期审理)。下文将结合美国破产律师们提的一些动议,以窥探美国破产法的法律适用以及案件各方所扮演的角色。这些动议是推动案件发展的关键因素,它们就像积木一样,一块一块拼接起一个完整的案子。

(一)发起动议申请驳回案子(motion to dismiss)

若破产债务人不符合申请破产的实质条件或程序要求,破产管理人会申请驳回债务人的破产申请,从而终止整个程序。这些情况包括但不限于:债务人未能出席《美国破产法》第 341 条的会面(section 341 meeting)、债务人并未提交一个符合《美国破产法》第 13 章要求的还款计划、债务人现持有的财产或者债务总额不符合《破产法》第 13 章的规定、债务人未能按时付清第 13 章中与破产管理人所达成的每月还款计划等。

我需要帮助法官助理审阅各方关于本次动议的所有文书,在程序上检查这些文书是否都成功地送达给每一个当事方手上。(美国的民事法律要求文书的出具方自行送达,并且自己出具一份送达证明,以证明自己履行了按时送达义务)。最终完成一份开庭报告,交由法官助理审阅。

在个人破产案件中,这个动议一般都由破产管理人发起。破产管理人可以是一名经验丰富的破产执业律师,他会审阅债务人的财产与负债情况,审阅第 7 章债务人提交的财产豁免清单和第 13 章债务人提交的每月还款计划等。当第 13 章还款计划被通过后,他还会一直监督债务人是否履行每个月的还款义务,如果出现几个月未能还款的情况,他会向法院提请动议驳回这个案子。所以破产管理人在确保个人债务人完成各项义务上,起到非常积极的作用。

(二)债权人提请动议申请对债务人进行追偿(motion for relief)

许多债务人在申请破产后并未继续履行每月还款义务,债权人的债权并未获得充足的保护(adequate protection),因此持有抵押权保护的债权人(secured creditor),可申请法院允许他们实现抵押权,即该部分债务人财产可以不在自动保护(automatic stay)的范围中,依据的法条是《美国破产法》第11章第362(a)条。

我会帮助法官助理检查程序和实体。检查内容包含许多方面,例如债务人申请近期申请破产的次数、动议发起人是否提供抵押财产报告(内含债务人偿还贷款次数、违约次数、抵押房屋或汽车的估值等)、动议发起人是否成功送达法律文书、破产管理人是否提交无反对意见、动议发起人是否提交债权转让协议及抵押权登记证书等。

美国破产法还赋予债权人一定的权利,以打击债务人滥用破产程序恶意逃避债务的行为。若破产债务人或者共同债务人短期内多次申请破产,其目的显然是保住房屋不被债权人强制执行用于偿还债务,债权人可以对房屋本身(in rem)申请自动保护排除。当债务人的行为构成滥用破产程序来规避债权人的合法行为时,破产法官可以同意该房屋不在自动中止的保护范围当中,该房屋将自此不再受破产法自动中止的保护,债权人可以对该房屋直接实现其抵押权。这样的制度设计可以在一定程度上,打击非善意利用破产程序逃避债务的情形。

(三)法庭命令要求债务人解释为何案子不应当被驳回(order to show cause why the case can't be dismissed)

这个部分涉及程序性的内容比较多,例如无律师代理的债务人(pro se)未能在规定时限内提交全部的材料,法院要求债务人补交材料或者说明为什么债务人的破产程序可以在材料不全的情况下得以继续。驳回破产案件的动议,一般由破产管理人提起,法院作出该裁定是为了给债务人第二次机会,让债务人说明情况。

从这些动议中,可以窥探破产管理人在个人破产案件中作为监督人(watch dog)的角色,例如,破产管理人可以对第7章破产债务人申请的财产豁免表示反对意见。一般来说,美国破产法对于个人可豁免财产的数额要求,取决于州法律的规定。纽约州法律规定破产债务人只能保留一辆机动车以满足日常需求,保留一套房子。如果申请保留房子,还有更详细的规定,包括房子价值,债务人需要同时相对应地放弃一些其他财产豁免。如果经法院审查后,发现确实超过可豁免总额,法官助理会出具文书,要求债务人进行修改豁免内容,否则要求债务人向法院说明为何不可以驳回该案件。债务人在收到破产管理人的反对意见后,为了使破产程序继续,会迅速向法院提交豁免财产修改。破产管理人作为美国个人破产案件里监管者的角色可见一斑。

(四)债务人发起动议申请延长自动保护期限(motion to extend automatic stay)

这个动议指的是债务人申请延长自动保护的保护期限。本质上来说也是打击恶意申请破产的行为。如果债务人在一年内第2次申请破产,且第1次案件被驳回或主动撤回,那么债务人被默认为非善意(bad faith),因此债务人只享有30天的自动中止期限。但是债务人可以承担举证责任,证明自己的破产申请为善意(good faith),以打破这种假设(presumption)并申请延长自动中止。

如果债务人能够证明这次申请的情况比上次要好,从而证明自己有能力把这次破产程序走完,而不是像第一次破产申请时主动撤回或被动被驳回,法官一般会通过债务人的动议。这种改进包括:第一次没请律师但这次请了、这次的收入比上回申请时多因而有基础完全履行第13章还款计划的义务,甚至有债务人称这次破产申请有亲戚的担保支持还款计划等。

(五)债权人提请民事诉讼要求法院确认该笔债务为不可免除债务(motion for non-dischargeable debt under Section 523)

破产衍生对抗诉讼是从破产案件中衍生出来的独立诉讼,程序上同美国民事诉讼类似,需要起诉人提交诉状启动一个新的案件。比较典型的就是破产管理人或者债权人提起诉讼,要求法院认定债务人的债务是属于《美国破产法》第523条中的不可豁免债务(nondischargeable debts),即认定该债务是由债务人恶意侵权所致的,因此债务人不得豁免该债务。

法官助理就曾经要求我写过这个动议的法律备忘录。从法官对于该案件的处理可以看出,斯通法官如何做到三点核心中的"回应性"。该案债务人在数年前曾把债权人殴打致伤,检方在州法院对债务人提起刑事诉讼,债务人认罪并接受处罚。而后债权人在州法院提请民事诉讼,债权人取得胜诉判决且获得近十万美元的赔偿。可是在这十年间,债务人并未偿还过一分钱,到如今本息合计超过20万美元。这笔债务是债务人在2018年进入破产程序时的主要债务，债权人提请从破产案件中衍生出来的独立诉讼，要求法院认定这笔债务是无法通过破产程序豁免的。我找了许多纽约东区法院对间接禁反言（collateral estoppel）标准作出讨论的判决书，并写了备忘录供法官助理审阅。

但是在开庭中法官发现，简单的判决无法彻底解决问题，从而主导了一场调解。法官在庭审中问及债务人的经济来源、现有资产及每月支出。债务人的微薄的收入无法支撑其败诉后每月的还款计划，并有极大可能会再次形成债务违约并申请破产。因此法官没有简单地作出谁胜谁负的零和判决，而是主持调解，尝试帮助双方调解赔偿金额，并落实一个合理的还款计划。

在确认债权人只有金钱上的诉求后，法官开始向双方律师做工作，要求他们考虑一个能接受的金额。法官进而劝说双方律师逐步缩小索赔金额的差距，最后鼓励律师们向各自的当事人们商谈并确定最后的金额。回到法庭后，律师们即与自己的当事人协商，并与对方律师保持接触。几个回合后，当天双方最终把数字缩小到都可接受的合理区间，并答应下周在此数字的基础上继续协商可能的还款协议，包括总金额、每月还款计划、授权法院通过工资直接划扣（garnishment）的方式还款等。法官在主持调解的整个过程中，非常注重程序上的严谨，她会要求双方律师都到场后才开始主持调解程序。

最终，虽然我的备忘录准备的案件只派上部分用场，但是这次庭审及调解观摩却让我收获颇多。我深感相比于在法律上作出谁胜谁负，也许债务纠纷的彻底解决并让各方都从破产程序中获得最大收益才是破产法官更重要的审判目标之一。因为即便债权人可以胜诉，继而认定该部分债务是属于不可豁免的，但考虑到债务人（其工作是一个高级餐厅的服务员）的月收入与支出，他在还款计划下违约并再次进入破产程序的可能性很大。法官对事实与法律的深入了解，以及律师们对该后果的清楚预判，都是本案最终顺利走完调解程序的基础。

在这个过程中，我也切身体会到替代性争议解决（alternative dispute resolution）程序在破产案件中的灵活应用。许多案件的动议都是通过这个程序解决的，双方能够达成共识，并迅速推动破产程序的前进。

（六）债权人提请动议申请法院通过修订贷款协议（motion to approve loan modification）

这个动议是要求法院通过债权人与债务人之间新的贷款协议，从而替代原来已经违约的贷款协议。法院分配给我多个纽约出租车司机申请破产债务重组的案件。纽约的出租车司机们为了取得纽约出租车的运营牌照,都会向银行申请数十万美元的贷款,并以该牌照作为抵押物。但是由于优步(uber)公司进入这个领域,出租车司机收入受到了很大冲击。收入的降低使他们难以按时偿还贷款,因而申请第13章债务重组。经债务人与债权人协商,债权人同意修改还款要求。

我需要做的是对比新旧贷款协议的差异。通常来说,债权人会允许债务人在近几年减少还款金额并降低利息。但是基于对债务人财务状况会转好的预期,债权人会要求债务人在后面几年,恢复到与旧协议相近的还款计划中。若是双方都同意且破产管理人不反对,法官一般会通过该动议。所以在美国破产法实践当中,有抵押权的债权人是选择实现抵押权,还是给与债务人第二次机会,大多是基于抵押物的特点的。相比较于房屋,债权人并不太会对车牌实现抵押权。

(七)债权人提请动议要求法院任命破产管理人(motion to appoint trustee)

在商事重整案件中,当债权人指责债务人有违规经营的行为时,债权人会要求法院任命破产管理人来接管债务人的财产与日常经营。债权人称债务人并未尽到审慎尽责的义务以保护债权人的利益,其中包括债务人账簿管理混乱,以及债务人并未把租金收益归于破产财产(bankruptcy estate)。因此债权人要求法院指定破产管理人来管理案件与日常的运营,以保证应归于破产的财产不会减少。我写的备忘录,主要关于案件的事实是否达到法官指定破产管理人来接管财产的地步。但是最终双方在庭上达成妥协一致,债权人也撤回此动议。法官和我分享,她在庭审上对这一点非常慎重,因为在企业重整案件中任命破产管理人来接管债务人所有资产及运行资产的门槛非常高,而且其后果对债务人而言比较严厉,即债务人丧失对破产财产的经营管理权,丧失经营管理权利通常也意味着该财产无法得到最大限度地经营与利用。

七、与法官和法官助理的交流

在实习期间,我与法官和法官助理的交流非常多。刚开始实习时,法官助理迈克尔(Michael)花了两个上午的时间,给我和几个同时期的实习生上课。迈克尔的经历也比较特别。他在法学院毕业后,就前往加州中区的破产法院当了两年的法官助理,而后来到纽约的威嘉律师事务所(Weil Gotshal)执业;执业几年后,又回到法院内工作,当时他就是作为全职终身法官助理(career clerk)在斯通法官办公室工作。我第一次听说全职终身法官助理,他给我解释,“一般情况下只要斯通法官不解雇我,我就在这儿干到老了。”他给我们讲的主要内容,是破产法的基本体系,与斯通法官一些经常审理的案件的法律条文。最开始的时候颇有点赶鸭子上架的感觉,因为我当时还未上“美国破产法体系中的担保交易”(secured transaction)与“债权人权利与债务人保护”(creditors' rights and debtors' protection)这两门最基本的课程。但是迈克尔却像初中老师一样,安排我们几个实习生在听完他的介绍后,要求我们对同一个债权人申请对债务人追偿的动议,审阅文件并给法官提供判决的合理建议。我们完成这项任务后,他就对我们刚才审阅的进行巩固总结。

迈克尔在做律师的时候,参与了好几件大案子,是一名经验非常丰富的破产律师。非常有趣的是,我那个学期在纽约也一边上“商事重组”(business restructuring)课程,期间和迈克尔有很多交流,他的观点总是能帮助我更好地理解老师的上课内容。由于那门课程是由经验丰富的破产法律师教授保罗·巴斯塔(Paul M. Basta)教授,因此他的课会从实务的角度出发,例如邀请与他一起合作过的 PJT 的合伙人来给我们讲授破产案件中估值的实践案例,PJT 是最优秀的深度参与破产的财务顾问之一;又或者邀请一个投资违约债券(distressed debts)的基金公司经理前来与我们交流,和我们讨论什么样的企业和企业状况适合垃圾债投资,在什么阶段可以采取其他不同的投资策略,巴斯塔举办则讲解他在法律层面怎样帮助企业完成这些商业目的。最后结课时,巴斯塔老师进行了一个《美国破产法》第 363 条处置资产的拍卖模拟训练,我代表外部投资者参与竞买一个餐饮集团旗下的连锁餐厅品牌。当时我和迈克尔交流的时候,他就曾给我讲过,外部投资者一般会先购买一部分债务人的债权,从而在法庭上更好地参与进破产程序当中,否则法庭甚至不会给外部投资者在庭上说话的机会。他的这番话启发了我,所以当债权人与债务人在模拟销售(mock sale)中,还在商量程序性话题的时候,我和我的队友就去与有抵押权债权人接洽,试图买入他们的债权并深度参与整个程序当中。

斯通法官则总是精力充沛。无论是她在从新加坡或北京飞回来后,总是能够精力饱满地迅速投入至工作中来。斯通法官特别热心于公益与破产法的推广。她在业余时间就在美国律师协会(American Bar Association)中商事法律中心(Business Law Section)中的公益服务(pro bono)部门任职,并大力宣传与鼓励律师们参与公益诉讼当中。我与斯通法官有过几次深度交流。从那几次交流中,她一直鼓励我能够在各方面做得更好也更多。斯通法官还有一个特别的小兴趣点,她每到一个新的国家或地区,总会把当地的矿泉水瓶带回来放在办公室里。斯通法官为人也特别简朴,上班的时候她总是穿着最朴素的衣服,背着超市卖的循环使用的布袋。但是她特别喜欢跑步,这也是她为何一直保持体能充沛的原因之一。当她了解到我也曾经在北京跑过马拉松的时候,她便写下一个网址让我去找一个纽约城市跑步活动一起报名。当然,由于现在缺少时间训练,我对于自己能否跑完并不自信,所以最终也没有成行。

八、一些感受与思考

斯通法官办公室的分工安排非常讲究效率。法官有两个法官助理,他们各负责一半案件。一般来说两个法官助理都是任期一年,一年结束后他们都会去当律师。他们也同时轮流跟随法官出庭,替法官做必要的记录或是在庭上随时提交必要的补充资料。法官还有一个法庭代表(courtroom deputy),她的工作是帮助法官与法官助理处理行政上的事情,比如案件的排期、从法官助理办公室接受案件的文书材料、开庭时坐在法官旁负责确认当事人是否到齐,并灵活安排当天开庭案件的顺序等,从而能够帮助法官与法官助理完全专注于案件的审理中。每次开庭都有一名速录员,其主要职责是帮助做法庭记录。速录员在破产法院也是很重要的角色,因为许多时候破产法官并不会像地区初审法院一样准备文书来裁定所有的动议,而是为了效率以口头的形式当庭作出裁定,该速录副本即为法官的裁定。当事人在庭审结束后,可以在法官助理办公室处取得法官裁定的文字记录。我在修"企业重组法"课程时,也阅读了几份纽约南区破产法院法官通过口头形式作出的裁定。

在实践中,个人认为美国的银行或贷款公司的不良资产处理效率较高。许多个人破产案件中,申请实现抵押权的债权人都不是原始债权人,都是第二手甚至第三手的债权人,因此他们在申请时,都需要附上债权转让协议与抵押权转让记录作为证据。但如果该债务是涉及汽车金融贷款的,债权人对债权进行转让的情况比较少见,因为债权人自己就是汽车金融公司。所以他们大多会作为原始债权人参与进破产程序中,向法院申请实现权利取回汽车。

另外,结合我在破产法院观察到的公司重组案件,与我所修的"企业重组法"课程,我认识到重整是美国商业公司实现债务重组、变更公司控制权,或违约债投资实现收益的重要手段。重整律师有很多策略来帮助客户(包括债务人与各不同层级的债权人)实现不同的商业目的,因此重整律师在美国各大律师事务所都是很重要并且创收能力极强的一支团队。

美国破产法学习与案件听审纪实

扈芳琼*

在美国南方卫理公会大学(Southern Methodist University)攻读LL. M.的第二学期,我选了两门破产法的课程。美国的破产法课程,一般不叫"破产法"(bankruptcy law),我选的两门课分别是"债权人权利"(creditor's rights)和"第11章重整"(chapter 11 rcorganization),前者偏向讲授综合性破产法,后者重点放在破产法的第11章重整。在美国法学院,破产法可以说是数一数二的高难度课程,我选的这两门课上,全班只有我一个中国LL. M.,其他全是美国的JD学生,而且我可以明显感觉到破产法课上的JD同学,要比其他课上的JD聪明得多,可能一般人也是望而却步吧。

"债权人权利"这门课的教授,是北德州地区破产法院的哈林·黑尔法官(Harlin D. Hale),黑尔法官看上去已年过七旬,头发花白,动作轻微迟缓,但讲课时依然精神抖擞,思路非常清晰敏捷。我们用的教材,是破产法教授伊丽莎白·沃伦所著的《债务人与债权人法:文本、案例与问题》(The Law of Debtors and Creditors: Text, Cases, and Problems)。每节课黑尔都会随机叫同学回答和讲解课后习题,这也是我最紧张的时候,因为他对待JD和LL. M.、对待中国人和美国人的要求都是一样的。作为非英语母语的LL. M.,要和JD同学回答得一样好,需要下很大功夫,每节课前我都会看几个小时的阅读材料来预习,课后再花大量时间整理笔记复习,"债权人权利"也因此成为我在第二学期中最辛苦的一门课,但这也是我收获最大的一门课。大概是因为有压力才有动力,我对美国破产法的理解终于不止停留在表面,开始纵观其立法缘由、背景,开始学会计算个人破产要怎样尽量将财产排除在破产财产之外,开始明白偏颇清偿制度的运作模式和机理等。美国的破产法课程更注

* 扈芳琼,中国政法大学2017级硕士研究生。

重解决实际问题,以案例为导向,更注重成文法和判例在司法实践中应当如何应用。

2019年4月的一个上午,黑尔法官在课前和大家讲,下午他要审理一个非常有趣的案子,欢迎大家来旁听。我下课后就用邮件联系黑尔法官,询问具体时间地址。黑尔十分欢迎我去旁听,并特别热心地给我发了这个案件的相关材料,让我提前熟悉案情。下午两点,我准时到达了达拉斯的破产法院。破产法院和达拉斯的其他法院在同一栋大楼里,大楼的高层几乎全是各种法院,名曰"美国法院大楼"(united states court house)。黑尔法官说,如果我到得早,可以带我参观法院,但我到的时候庭审已经提前开始。经过严格的安检,上交手机,十分钟后我便坐在了美国破产法院的旁听席上。法庭的内饰比我想象中要富丽堂皇得多,装修非常现代华丽,电脑、电视等设备一应俱全。但法庭的构造与普通审判庭有很大区别,不再明确地区分原告、被告席。黑尔法官穿着黑色法袍坐在高高的审判席上,背后是美国国徽,旁边竖立着一面美国国旗,他身旁左右两边各有一个助理席位,但这天只有一位助理。在他左手边的台下,有一个长桌,为证人宣誓、作证用;正对法官的台下也有一长桌,债务人和债权人及其律师、破产管理人、联邦破产管理署(U. S. Trustee)代表等,全部坐在桌子后面的一排椅子上,轮到谁讲话,谁就抱起材料走到桌前,用桌上的话筒对法官及证人讲话。

记得黑尔上课时讲到,美国破产法院的案件是随机分配给各个法官的。隔壁城市休斯敦有一个以苛刻闻名的破产法官,很多当事人为了自己的案件不被分到他手下,就故意提前或推迟申请时间,好赶在那位法官刚被分到案子后申请,这样就会派给别人。但黑尔法官是出了名的温柔,他的助理艾玛(Emma)也说,从来没见过他对谁生气,大概当事人都希望案件能被分到他手下吧。美国破产法院的案件审理有点像轮班制,每个法官固定在每周的几个时间,集中审理被分到的案件,今天下午就是黑尔法官的审案时间。黑尔法官上课时提到,他这一生审理的案件中,80%都是个人破产案件,果不其然,今天一开始就是大量的个人破产案件,大概审了六七个,大都是债务人被法官问话,关于其职业、婚姻家庭状况、财产情况、未来规划等。个人破产案件的特点是速度快、气氛比较友好,法官有时候还会和当事人开开玩笑,但也有愁眉苦脸的债务人,讲述自己妻离子散的故事,我能真切地感受到,申请破产可能是他走投无路中的最后一线希望。

之后,债权人和联邦破产管理署代表直接用小推车,推进来两大箱材料以及好几个大水壶,就知道重头戏来了,这一定就是老师说的那个很有趣的案子。这是一个公司重整案件，大致案情是债权人和破产管理署认为，债务人未经有担保债权人的批准，就自行从破产财团中提取资金，往好了说，是债务人公司管理不善，往严重了说，债务人甚至可能构成欺诈和不诚实行为。美国的重整案件以债务人管理（DIP）为常态，但如果满足一定条件（往往是发生了债务人违反规定的情况），法院可以指定管理人接管重整案件。这个案件中，债权人和破产管理署就向法院申请为债务人指定管理人，因为指定管理人的条件已满足，而且出于保护债权人利益的需要。他们也提出了一个替代方案，即将案件直接转到第7章清算。双方围绕这一争议焦点，展开质询和辩论。庭审期间，债务人公司的经理、律师、会计师等轮番上阵被疯狂问询，特别是债务人律师询问的时候，债权人律师就没在椅子上坐稳过，一直在起立提出“反对”（objection），法官大概有一半同意、一半驳回。

休庭期间，法官助理艾玛还邀请我进入法官的办公室，黑尔法官又给我详细讲了一遍案情，并结合上课的知识点具体分析，使我受益匪浅，也感动于黑尔的热情帮助，期间他还询问我相关的中国破产法规定以及与美国法的不同点，并请我下节课和其他同学介绍分享中国破产法的内容。黑尔的办公室本身也给我留下了很深的印象，一个会客室连着一个办公内室，面积非常大，装潢是典雅的美式田园风格，碎花软沙发、铁艺小茶桌、墙上的风景油画和一排排书籍相映成趣，窗外可望到小半个达拉斯市的风景，在这样的环境下办公，想必也能保持一个很好的心情。

最后，黑尔法官问我愿不愿意坐在法官助理的位置亲历宣判，我兴奋地同意。于是我们整理好衣着、排好队，助理艾玛和我在前，法官和书记员在后，依次按照座位顺序进入法庭，我和艾玛并肩坐在法官右手边的助理席位上。那是我第一次仿若以一位法官的视角，亲自审视一个真实的庭审，强烈地感受到法庭的庄严肃穆，当下面各位当事人和律师的眼睛齐刷刷地望向你的时候，忽然感觉肩上责任重大，都说破产法官要十八般武艺样样精通，不仅要懂破产法，还要懂公司法、金融法、财会知识等，着实不易。我还注意到法官和助理面前都有一两台电脑，可以随时查询法条、判例等，非常方便。

此次听审经历使我受益匪浅，感触良多。除此之外，我后来又受邀旁听了黑尔法官的另一个庭审，案情更加复杂，更多的是双方律师的唇枪舌战。另外，我选的另一门破产法课——“第11章重整”的教授作为受到加州山火影响而破产的太平洋煤气电力（PG&E）的律师，几次飞去加州开会，也给我们讲了很多趣事，包括一百多位律师一起开会争当管理人的故事等。

在美国学习破产法的经历让我感受到的是可以触摸的破产法，书本上的知识终于活了起来,应用在实践中,又是另一番样子。基于美国的法律职业体制和司法文化,美国法学院学生都以成为律师为荣,黑尔法官也很希望我们毕业后都能成为一名律师,结课时他对我们说,“你们每多一个人成为律师,这个社会就会变得更好一点。”我想,若能成为一名破产律师或法官,将是一份非常神圣而意义重大的职业。受到他们的感染,我对破产法的热爱又多了一分。

柯达重整中的技术变现

贺　丹　吴晨凌　严海燕*

2012年1月19日,百年影像巨头伊士曼柯达公司及其十五家子公司①(以下简称"柯达")向美国纽约南区破产法院自愿申请破产重整。柯达重整采用债务人自行管理(DIP)方式进行,重整的目标是保持柯达集团的持续经营,并在此基础上调整柯达的战略,使柯达通过重整成为一家专注于商务印刷、包装印刷和为企业服务的公司。柯达计划在2013年完成其重整。因此,如何取得融资维持继续运营,成为柯达重整要解决的首要问题。进入重整后,柯达首先通过法院批准使用现金担保物以及花旗银行提供的9.5亿美元的债务人融资(DIP financing)等方式,取得融资。柯达重整融资的另一个重要来源,是出售其专利技术获得资金。本文将从技术和法律两个角度,透视柯达在重整中的技术变现。

一、重整中的技术资产出售

2012年6月11日,柯达正式向法院递交出售专利组合的申请,请求法院根据《美国破产法》第363条批准其出售上述专利组合包。《美国破产法》第363条是关于授权债务人使用、出售或出租债务人财产的条文。柯达的专利组合包出售,属于

---

* 贺丹,北京师范大学法学院副教授;吴晨凌,北京问方执象律师事务所律师;严海燕,北京问方执象律师事务所律师。

① The Debtors in these chapter 11 cases, along with the last four digits of each Debtor's federal tax identification number, are: Eastman Kodak Company (7150); Creo Manufacturing America LLC (4412); Eastman Kodak International Capital Company, Inc. (2341); Far East DevelopmentLtd. (2300); FPC Inc. (9183); Kodak (Near East), Inc. (7936); Kodak Americas, Ltd. (6256); Kodak Aviation Leasing LLC (5224); Kodak Imaging Network, Inc. (4107); Kodak Philippines, Ltd. (7862); Kodak Portuguesa Limited (9171); KodakRealty, Inc. (2045); Laser – Pacific Media Corporation (4617); NPEC Inc. (5677); Pakon, Inc. (3462); and Qualex Inc. (6019). The location of the Debtors' corporate headquarters is: 343 State Street, Rochester, NY 14650.

企业正常经营范围外的出售,根据该条规定要经过法院的听证和批准程序。

其实,在破产申请前,柯达就已经在策划实施知识产权变现,试图通过专利许可、专利出售及专利战略诉讼,获取现金流。2011 年 7 月 21 日,柯达聘请了纽约一家国际投资公司——拉扎德公司(Lazard Frères & Co. LLC),为其提供数字成像专利技术的出售咨询。在拉扎德公司寻找数字成像专利技术的潜在收购方的同时,柯达则继续实施专利许可计划和战略诉讼。然而,柯达的财务状况不断恶化,使其专利销售和新的许可交易均变得愈加困难。

柯达选择在破产程序中经法院批准出售技术资产,是希望充分利用破产程序的优势,使柯达能够从专利资产出售中获得最大收益。

一方面,破产程序中的资产出售有利于保护技术收购方权益。根据《美国破产法》第 363 条,如果拟出售资产上的请求权人或权益人同意出售此资产,资产的购买方可以免受资产上的请求权人或权益方的追索。除请求权人或权益人明确表示同意出售的情形外,如果请求权人或权益人没有在规定期限内提出反对,则视为其同意销售。在破产程序中经法院批准出售财产的优势是:资产购买方得以获得一个“干净”的资产。

另一方面,法院批准的技术出售,使柯达可以设计更适合技术资产出售的竞买程序。破产申请前,柯达和拉扎德公司一直在寻找潜在收购方,有近 20 家潜在收购方对技术资产表示意向,柯达与之签署保密协议并提供了相关资料。但是,受限于技术行业及数码成像专利的独特性,并无合理报价。柯达在选择出售资产的竞标程序时,在“假马竞标”和公开竞买程序中进行了选择,认为公开竞买更有利于资产出售。通过法院破产程序出售专利的招标程序,可以根据技术资产的特点个案定制,这样既可以鼓励更多竞拍,也可以有效解决潜在买家所关心的保密性和确定性问题,从而获得更高和更好的专利拍卖价格,最大限度地使债务人获益。

柯达向破产法院提交的申请技术出售的文件显示,其拟在破产重整中出售的专利组合为“DC 组合包”和“KISS 组合包”两个专利包。其中,“DC 组合包”代表数字捕获专利组合(digital capture patent portfolio),是“应用于数码相机和其他设备的图像采集、加工和传送技术”,主要包含大约 744 件美国授权专利,374 件外国授权专利,155 件在审的美国申请和 244 件在审的外国申请;而“KISS 组合包”代表柯达成像系统和服务专利组合(Kodak imaging systems and services patent portfolio),是和“图像分析、处理、标记和网络服务工具”相关的技术,大致包含 435 件美国授权专利,349 件外国授权专利,163 件在审的美国申请和 171 件在审的外国申请。

柯达认为，出售的这批专利包含一套广泛的技术，包括诸如数码相机功能及特性、图像处理算法和网络图像存储、访问和实现等关键数字成像领域技术的发展。上述专利包在柯达战略转型中，被界定为“非战略性知识产权”。时任柯达 CEO 的彭安东在接受媒体专访时，也明确表示，“可供出售的专利只是柯达专利储备的一部分，且与公司的核心投资和未来发展无关。”

尽管如此，柯达出售的专利仍具有较高的市场价值。根据其申请出售文件，在破产申请前的几年间，柯达通过其知识产权许可协议，特别是其“DC 组合包”的许可使用来变现技术价值，其所获资金已经成为支持柯达数字化转型的重要资金来源。自 2003 年以来，柯达通过“DC 组合包”，从 30 多家被授权公司获得了超过 30 亿美元的授权收入。其授权许可协议列表显示，被许可对象不乏苹果、索尼、佳能、IBM、富士、卡西欧、惠普、英特尔、LG、松下电器、摩托罗拉、尼康、诺基亚、三星、夏普、飞利浦等大型公司。这也可以从侧面印证柯达本次出售的专利技术市场价值不容小觑。

二、所售技术资产的技术价值分析

在专利出售交易时，技术价值分析是实现企业专利运营策略和资本投资决策的前提。对柯达专利特点及其所涉及的技术领域进行分析，是技术价值分析的重要内容。本部分通过对柯达出售的专利组合包的分析，识别专利包中数字成像产业内的核心技术、重要技术，了解专利出售时技术的发展状况和趋势。

两个专利包中专利的总体申请趋势，如图 1 所示。从图 1 中可以看到，在柯达公司提交破产保护前 20 年里（1992 ~ 2011 年），其专利申请量呈现先增后减的趋势。柯达在 20 世纪 90 年代中期以前专利年申请量较少，1994 年后其申请量开始显著增加并于 2000 年时达到峰值，7 年内（1994 ~ 2000 年）柯达专利申请量的年均增长速度为 33.71%。

从一定程度上看，专利申请量的连年增长，反映了柯达在这一时期对技术研发的重视程度逐渐加强，技术创新成果产出较多。随后，专利申请量以年均 54.43% 的速度急剧回落。可以推断，专利申请量的急剧减少，应该与柯达经营状况持续恶化、业务转型失败有较大关系，连年亏损导致柯达没有足够的资金来支撑企业技术创新。

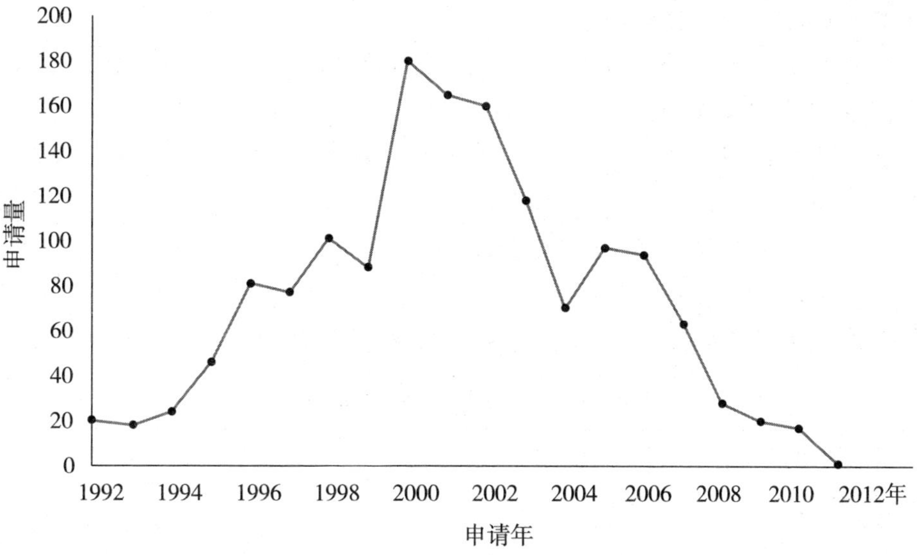

图 1　柯达出售专利申请年份分布

资料来源：方象知产研究院。

柯达出售专利在各国的专利布局情况如表 1 所示。表 1 中所列国家，均为柯达潜在的技术市场，这与彭安东任时的"全力进军数码领域"的企业发展战略相一致。其海外市场中，在日本布局的专利量最大，其次是德国、法国和英国。

表 1　出售专利的申请地域分布

美国	日本	德国	法国	英国	中国	中国台湾地区	澳大利亚	瑞士
1179	206	140	135	133	40	13	9	8

欧专局	荷兰	加拿大	印度	中国香港特别行政区	意大利	韩国	吉尔吉斯斯坦
8	8	6	5	3	5	3	1

资料来源：方象知产研究院。

日本品牌如富士、索尼、佳能和尼康等，在数码相机等消费领域市场拥有全方位优势，而此组专利涉及的数码成像技术与该类公司的自身业务存在高度相关性，在数码相机大行其道的时代，有利于扩大柯达产品在日本的市场份额，提升企业在日本的竞争力。然而事实上，2002 年日本富士的产品数字化率已高达 60%，而柯达仅有 25% 左右。这与柯达主推胶卷业务有关，雪藏数码技术与前瞻性专利布局相悖的战略决策一直被诟病。

从柯达出售专利的技术领域来看,这一系列专利覆盖数码成像技术领域。自1995年起,随着成像液晶(LCD)等数字显示元器件的市场化,数码成像技术进入"爆发性"裂变时代。对于出售专利包中最早(1994年)和最晚(2012年)授权的主要专利统计分析,如表2和表3所示。从表2中可以看出,相关专利技术内容有光电传感器、滤波器、取景器、数字信号电路、光敏芯片等,这均属于数字影像获取(输入)技术中的关键分支技术,而数字影像输入技术又是数字成像技术的基础、核心和发展的关键,这说明柯达对于数字成像领域中基础性技术的研发活动在国际上起步较早。

表2　出售专利中最早授权(1994年)的专利基本情况

专利申请日	专利号	技术主题
19920828	US5302778A	Semiconductor insulation for optical devices
19920924	US5300381A	Color image reproduction of scenes with preferential tone mapping
19920915	US5353165A	One piece viewfinder and fabrication process
19930331	US5322998A	Conical blur filter for reducing artifacts in imaging apparatus
19930115	US5321509A	Apparatus and method for controlling a charge coupled device image sensor to provide sequential output of video image signals
19921026	US5294848A	Wide variation timed delayed digital signal producing circuit
19920817	US5329312A	DC level control circuitry for CCD images

资料来源:方象知产研究院。

从表3中可以看出,转让时拍卖专利技术,主要涉及数字照相技术的照相机存储器、数字影像动态获取技术的数字摄像技术、数字视频系统、数字编辑算法、变焦技术等数字影像输入/输出技术,涵盖了包括图像信息获取、传输与处理以及图像信息输出、显示和应用等关键技术。这类技术是具有前瞻性和探索性的战略必争之高技术,也最能代表柯达在数字成像技术领域的水平和能力。

表3　出售专利年(2012年)授权专利基本情况

专利申请日	专利号	技术主题
19980207	EP860982B1	Electronic camera with quick review of last captured imags

续表

专利申请日	专利号	技术主题
20040227	US8094927B2	Stereoscopic display system with flexible rendering of disparity map according to the stereoscopic fusing capabilitv of the observer
20101021	US8139126B2	Digital video system for assembling video sequences
20060413	US8135684B2	Value index from incomplete datas
20051118	JP4903418B2	Zoom
20080208	EP2135442B1	Multiple lens camera operable in various modes
20080717	US8134589B2	Zoom by multiple image capture
20091211	JP4903854B2	Object detection method in digital image
20060530	JP4908505B2	By utilizing the photographer's classification
20061115	JP4920043B2	Map clssification method
20070405	JP4897042B2	An assembly of a plurality of unique identification of objects in the image
20070614	EP2033140B1	Classifying image regions based on picture location
20070703	US8117210B2	Sampling image records from a collection based on a change metric
20080422	US8135182B2	Method for creating photo cutouts and collages
20080130	US8116596B2	Recognizing image environment from image and position

资料来源:方象知产研究院。

由上述 1994 年至 2012 年许可的专利技术分析可知,随着时间的推移,柯达对于各类主流技术的基础性研究持续推进。除数字图像处理与输出技术外,还包括数字摄像机、数字编辑系统及各种数字成像系统等,这在一定程度上促进了数字影像技术的发展。

通过对柯达出售专利的申请类别统计分析,得到 IPC 小类排名如图 2 所示。从图 2 中可以看出,排名前 10 位的 IPC 分类号的专利,主要集中在 G 部(物理)部,这反映了数字成像技术的物理技术属性。专利申请主要集中在 H04N(图像通信),其次是 G06K(数据识别)和 G06T(图像数据处理),其他技术组成包括电数字电路。摄影放映和光学元件等,说明这些领域是柯达重点关注的领域。从当时数码相机产业的技术发展态势来看,这类技术具有巨大的发展空间,并且仍为业界后续几年的技术热点及重点。

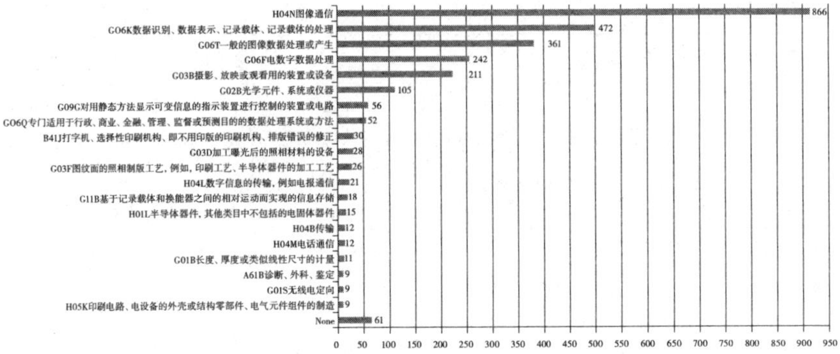

图 2　柯达出售专利的 IPC 分类号小类占比情况

资料来源:方象知产研究院。

图 3 是柯达出售专利的专利量、特征度和专利度的雷达图。其中在专利雷达图中,蓝线、黑线和绿线分别表示专利申请量、专利度和特征度。从专利申请量上看,数字图像处理技术的专利,主要布局于数字图像存储、数字成像系统和数字电路等细分技术领域。

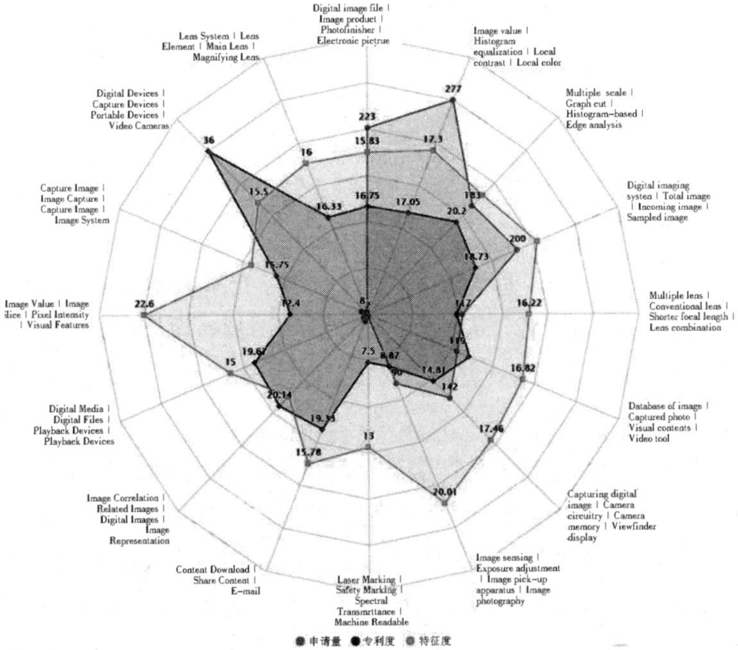

图 3　数字图像处理技术的专利量、特征度和专利度的分布

资料来源:方象知产研究院。

从专利度上看，数码装置/捕捉装置/摄像机等技术领域中专利的专利度最大，也就是说，该专利组的平均权利要求数目最多，专利技术的保护范围也最大，这说明该类技术的应用领域最广。这类基础、核心技术的发展也较早，处于比较成熟的阶段。

从特征度上看，图像像素/电子相片/像素强度/视觉特性技术的特征度最大，即其专利的主权项中技术特征数最多，这说明该专利组中专利技术的创新性较强。但是特征数越多，限制性越强，专利的保护范围也越小，这可能导致技术的保护强度不大，其技术价值和商业价值有限。上述技术发展较晚，专利申请量虽少，但是其未来发展潜力也较大。

其中，激光市场/安全市场/光谱透射率技术领域的专利申请量和特征度均最小，说明这类技术的原创性较高。按现有申请、授权形式来看，对于专利度低、特征度高的专利，例如图像分割等技术领域的专利，其价值较低。但其本身的发明内容可能非常有价值，可挖掘出此类专利，并对其发明内容进行重组和“再发明”。

图 4 是专利申请量—引用度—同族度的气泡图。其中每一个圆圈代表一位专利发明人，横轴表示专利申请量，纵轴表示引用度，圆圈大小表示同族度。发明人是专利申请、产品研发的基础。肯尼斯 · 帕鲁斯基(Kenneth A Parulski)是柯达公司首位成功开发彩色 CCD 的研究员，在数码相机技术上具有较深的造诣，共有 134 件专利申请。

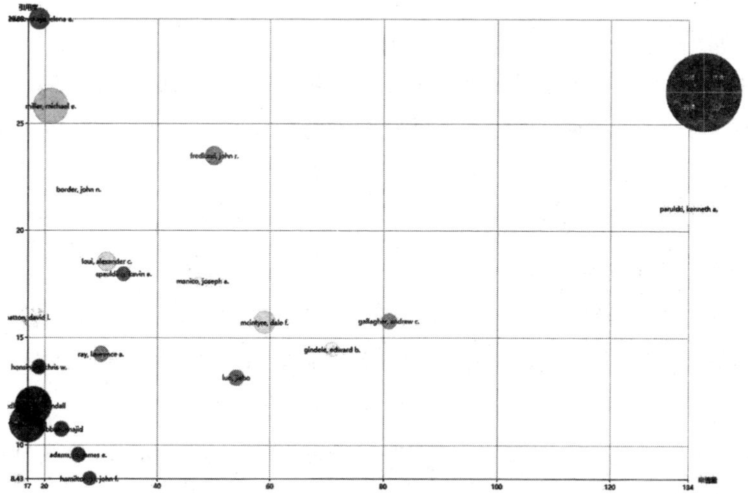

图 4　柯达出售专利的申请量—引用度—同族度图谱

资料来源：方象知产研究院。

三、所售技术资产的估值

之前为柯达带来巨额价值的技术资产被抛入市场，如何对其价值进行估算呢？柯达本身预期的价值是 20 亿美元左右。当时柯达聘用专利咨询公司 Envision IP, Inc. 和 284 Partner LLC 对其进行估价，二者的结论存在一定差异。其中，前者估价为 20.8 亿～22.1 亿美元，而后者则给出 22.1 亿～25.7 亿美元的估价。

两家咨询公司都是采用收益法，即现金流折现法（DCF）对专利估值。现金流折现法把因应用专利而产生的预期现金流量，折算成现值，从而确定专利的市场价值。根据现金流折现法的基本公式，专利估值时要确定的主要因素是——因应用专利而在未来特定时期内产生的现金流量和折现率。一般来说，采用现金流折现法估值，涉及的主要流程有以下几点：

（1）确定专利未来将要实施的企业；

（2）预测应用该专利所生产产品的销售收入；

（3）计算专利技术分成率，确定专利技术对产品销售收入的贡献；

（4）选择多家可比公司，分别测算其加权平均资本成本；

（5）确定各可比公司流动资产、固定资产、专利等无形资产占全部资产的比例，以及投资流动资产和投资固定资产的收益率；

（6）根据（4）和（5）中的计算结果，推算出各可比公司专利等无形资产的收益率，继而确定待估值专利的折现率以及预测期内各期折现参数；

（7）根据专利技术贡献产生的各期现金流量现值，计算获得专利的市场价值。

从原理上看，现金流折现法基于可预测的企业发展情况计算，属于一种相对准确的计算方法。然而，现金流折现法计算比较复杂，估值过程中需要较多的主观假设。例如，在选择可比公司、确定未来收益折现率、技术分成率等主要参数时，没有统一的标准。且专利包在未来商业化过程中，存在很大的风险性和不确定性，而将其表现的真实风险及变化均用折现率来表示，在现实交易场景条件下，这是该方法具有一定局限性的主要因素，也是导致不同机构对同一专利估值时差异比较明显的原因。

就柯达出售的技术资产而言，相关专利内容集中于数字成像技术领域，而柯达曾一度拥有世界上最具创新性的研发部门，且在技术研发领域中投资巨大，并产生一系列的高价值专利。据当时分析师估算，柯达持有的数码技术专利价值可能超过公司市值。据悉，在柯达宣布破产的前十年里，所售专利组合为柯达创造了近 30

亿美元的营收。但是其交易价格仅有5亿多美元,那么售价与估值相差较大的原因何在?

从经济学视角来看,当市场符合完全竞争市场假设时,交易价格主要由供需关系所影响。然而目前并没有一个成熟的技术交易市场,大部分技术交易均是通过拍卖形式完成的。而最终的拍卖成交价,还会受许多其他因素影响,例如交易期限、购买方预期心理等。

柯达公司申请破产保护的目的,是在一定期限内通过资产的重新整合、剥离不良资产、清偿债务等活动,使公司重新走上正轨。在这种情况下,柯达公司出售其专利资产有快速变现的要求。因此,由于需要快速变现,柯达公司专利的最终交易价格,低于评估机构给出的估值。

其次,通过破产法院拍卖专利,在法庭监督下的专利售价也可能会被压低。同时,交易专利之上尚附着大量他项权利无法终止,导致买受人行权受限。且在破产的情形下,潜在购买方对标的权利瑕疵亦有深入了解,导致给出的竞价偏低。另外,为了避免柯达额外增加诉讼成本,且有利于公司管理层和资源聚焦于核心业务的经营,此次专利交易包括交易各方与柯达专利诉讼的和解协议,这也会导致专利售价的降低。

专利技术交易是技术交易的主要方式之一,所以专利价值评估也是技术价值评估的重要方面。在现实交易场景下,专利价值受制于多方因素影响,所以现有的专利价值测度方法并不完美。所以,在专利评价方面,还需要结合定性的方法对技术价值全方位评估,以获得更加准确的技术价值分析结论。

例如,根据之前的技术分析,柯达出售的专利包基本为数字成像领域中比较核心的基础专利,技术比较成熟且基础研究较为完善。企业更看重的是使用权,而不是技术对于产品创新性的影响。也就是说,就企业而言,在技术先进性不足的前提下,技术价值主要体现为企业使用基础技术需要支付的许可费。

随着数字技术的飞速发展,技术路径不断演进,规避基础专利的操作增加等情况的出现,影响专利交易价格的因素会发生变化。这些因素均需要在技术价值评价中予以考虑。随着更多信息的积累、定性分析的深入以及定量模型的完善,技术资产的估值可以不断接近理论值,从而可为破产企业制定无形资产的处置决策提供参考。

四、技术资产出售程序

柯达在破产程序中出售专利组合涉及四方面的程序:专利组合的竞买程序、技术出售的通告程序、法院听证及利益相关者异议程序。专利组合的竞买程序的重点,是建立灵活且有竞争性的销售程序,兼顾潜在竞买方对拍品进行尽职调查并参与竞拍的权利,以及对竞标人、竞标条件的保密。而对交易信息的通告、法院听证及利益相关者异议程序,重点则在于确保专利组合的出售不损害利益相关方权益。

(一)竞买程序

柯达为此次交易设计了一个兼具保密性和竞争性的竞买程序。在柯达的交易中,并未采用一般出售资产时使用的"假马竞标"方式。柯达认为,"假马竞标"方式不利于专利资产的交易。"假马竞标"出售策略要求要确定一个购买方作为"假马","假马"购买方会提出自己的报价,当在之后的竞标过程中出现出价更多的购买方时,成交的是出价更高的购买方("真马"),此时债务人会根据此前的协议给"假马"购买方补偿。在没有出现出价更高的购买方时,则"假马"就要按照此前和出售方签订的协议购买资产,这种做法可以保证资产出售的"保底价格"。采用"假马竞标"出售策略时,要求债务人披露"假马"购买方的协议,经过法院的审查,确定此协议是公平合理的,且未对将来可能出现的竞买方产生实质的阻碍。

此前知名IT公司北电网络有限公司的专利资产出售过程,便凸显出"假马"竞买方的风险。在这一出售过程中,谷歌公司于2011年4月作为"假马"对拟售专利资产报价9亿美元,谷歌担任"假马"的原因,是希望通过购买这些专利资产阻止其竞争对手提出的专利诉讼。然而,在之后的竞买过程中,其他竞买方最终以45亿美元购买这些专利资产。作为"假马"的谷歌,在投入大量时间尽调和披露大量信息后,并没有成功购得专利技术。因此,很多购买方不愿意充任"假马",这是柯达没有采用"假马竞标"方式的原因。

柯达技术资产的竞买程序,强调保密性。债务人(柯达)和"审查债权人"是仅有的享有可知悉竞标人身份的知情人,并承担对拟竞标人、潜在竞标人和合格投标人的身份、竞标文件及拟销售文件及相关条款、条件及其他非公开信息保密义务的主体。

柯达出售程序中的"审查债权人"由四部分组成:其一,联邦管理人任命的债权人委员会(无担保债权人委员会,official committee of unsecured Creditors);其二,第二担保顺位的债券持有人委员会(ad hoc committee of second lien noteholders);其三,债务人重整后融资的有担保贷款方根据重整融资协议(DIP financing)所指定的代理人(被称为"DIP Agent");其四,债务人柯达公司员工组成的委员会,因其根据

《美国破产法》第 1114 条组建，也称为“1114 委员会”（official committee of retired employees of the debtors）。“审查债权人”监督整个竞买过程，并参与对竞买方的审查和评估。另外，未经审查债权人同意，除非请求法院批准，债务人不得执行任何销售协议。

柯达技术资产竞买程序的竞争性，通过公开竞买实现。其主要流程为：

（1）发布出售公告。在法院批准专利组合出售后 5 日内在《华尔街日报》和《金融时报》上刊登招标程序。

（2）意向方提交初步文件。意向方在债务人确定的截至日前提交初步竞拍文件，签署投标保密协议。按时提交文件的意向方成为“潜在竞买方”，将被提供一份出售协议文本，并向其开放技术资产尽调所需资料。

（3）潜在竞买方开展技术尽调。

（4）提交合格报价标书。潜在竞买方在债务人确定的截止日前提供报价标书。债务人和审查债权人可以对竞买方尽调评估，符合条件的竞买方成为合格竞拍人。

（5）当合格竞拍人超过一人时，可以采用竞价程序。

（6）选定购买方。需要特别指出，只要出于使其财产利益最大化之目的，在与审查债权人协商的前提下，柯达在此过程中可以对数字成像专利的全部或者部分招标，并可对专利组合归类或排除。

（二）交易通告

交易通告程序意在令利益相关方知悉技术资产出售交易，是利益相关方参与交易过程、特别是在债务人选定购买方、达成交易协议后，参与法院是否批准交易的听证以及对交易提出异议的前提。

在技术资产出售交易过程中有两次通告：一次是在法院批准此次专利组合出售后的通告。债务人需要将销售通告连同法院批准交易的命令，向“销售通告受告人”（sale notice parties）通告，这里的“销售通告受告人”包括联邦托管人办公室、证券交易委员会、税务部门、环保部门、各债权人委员会的顾问、重整后融资的代理人以及其他对交易存有利害关系或应被通知该交易的相关方。上述竞买程序中发布的出售公告，也是批准专利组合出售后通告的一个内容。

第二次通告则是关于最终销售听证的通告。在债务人与选定的受让方达成交易协议后的两日内，或者在债务人意图与一个或者多个投标方达成交易，但未能得到“审查债权人”的一致同意的情况下，债务人需要将销售听证通告、拟由法院批准的最终销售命令稿、销售协议的最终版以及其他与交易相关的信息,通告给“销售通告受告人”。

(三)最终销售听证

只有当法院在听证后批准交易,签发最终销售命令(final sale order),买卖双方才有权完成专利交易。

(四)对最终销售的异议

异议必须在最终销售听证的前四天,以书面形式向法院提出。只有下列理由会被法院纳入是否批准本次拍卖的考量范围:

(1)债务人不遵守招标程序或法院资产销售的命令;

(2)任何有担保的债权人对数字成像专利的债权竞购(credit bid);

(3)对中标人在投标过程中或签订销售协议方面的串通或不诚信的指控;

(4)关于草拟的最终销售命令的反对意见;

(5)根据竞买程序允许在最终销售听证时陈述的异议;

(6)对销售协议中构成《资产销售行为准则(修订)》(法院诉讼通则 M-383)中“特别规定”的条款和条件,债务人应予披露但在通告中未予以披露,因而提出的异议。

五、出售技术资产上的附着权利

企业在重整过程中出售的技术资产上,往往附着有他项权利,比如在专利技术上存在共有权人、已将专利技术质押用于融资,或者已经将专利授权他人许可使用。前文已述,柯达在破产程序中出售的专利权利状态各不相同:有权属待定状态的专利申请,如有在审的专利 733 件,占所售专利总和的 27.81%;有已授权的专利许可协议共计 112 个,许可协议签订时间在 1994 年至 2011 年。那么,技术资产出售过程中,债务人如何解决专利所附他项权利,并使竞标人放心参与竞买呢?在柯达技术出售中,通过两方面努力,柯达同时保护了他项权利人及竞标人权益。

首先,柯达保障他项权人的合法利益。柯达在出售专利的文件申请伊始,即承诺会对相关权利人给予充分的权利保障。柯达通过三种方式,实现对不同权利人的保障:

(1)柯达作出下述承诺和保证:拟出售的数字成像专利,由债务人(柯达)享有所有权，是其既有财产。出售的专利中，除法院批准出售文件已经披露的许可协议外，柯达不再签订其他有关数字成像专利的许可协议，没有能对该批数字成像专利主张共有权益的共有人。

（2）如所涉专利之上存在担保权人，则通过充分满足担保权人债权的方式"赎回"担保权。此节在重整计划"4.2 债务和权益的分组处理方案"中得到印证。除非该等优先债权持有人同意给予较不优惠的待遇，该等优先债权持有人将会得到充分和最终的清偿，并以此换回其持有的优先债权。

（3）如所涉专利已被授权他人，则受《美国破产法》第 365 条 n 款约束，即便债务人提出终止相关授权，但被授权人有权拒绝接受该等终止授权协议的请求，并将此等授权延展至原授权期限届满或根据任何非破产法律规定该等协议可延长至的时间节点。故而若柯达提出终止原授权协议，则愿意接受该等终止请求的被授权人需按照双方谈判结果结束原协议；而拒绝接受终止条件的被授权人有权按照原协议约定，继续支付授权费用，并继续享有相关授权，从而确保此类相关权利人权益不受损。

其次，柯达对专利权利状态充分公开。竞买人享有知情权，从而为竞买人评估是否接受专利资产上的权属限制，拟定何等竞标条件提供了辨识条件。柯达在法律文件中公开全部所涉专利状态及所附授权协议，并承诺除下述限制外，中标人不会因交易而遭受其他不利限制或诉求：

（1）承诺选中专利之上无可主张共有利益的共有权人。

（2）列明就己方持有的标准必要专利，及对标准化组织的承诺。中标方须按相关标准化组织的规定，继受对该等标准必要专利的限制要求，例如，有些组织要求标准专利持有方应当放弃专利权行使，有些组织要求对该等专利实施强制许可。

（3）受《美国破产法》第 365 条 n 款约束而导致被授权人继续享有许可授权的情形。

（4）在此期间被破产法院批准的所涉专利的授权。

（5）在最终销售协议中明确的其他约束。

柯达通过前述方式，一方面保障了所涉专利上附着的他项权利人的合法权益；另一方面为竞拍方提供权威的竞价依据，使竞买人愿意参与到竞买程序中。

六、出售结果

最终，柯达关于出售技术资产的申请，于 2012 年 7 月 2 日被法院批准，之后柯达经公开竞买程序选定智慧投资公司(Intellectual Ventures)为最终买方,双方于2012年12月18日签署了销售协议。之后,柯达的最终销售听证于2013年1月11日举行,法院签发了最终销售命令。由此,柯达出售约1100项专利,获得5.25亿美元的收益,这一收入与此前市场预计的20亿美元有较大差距。最终专利组合权益由智慧投资公司(Intellectual Ventures)与RPX公司组建的联合体,及其所代表的12家技术公司联合购得,这些公司包括奥多比系统公司(Adobe)、亚马逊(Amazon)、苹果(Apple)、脸书(Facebook)、富士胶片(Fujifilm)、谷歌(Google)、宏达国际(HTC)、华为、微软(Microsoft)、移动研究公司(RIM,加拿大的通信公司)、三星(Samsung)和快门网(Shutterfly,美国的个性化网络印刷公司)等。此外,根据本次交易最终达成的许可、交叉许可协议,柯达和众多被许可人之间多年争议以和解结束,并在破产法院批准交易文件中得到确认。

2013年8月23日,破产法院确认柯达集团重整计划裁定,重整计划生效日为2013年9月3日,柯达重整取得成功。

“公平表决”还是“田忌赛马”？

——中美破产重整表决机制比较研究

李　力*

重整计划草案的表决，是整个破产重整程序的核心。无论是债权登记确认、债务人资产清查，还是对其经营账目的审计，其实都是给破产重整计划草案的表决做先期准备。真正决定债权人、担保权人以及债务人股东、高管、员工乃至重整投资人等利害关系方权益处分的核心程序，其实就是重整计划草案的表决程序。

既然是表决，自然有人赞同、有人反对。要让反对者心悦诚服，就需要尽量确保表决机制公开、公平、公正，尽最大努力尊重利害关系人的知情权、参与权、提案权、表决权，尽最大可能防范表决结果被“内部人”恶意操纵。如果表决程序不公平、不透明、不科学、不合理，即便前期准备工作做得非常完美，即便充分杜绝了隐匿财产、个别清偿等“逃废债”情形，仍然难以避免已获通过的重整计划遭到反对者的非议、诟病甚至司法挑战，难以避免让多方参与、历时数月的重整程序被冠以“逃废债”的恶名。

表决，不就是“少数服从多数”吗？不就是按照“多数”的意见办事吗？

是的。表决机制的核心规则就是“少数服从多数”，用“多数决”的基本原则实现公平。其实，在表决数量规则上，我国与美国基本相同，要求每组赞同票要达到“人数过半、金额不少于2/3”，所有组别都通过一项重整计划草案才算通过。然而，由于破产案件的复杂性，其表决机制远非“少数服从多数”那么简单。

一、举个简单的例子

假设某债务人只有10个无担保普通债权人，其中9个为无关联债权人，1个是

* 李力，北京大成律师事务所高级合伙人。

债务人的控股股东；9 个无关联债权人中，5 个小额债权人每人持有 3～10 万元的债权，另外 3 个分别持有 12 万元、80 万元和 120 万元的债权，还有 1 个持有 7000 万元的债权；控股股东则持有 24.16 亿元的巨额关联债权。

假设债务人提出一项重整计划草案（方案Ⅰ），交由这 10 个债权人组成的普通债权组表决：

所有债权：(1)10 万元以下的部分，全额现金清偿；(2)10 万～100 万元的部分，40% 以现金清偿，剩余的 60% 部分不再清偿；(3)100 万元以上的部分，按 40% 的比例打折，然后用折后价值认购债务人新增发的股权，也就是“打四折债转股”；(4)股东原有股权（注册资本 5 亿元）全部归零；(5)重整投资人注入现金 200 万元，以净资产评估价值的四折价格认购债务人增发股权，增资款用于清偿负债和企业运营。

这样的重整计划草案会表决通过吗？不出意外的话，一定会通过。

我们假设每个债权人都是理性的经济人，都以最有利于自身的策略行动。那么：5 个小规模债权人会投赞成票，因为他们的利益没受损害，越早通过方案对其越有利；剩余的 4 个无关联债权人会投反对票，因为他们的债权都没有全额受偿，都会受到损害；控股股东会投赞成票，因为方案本身就是在他控制下的债务人制订、提出的，理应代表他们的意见和最佳利益。如果这样的话，赞同票的人数为“5＋1”，超过半数；由于控股股东超大额关联债权的加入，赞同票的金额也势必会超过“2/3”。因此，这个方案必然获得表决通过。（见表 1）

表 1　方案 I 表决结果

<table>
<tr><td>债权人编号</td><td>1</td><td>2</td><td>3</td><td>4</td><td>5</td><td>6</td><td>7</td><td>8</td><td>9</td><td>10</td></tr>
<tr><td>持有债权金额（万元）</td><td>3</td><td>4</td><td>6</td><td>8</td><td>10</td><td>12</td><td>80</td><td>120</td><td>7000</td><td>241,600</td></tr>
<tr><td>表决票</td><td>Y</td><td>Y</td><td>Y</td><td>Y</td><td>Y</td><td>N</td><td>N</td><td>N</td><td>N</td><td>Y</td></tr>
<tr><td>债权分组</td><td colspan="10">Class 1</td></tr>
<tr><td rowspan="2">表决结果</td><td colspan="5">赞成人数占比</td><td colspan="5">赞成金额占比</td></tr>
<tr><td colspan="5">6/10</td><td colspan="5">97.10%</td></tr>
</table>

那么下一个问题是，这样获得通过的方案公平吗？持有 12 万元、80 万元、120 万元和 7000 万元债权的 4 个债权人，会不会认为整个重整程序被控股股东操纵呢？会不会指责，整个破产重整程序是控股股东与重整投资人私下合谋，以“合法形式”实现“逃废债”的目的呢？

让我们带着这些问题，粗略研究一下美国破产法重整计划草案表决机制，看看是否存在具体的原则和规定，可以针对性地解决它们。

二、谁有提案权

提案权，涉及整个重整计划草案的设计和起草，是表决机制中最重要的程序权利。拥有提案权的一方可以全权设计整个重整计划草案，包括债权清偿方案、股权调整方案、债务人财产处置方案、人员留用方案等，还可能引入新的投资人，进而提出与新进投资相关的公司估值、控制权安排等内容。可以说，谁拥有提案权，谁就拥有整个重整程序发展方向的主导权。

所以，谁有权提案？有权提案的各方，谁在先，谁在后？在先的可以准备筹划多长时间？在后的如何轮换？这些问题是破产重整机制首先需要解决的问题。

根据《美国破产法》的规定，一般情况下债务人在破产重整程序开始的头 120 天里，都会拥有排他性的提案权，①而且经申请和法院批准，这一排他性提案期间还可以顺延，②但最长不得超过 18 个月。③ 一旦债务人的排他性提案期间届满，则其他债权人、债权人委员会、债券受托管理人、股票持有人委员会甚至单独的股票持有人均可以申请提交自己拟定的重整计划草案。④ 所以，在复杂的重整案件中，各利害关系方常常会围绕“排他性提案期间”是否可以延期、是否已经过期等问题展开激烈争辩，竭尽所能争取可以掌控重整程序发展方向的提案权。

我国的《企业破产法》将“提案权”直接赋予了债务人或管理人。⑤ 而且规定，谁负责管理债务人财产和营业事务，谁就拥有重整计划草案的提案权⑥。所以，在我国破产重整程序中，债权人、担保权人其实根本没有机会主动设计制订重整计划草案，仅能在表决过程中行使表决权，至多以被动角色参与草案的“磋商讨论”。

公平，从程序正义的角度讲，首先在于机会均等。对于提案权这种具有全局主导意义的程序权利而言，完全不给债权人、担保权人机会，这种做法非常值得商榷。诚然，破产重整程序的主要目的之一，在于给债务人创造一个重整旗鼓、重新再来的机会，但必须首先要保护、尊重债权人的权益，而在破产重整这种必然需要牺牲债权人“经济利益”的法律程序中，就更应当保护债权人的程序性权利。

---

① 11 USC § 1121(b).

② 11 USC § 1121(d).

③ 11 USC § 1121(d)(2)(A).

④ 11 USC § 1121(c).

⑤ 《企业破产法》第 79 条。

⑥ 《企业破产法》第 80 条。

当然,美国的程序安排,也存在一些弊端,比如,这种做法势必会增加开庭次数,拖延整体程序的进程,造成司法资源损耗,甚至浪费;另外,为了推动己方获得提案权,可能会有当事方恶意投否决票。但是,公平与效率,这两者之间本来就存在矛盾,本来就属于一个价值取舍问题。在司法领域中,似乎应当给“公平”赋予更大的权重。

三、如何分组

权益如何分组,是影响表决结果的关键。通过分组策略来影响、控制结果,一个最具代表性的例子,就是著名的古代故事——“田忌赛马”。而一个公平、公正的表决机制,就是尽可能制定一整套简单可行、逻辑周延的分组规则,不让任何一方有机会成为“田忌”,不给恶意利用分组规则操纵表决结果留下制度空间。这在某种程度上,是个客观的逻辑问题或者数学问题,而不是一个有很大发挥空间、存在价值取向的主观问题。

在分组规则这方面,美国破产法的规定非常简单:

第一,分在同一组的权益,应当“实质相似”(substantially similar);①

第二,同组权益在重整计划中,应当给予“相同待遇”(same treatment);②

第三,经法庭批准,可以将低于(或同意调低至)某个金额的无担保普通债权划为一组。③

第三条规则比较容易理解,其实是给小金额债权预留了分组空间。然而,对于什么是“实质相似”,如何算“相同待遇”,成文法并没有给予明确定义,而是把这些问题留给了法官,由法官通过一个个具体判例,以归纳推理的方式来进一步地解释、澄清。

(一)实质相似

美国破产法所规定的分组的对象是“权益”,并不仅仅局限于“债权”,还包括股权、担保权等对债务人资产具有请求权、或有请求权的权利和利益。由于美国金融产品、金融市场非常发达,在一些特别复杂的破产程序中,还可能存在优先股、可转债、永续债等清偿次序介于“股权”和“债权”之间的夹层融资权益,以及一些通过债

---

① 11 USC § 1122(a).

② 11 USC § 1123(a)(4).

③ 11 USC § 1122(b).

权人协议等契约约定而人为设立的分层债权。一旦进入破产程序，这些原本在清偿次序、控制权安排、法律性质等方面存在明显差异的不同权益，自然会被归类为不同的权益组别。但是，从既有判例来看，引发争议最多的分组问题，其实并不在这些区别明显的权益类别之间，而是发生在“无财产担保普通债权”内部。

与我国情况相比较，美国普通债权分组的一个最显著的区别就在于，“关联债权”需要独立分组。美国破产法特别重视对“内部人（insider）控制”问题的防范，这表现在很多方面。① 在表决机制方面，这一原则表现为，若仅有一个利益受损的权益组别通过了某个重整计划草案，则其表决结果不应考虑符合“内部人”定义的权益人的同意票，否则该方案将不能获得法院的“强制性裁定确认”（cram down），不会胜过其他反对者的意见而获得执行效力。② 所以，在债权分组方面，关联债权通常会被独立分组，而不会与其他非关联债权混合在同一个“无担保债权组”之中。换句话说，即“关联关系”应当在权益分组时被纳入“实质相似”的审查范围，不能将关联债权与无关联债权混在同一分组中进行表决。

除关联关系之外，还有一些属性差异可能会被用来区分普通债权。比如，存在第三方保证担保的债权，可能会被独立分组，因为这些债权的可期待偿付利益除来自债务人财产，还可能来自第三方保证人，因此他们在表决时考虑的清偿风险、时间成本等因素，自然与仅能指望债务人资产来清偿债务的无担保债权人会非常不同。再如，即便同样是无担保普通债权，金融机构债权人也可能与一般贸易债权人会被分在不同组别，因为金融机构更愿意接受债务延期、债转股等方案，而一般贸易债权人则更倾向于现金偿付。此外，与我国相似，税款债权、职工债权，以及因环保、证券等侵权问题引发的集团诉讼债权等特殊性质的债权，一般也会独立分组。

（二）相同待遇

同组权益应当获得相同待遇，这其实是《美国破产法》对重整计划内容的一项要求，但是这项要求其实与权益分组方案具有直接、紧密、互为因果的关系，因此在

---

① 比如，（1）如果债务人与其控股股东、控股子公司等关联关系人存在严重的资产混同、法人人格混同情况，就可能导致关联关系人的财产被合并计入债务人财产，进行实质性合并破产；（2）如果关联债权在利息、期限、担保权益、可获得性等多方面满足特定条件，就可能被视为“股权”，或者，其清偿次序被调整到其他无关联债权之后，即适用所谓“深石原则”（deep rock doctrine）或“衡平居次原则”（equitable subordination）；（3）在可撤销的资产转让交易方面，如果交易对手方符合内部人的定义，则其追索期要比普通的90天向前再延长1年等。

② 11 USC § 1122.

设计分组方案时也会被充分考虑，进而被视为是分组方案需要遵循的又一项前提性要求。

对于债权而言，所谓“相同待遇”，大多数情况下都是在强调“比例相同”，无论是“清偿比例”还是“债转股比例”，都应当是以债权总额为基数来核算的比例值相等，而不是绝对金额相同。

我们仍以方案Ⅰ为例说明“相同待遇”的认定方法，但将分组情况按照“实质性相似”的要求稍作修改和调整，并将之称为方案Ⅱ。即假设不再将所有债权人全部编入一个“普通债权组”，而是将1号到5号债权人编为“第一组：金额小于10万元的小额债权组”，将6号到9号债权人编为“第二组：无关联普通股债权组”，将10号债权人编为“第三组：关联无担保债权组”，其余关于清偿方案的内容不变。那么，表决情况大致会变成如表2所示的情形。

表2　方案Ⅱ表决结果

<table>
<tr><td colspan="2">债权人编号</td><td>1</td><td>2</td><td>3</td><td>4</td><td>5</td><td>6</td><td>7</td><td>8</td><td>9</td><td>10</td></tr>
<tr><td colspan="2">持有债权金额（万元）</td><td>3</td><td>4</td><td>6</td><td>8</td><td>10</td><td>12</td><td>80</td><td>120</td><td>7000</td><td>241 600</td></tr>
<tr><td colspan="2">表决票</td><td>Y</td><td>Y</td><td>Y</td><td>Y</td><td>Y</td><td>N</td><td>N</td><td>N</td><td>N</td><td>Y</td></tr>
<tr><td colspan="2">现金清偿率</td><td>100%</td><td>100%</td><td>100%</td><td>100%</td><td>100%</td><td>90.00%</td><td>47.50%</td><td>38.33%</td><td>0.66%</td><td>0.02%</td></tr>
<tr><td colspan="2">债转股比率</td><td>0%</td><td>0%</td><td>0%</td><td>0%</td><td>0%</td><td>0%</td><td>0%</td><td>6.67%</td><td>39.43%</td><td>39.98%</td></tr>
<tr><td colspan="2">合计清偿比率</td><td>100%</td><td>100%</td><td>100%</td><td>100%</td><td>100%</td><td>90.00%</td><td>47.50%</td><td>45.00%</td><td>40.09%</td><td>40.00%</td></tr>
<tr><td colspan="2">债权分组</td><td colspan="5">Class 1</td><td colspan="4">Class 2</td><td>Class 3</td></tr>
<tr><td rowspan="2">表决结果</td><td>赞同人数占比</td><td colspan="5">5/5</td><td colspan="4">0/4</td><td>1/1</td></tr>
<tr><td>赞同金额占比</td><td colspan="5">100%</td><td colspan="4">0%</td><td>100%</td></tr>
</table>

那么，接下来的问题是，方案Ⅱ是否满足“相同待遇”的要求呢？答案是否定的。仔细观察第二组的清偿比率情况即可知道，从6号债权人到9号债权人，每个人所获得的现金清偿率和债转股比率都是各不相同的。所以，方案Ⅱ并不满足上文介绍的美国破产法分组规则的第二项要求，如果在美国司法环境下，这种重整计划草案不可能获得破产法官的确认。

（三）为什么

为什么只有实质性相似的权益才能同组表决？又为什么同组权益所能获得的

待遇必须彼此相同呢？

其实道理很简单。作为理性的经济人，每个投票人不但关注自己的利益得失，而且还会横向比较与自己境遇相似的其他各方的可获得利益情况，从而得出“是否公平”这个问题的结论。境遇类似的待遇相同，能做到这一点就说明重整计划草案在这个权益组别的内部而言，是“形式公平”的，不存在厚此薄彼的情况，可以促使同组表决的各方“感同身受”，而不会出现“站着说话不腰疼”的尴尬状况；在“形式公平”的基础上，再让所有成员都能“机会均等”地参与表决，最后再以每组“人数过半、金额不少于2/3”的多数决规则来评判，这样得出的表决结果，自然会让人觉得“公正”。而表决机制所追求的最基本的价值取向，就应当是公平公正！

所以，为了保证分组表决机制最基本的“公平性”，权益分组必须确保两个最基本的前提条件能获得满足：其一，各方在破产程序开始前的境遇要基本相似，也就是符合“实质相似”的要求；其二，各方在重整计划草案中可获得的清偿比率应当完全一致，就是符合“待遇相同”的要求。

需要说明的是，在美国，权益分组方案由提案方设计拟定，是重整计划草案的重要组成部分，它与各组别的债权清偿方案直接挂钩。所以“同组同待遇”，其实是对重整计划草案内容的要求。这与我国的情况很不一样，我国是“法定分组”制度，也就是权益分组完全按法律法规、司法解释的规定来落实①，权益分组情况（特别是普通债权分组）跟重整计划草案中债权清偿方案没有直接的一一对应关系，债务人或管理人无权直接设计权益分组方案，因此仅能在债务清偿、权益重组方案中想办法通过“二选一”等安排，弥合不同属性权益之间的需求差异。比如，通过“债转股、现金清偿‘二选一’方案”，逆向弥合不同偏好同组债权人的需求差异，从而在一个组别范围内，寻求获得不同偏好债权人的表决通过。

所以，我国债权分组完全由法律规定固化，没有给重整计划草案制定者预留足够的自主空间，因此也没有规定诸如“实质性相似”的分组规则。

另外，对于“同组同待遇”原则，我国有一条很类似的规定，那就是《企业破产法》第87条第2款（“法院强裁”条款）第（五）项非常抽象地规定，“重整计划草案（应当）公平对待同一表决组的成员”。“公平对待”，不同于“相同待遇”，它是个非常抽象，具有很强主观色彩，没有可量化绝对标准的描述。对于“普通债权组”这个可能包括多种清偿比率、可能包括“内部人”持有的关联债权在内的组别而言，如何

① 《企业破产法》第82条、第85条。

算是“公平对待”，其实是个仁者见仁、很难客观衡量的事情。

四、哪些组别有权参与表决

并不是所有的组别都有必要参与表决。以方案Ⅱ为例，其中第一组，小金额普通债权组，他们的债权会被全额现金偿付，因此，如果方案Ⅱ获得司法确认而付诸执行，则其经济利益不会遭受任何损失。作为理性的经济人，对于使其经济利益不受损的重整计划草案，第一组没有任何理由投反对票；反过来说，在确保其经济利益不受损的前提下，如果第一组仍然反对重整计划草案，那么一个潜在的推论就是，第一组希望争取的利益不具备正当性。所以，《美国破产法》规定，对于利益不受损的权益组别，默示其全组赞同方案，不需要征求其表决意见。①

那么，如果让利益不受损的权益人参与表决，会有什么危害吗？有！特别在分组规则不健全的情况下，有特别大的危害。那就是利益不受损的权益人，会稀释利益受损权益人的表决基数，进而危害整个表决程序的公平性、公正性。

继续以方案Ⅰ为例。第1号到第5号债权人，均会获得全额偿付，利益不会受损，自然会投赞成票；除控股股东外，其他利益受损债权人均投反对票。在没有“内部人”独立分组要求、没有同组同待遇的分组规则约束下，第1号到第10号债权人全部被编入一个债权分组。在这种情况下，恰恰是第1号到第5号这5张赞成票构成了“人数过半”的赞成票基础，加上控股股东的1张赞成票，使显失公平的方案Ⅰ获得形式上的表决通过。

在这方面，应该说我国司法机关已经发现问题所在，并推出补救措施。2019年3月27日，最高人民法院颁布了《关于适用〈中华人民共和国企业破产法〉若干问题的规定（三）》（以下简称《破产法解释（三）》），其中第11条第2款规定：“根据企业破产法第八十二条规定，对重整计划草案进行分组表决时，权益因重整计划草案受到调整或者影响的债权人或者股东，有权参加表决；权益未受到调整或者影响的债权人或者股东，参照企业破产法第八十三条的规定，不参加重整计划草案的表决。”

尽管有上述规定，但遗憾的是，目前在我国破产重整案件的审判实践中，《破产法解释（三）》的这条规定，并未获得严格的贯彻执行，仍然存在利用不受损债权人赞成票稀释表决基数的现象。② 特别在部分案件中，重整投资人是国有上市公司，

---

① 11 USC § 1126(f).

② 详见2019年7月23日新疆维吾尔自治区阿克苏地区中级人民法院签发的（2018）新29破1号之六《民事裁定书》。

一旦这种违反司法解释的重整计划草案付诸执行，会给国有资产、上市公司公众股东利益带来很大的不确定性。[①] 纠正错误，会造成国有资产受损、上市公司公众股东利益受损；姑息错误，会制造新的不公平，会变相支持“逃废债”，危害经济金融秩序，进而形成新的进退维谷的两难困境。

五、法院强裁（Cram down）机制

在美国，一项重整计划草案要想获得法院确认、获得法律效力，在表决结果方面就只能有两种选择：（1）设法获得全部利益受损组别的表决通过；[②]或者（2）至少获得了一个利益受损组别的表决通过，并且该组别统计表决结果时并未包括“内部人”的赞同票。[③]

选项（1），是个皆大欢喜的结果，尽管可能有部分权益人投票拒绝，但方案毕竟获得每个利益受损组别大多数权益人的支持，在形式上尊重“多数决”的基本逻辑，从程序正义的角度上获得了正当性；选项（2），则是个靠司法权强力压制反对意见的结果，就是不论反对者的人数或金额占比如何大，为了保证重整目标尽快实现，用司法权强力赋予重整计划草案以法律效力，因此被业界称为“法院强裁”（cram down）。

法院强裁，在价值取向上其实是牺牲公平以换取效率，牺牲反对者的程序权利以换取重整目标的早日实现。因此，确保重整目标能最低限度地体现当事方意愿，具备最起码的合理性、可行性，并且可以有效避免“内部人控制”风险，就显得异常重要了。

破产重整，从根本上说，是债务人的利害关系方之间寻求权益重构的一个过程，而法院仅仅是一个中立的、无利害关系的裁判者。因此，如果在所有组别均反对的情况下，仅凭法院的主观判断，去确认一项重整计划草案，难免会有失偏颇。这可能导致重整计划草案因缺乏基本支持力量，而无法按预设路径有效实施，或者可能导致方案本身仅仅体现提案方的诉求而被恶意操纵。因此，《美国破产法》要求，重整计划草案至少需要获得一个权益组别的支持和拥护才能“法院强裁”，从而保证方案本身具备最基本的合理性和可行性。

---

① 详见2019年6月18日新疆中泰化学股份有限公司董事会发布的《关于公司与新疆中泰（集团）有限责任公司共同参与新疆金晖兆丰能源股份有限公司重组暨关联交易的公告》。

② 11 USC § 1129(a)(8).

③ 11 USC § 1129(a)(10).

那为什么又必须取得“权益受损”组别的表决通过呢？这是因为，对于权益完全不受损害的权益组别而言，他们并没有为债务人的重整做出任何利益上的牺牲，重整成功与否跟他们没有太大关系，而方案能否通过却决定他们何时能获得清偿。因此，从动机上说，不受损组别应该是期待受偿分配，远胜过期待债务人重整成功。所以，将“法院强裁”的最后一道合理性防线交给利益不受损的组别来表决决定，自然不妥。

另外，作为“内部人”的关联债权人，本身对债务人的经营不善就可能负有责任，在重整过程中又通常会掌握着重整计划草案的提案权、与重整投资人谈判的代表权，很容易出现以牺牲其他权利人利益为代价换取己方不正当利益的情况。所以，为了避免被“内部人”恶意操纵，“法院强裁”的重整计划草案必须要排除“内部人”的影响。

“内部人控制”，一直是美国破产法纠纷的热点、重点和难点。在法院强裁案件中，不仅仅要从表决结果中排除“内部人”赞同票，而且还会防范“内部人”通过收购无关联债权等方法恶意操纵表决结果。比如，在 Machne Menachem 公司破产案[①]中，债务人某董事的儿子，通过购买四个无关联债权的方式，人为减少“无关联普通债权组”的债权构成，进而推动债务人提出的重整计划草案获得无关联普通债权组的表决通过，并后续获得破产法院的强裁确认。但是，在联邦巡回法院的上诉程序中，这则重整计划最终还是被判决撤销。法官认为，内部人在重整计划之外向部分债权人支付钱款、购买债权，这种行为构成法律禁止的“主观恶意”（bad faith）[②]；另外，由于购买债权的价格与重整计划草案中无关联普通债权组的清偿比率也不同，从而违反“同组同待遇”原则，据此撤销前述重整计划。

所以，综合上述几方面因素，《美国破产法》对“法院强裁”规定了两条表决程序方面的基本要求：第一，至少要获得一个权益受损组别的表决通过；第二，表决时不应考虑“内部人”的赞同意见。

除表决结果之外，在审查法院强裁重整计划（以下简称“强裁计划”）时，美国法院还会就一些实体问题进行审查，从而确保重整计划草案能遵循最起码的公正、公平原则。比如，为确保反对者利益最大化，需要审查在债务人破产清算条件下各反对者可期待的分配利益，并要确保反对者在强裁计划下的可期待利益不能低于前

---

① In re Machne Menachem, Inc., 2007 WL 1157015 (3d Cir. Apr. 19, 2007).

② 11 USC § 1129(a)(3).

述清算利益，亦即最佳利益审查（best interests test）；[①]再如，为确保计划整体的公平性和正当性，需要分别审查有财产担保债权人、无财产担保普通债权人和出资人的清偿方案，确保有财产担保的受损债权人的可期待利益，至少能达到担保财产的价值[②]，而且居于劣后清偿地位的债权人（或出资人），在优先级债权人（或出资人）获得足额清偿之前，不能获得任何分配，公平公正性审查（fair and equitable test）。[③]

我国《企业破产法》第 87 条第 2 款也规定了“法院强裁”制度，而且字里行间也体现了“最佳利益审查”“公平公正性审查”的价值取向，但是，在法律层面并没有严格要求重整计划草案必须要获得至少一个权益组别的表决通过，更没有规定通过计划草案的组别，应当是“利益受损”组别且不应考虑“内部人”赞同票等更深层次的要求。

但是，随着破产重整实践经验的积累，我国在“法院强裁”制度方面也陆续出台了一些补救措施，比如，在 2018 年 3 月 4 日最高人民法院发布的《全国法院破产审判工作会议纪要》第 18 条中，最高人民法院针对“法院强裁”补充规定“……如债权人分多组的，还应当至少有一组已经通过重整计划草案，且各表决组中反对者能够获得的清偿利益不低于依照破产清算程序所能获得的利益”。结合《破产法解释（三）》第 11 条第 2 款关于“不受损害权益人不参加表决”的规定，可以说，我国在一定程度上，算是将“至少一个利益不受损组别表决通过”这个条件补充规定为“强裁计划”需要满足的强制性要求了。但是，截至目前，尚未发现我国在法律规范层面规定任何可以扼制“内部人”控制问题的条文。

六、有没有上诉机会

司法救济，是现代社会定分止争、维护正义的最后屏障，所以，确保司法裁判的正确性就非常重要。这在程序法上就集中体现为司法裁判的可上诉性。在美国，联邦法院体系依法拥有破产案件的上诉管辖权。[④] 不服破产法院重整计划草案确认判决的利害关系方，可以向联邦地区法院上诉；不服联邦地区法院判决的当事方，还可以继续向巡回上诉法院上诉；不服巡回上诉法院判决的当事方，理论上还可以尝试向联邦最高法院上诉。

---

① 11 USC § 1129(a)(7).

② 11 USC § 1129(b)(2)(A).

③ 11 USC § 1129(b)(2)(B)&(C).

④ 28 USC § 158.

另外，这一系列的上诉机制，其实也给重整计划草案的提案方增添了潜在的诉讼成本。为了重整计划草案能尽快付诸实施，提案方会尽量争取全部受损组别都能表决通过，进而避免法院强裁可能引起的繁复耗时的上诉程序。

令人遗憾的是，根据我国相关法律法规的规定，关于批准破产重整计划草案的法院裁定，是“一审终局”。[①] 因此，既不能上诉，也不能再审，没有任何司法救济途径可供援引。[②]

七、他山之石

与美国相比较，我国目前的破产重整表决机制至少在以下几个方面存在可供探讨的优化空间：

1. 重整计划草案提案权：在确保债务人、管理人优先性的前提下，能否适当放开债权人提案权，以便充分调动债权人招募投资人、设计重整计划草案的主动性和积极性；

2. 权益分组规则：在“普通债权组”“出资人组”等比较复杂的法定权益组别内部，能否适当允许进行更细化的权益分组，且明确将“实质性类似”和“待遇相同”要求纳入分组规则，进而改变清偿率不同债权同组表决的不合理状况；

3. 表决权归属：严格贯彻落实“未受损”权益人没有表决权的规定，避免以不受损小额债权的赞成票稀释表决基数的不公平状况；

4. 防范“内部人”风险：能否明确规定“关联债权”独立分组、独立表决制度，特别在“法院强裁”情形下，能否要求排除“关联债权”的赞同票影响，并允许利害关系人针对“内部人”私相授受、操纵表决结果等情况提起诉讼、挑战重整计划草案的正当性；

5. 上诉制度：能否将批准重整计划草案的裁定纳入可上诉的司法文书范畴，允许当事方通过上诉途径纠正法律适用错误。

破产程序，可以说是维护“欠债还钱”这一市场经济基本原则的最后一道司法防线。参与破产重整程序的债权人，往往已是经历过违约磋商、争议解决、二审上诉、执行程序，甚至若干年执行不能的讼累折磨，精疲力竭。如果在破产重整程序中，他们感受不到公平公正，甚至觉得表决过程被恶意操纵，那恐怕会导致他们对

---

① 《企业破产法》第86条第2款及第87条第3款。

② 最高人民法院《关于适用〈中华人民共和国民事诉讼法〉的解释》（法释〔2015〕5号）第380条规定，“适用特别程序、督促程序、公示催告程序、破产程序等非讼程序审理的案件，当事人不得申请再审”。

整个司法体系彻底丧失信心。

在我国全面扩大开放的背景下，被卷入破产程序的债权人不可避免地会包括一些外国企业、外商投资企业，他们往往会以国际视角来审视我国的破产制度，而表决机制则最容易被拿来与别国规则比较。

“公平表决”还是“田忌赛马”，这是个规则是否严密、逻辑是否周延的问题。对错之间、优劣之间，似乎没有太多主观好恶、价值取舍的空间。他山之石，可以攻玉。希望美国破产重整的表决制度能给我们带来一些有益的启示和借鉴。

法院对法院的交流模式

卢佳帆　陶泳臣[*]译

范围和定义

1. 该模式适用于与破产或债务调整有关的具体跨境程序中，处于一个以上法域内（“平行程序”）的法院之间的直接交流（书面或口头）。本方案并不排除法院之间以非直接方式交流，例如通过当事人或交换庭审记录等。本方案以可适用的法律为准。

2. 该模式仅对平行程序中法院之间的交流方法作出指导。基于交流的原则（如法院与法院之间的交流不得妨碍或减损法院在任何程序中的管辖权或管辖权行使等），可以参照破产司法网于2016年10月发表的《法院间跨境破产事务沟通与合作指南》（以下简称“指南”），附为附录A。

3. 该模式着眼于“请求法官”（如下定义）发起的联系。该法官所面对的当事人可能请求他或她发起这种联系，或请求法官可能出于他或她的主观能动性发起这种联系。

4. 本方案中：

a. “请求法官”是指在一审中发起联系的法官；

b. “被请求法官”是指在一审中接收联系的法官；

c. “协调人”是指由请求法官或被请求法官所在的法院指定（根据具体案件确定），代表与平行程序有关的请求法官或被请求法官发起或接收联系的人（们）。

---

* 卢佳帆，中国政法大学2020级硕士研究生；陶泳臣，中国政法大学2020级硕士研究生。

协调人的指派

5. 每个法院可以指定一名或以上法官或管理人员作为协调人。当协调人不是法官时,建议指定法官监督交流程序中的发起步骤。

6. 法院应当显著公示他们的协调人的身份和详细联系方式,例如在他们的网站上。

7. 法院应当显著列明发起交流中可能使用的语言,以及可以使用的促进法院之间交流的技术(如电话和/或视频会议功能,任何安全方式的邮件功能等)。

联系的发起

8. 为了在一审中发起联系,请求法官可以要求超出他或她管辖权的当事人获取平行程序中其他法院的协调人的身份和详细联系方式,除非请求法官已经知晓该信息。

9. 应当以书面方式与被请求法官建立第一次联系,书面方式包括邮件,由请求法官所在法院的协调人向被请求法官所在法院的协调人发起,且包括以下内容:

a. 请求法官所在法院的协调人的姓名和详细联系方式;

b. 请求法官的姓名和头衔,以及请求法官的详细联系方式,即当被请求法官希望直接联系请求法官时可以联系到请求法官的联系方式;

c. 请求法官所提交案件的参考编号和名称,以及平行程序中被请求法官所提交案件的参考编号和名称(如果不知道的话则写明其他识别码);

d. 案件的性质(应当考虑保密性);

e. 请求法官的当事人是否同意发起联系(如果请求法官所批准的案件中有关于法院间交流的任何法院命令、说明或协议,也应当提供相关信息);

f. 如果方便的话,请求交流所提议的日期和时间(应当考虑时间差异);以及

g. 请求法官请求交流的具体问题。

交流的安排

10. 请求法官所在法院的协调人和被请求法官所在法院的协调人可以与对方充分沟通,为交流作出合适的安排,而无需律师或当事人的参与,除非其中一个法院另行命令。

11. 交流的时间、方式和语言应当使请求法官和被请求法官满意,同时考虑平行

程序中管理效率的需要。

12. 需要翻译或中介服务时，应当作出各法院同意的恰当安排。通过翻译开展书面交流时，应当同时提供交流的原始形式。

13. 需要开展保密信息的交流时，应当采用尽可能安全的交流方式。

请求法官与被请求法官的交流

14. 作出交流安排后，请求法官所请求交流的具体问题的讨论以及随后的有关交流，应当尽可能地根据关于平行程序中沟通或合作的协议或命令，在请求法官与被请求法官之间开展。①

15. 如果被请求法官希望绕过协调人，且请求法官已经表明他或她愿意接受，法官们可以与对方讨论关于交流的安排，无须律师或当事人参与。

16. 本方案不应当限制请求法官在例外情形下直接联系被请求法官的自由裁量权。

附录 A
法院间跨境破产事务沟通与合作指南

导　语

A. 本指南的总体目标是，通过加强在其管辖下的法院间的协调与合作，促进所有利益相关方在关于破产或债务调整的跨境破产程序（“平行程序”）中的效率和效益。本指南是处理平行程序的最佳做法。

B. 在平行程序中，应尽早考虑本指南。

C. 本指南旨在特别促进：

（i）高效、及时地协调和管理平行程序；

（ii）为确保有关利益相关方的利益得到尊重地管理平行程序；

（iii）包括营业在内的债务人资产的查明、保全和最大化；

（iv）以与所涉及的资金数额、案件性质、问题的复杂性、债权人的数量以及平行程序涉及的法域数量相称的方式，管理债务人的财产；

（v）共享信息以降低成本；以及

---

① 参见《跨境破产事务法院间的沟通与合作指南》指南 2。

(vi)在平行程序中避免或尽量减少诉讼、费用及给当事人①带来的不便。

D. 本指南应当在各法域内以其认为适当的方式实施。②

E. 本指南并非详尽无遗,在个案中应依其特殊条件因事制宜。

F. 在涉及平行程序的案件中,法院应考虑是否和如何执行本指南。法院应鼓励并在必要时指示(如果他们有权这样做)当事人向法院提出必要的申请,以促进根据本指南制定的协定书或法令的执行,并鼓励他们尽可能地据此开展活动,以促进本指南的目标和宗旨。

采纳与解释

指南1:为促进上文第F段的规定,法院应鼓励平行程序中的管理人员在案件各方面开展合作,包括在有必要且可行时尽早向法院通知既存和潜在的以下问题:(a)可能影响程序;以及(b)可能从法院间的沟通和协调中受益。就本指南之目的而言,"管理人员"包括清算事务管理人、管理人、司法人员、行政程序中的行政人员、在重整或债务整理方案中占有财产的债务人、或该财产的任何受托人或法院指定的人。

指南2:如果法院有意在某一平行程序中适用本指南(无论是全部适用还是部分适用,经修改或无修改),需经当事人提出申请或根据法院的指令(如果法院有权这样做的话),通过协议或命令进行。③

指南3:该协议或命令应当促进对平行程序高效且及时的管理,应致力于法院在需要时相关对决定和行动的批准请求的协调,以及与债权人和其他当事人的沟通。应在可能的范围内,为避免不必要和成本高昂的听证和其他程序而规定省时的程序。

指南4:执行本指南时意图并非:

(ⅰ)干扰或减损法院在法律程序中的管辖权或对管辖权的行使,包括法院在该法律程序中对管理人员的授权或监督;

(ⅱ)干扰或减损根据准据法和职业规则约束管理人的规则或道德原则;

(ⅲ)妨碍法院拒绝采取明显违反其法域内公共政策的行动;或

---

① 本指南中使用的"当事人"一词应作广义解释。

② 执行本指南的可能方式包括诉讼程序指南和业务指引。

③ 在正常情况下,当事人应协商一份源自本指南的协定书,并获得各法院关于适用该协定书的批准。

（ⅳ）授予或者变更管辖权、实体权利，干涉任何可适用法律产生的职能或义务，或侵害可适用的法律。

指南5：为避免产生疑问，本指南下的协定书或命令本质上是程序性的。它不应构成对法院的任何权力、责任或职权的限制或放弃，或对法院或其他法院审理的争议事项的实质裁定，或任何当事人对其实体权利和诉讼请求的放弃。

指南6：在对本指南或者本指南下的协议或命令的解释中，应当适当考虑它们的国际渊源以及在适用中促进良好信赖与一致性的需要。

法院间合作

指南7：法院可以接收外国法院的来文，并可直接回复。此类来文的目的可能是为有序提交意见和法院作出裁决，并在附件A可适用的情况下协调和解决与联合审理有关的程序性、管理性或准备性事项。此类来文可通过以下方法或其他在个案中由相关法院商定的方法开展：

（ⅰ）向其他法院直接发送或传递正式命令、判决、意见、判决理由、批注、程序记录或其他文件的副本，并以法院认为恰当的方式提前通知所涉当事人的律师。

（ⅱ）引导律师以适当的方式将已经提交或待提交给法院的文件、诉状、宣誓书、辩论意见或其他文件的副本传递或送交其他法院，并以法院认为恰当的方式提前通知所涉当事人的律师。

（ⅲ）参与与其他法院双向交流的案件中，应当考虑指南8。

指南8：在法院之间的交流中，除非涉及该交流的法院另有指令，无论是依单方申请抑或其他，或是经协定书批准，下列规定应予适用：

（ⅰ）通常情况下，当事人可以在场。

（ⅱ）如果当事人有权出席，应当依据沟通涉及的每个法院所适用的程序规则，将沟通事项提前通知给所有当事人，法院间的沟通应予以记录并允许抄录。可以从沟通记录中制作书面笔录，经参与沟通的各法院批准，可以视为沟通的正式笔录。

（ⅲ）沟通的任何录制、根据沟通所涉法院的任何指令准备的沟通记录，以及从记录中准备的官方笔录的副本可以作为程序记录的一部分提交，提供给当事人，且须遵守法院认为适当的保密指令。

（ⅳ）法院之间沟通的时间和地点应由法院指定。各法院除法官之外的人员可以在当事人不在场的情形下与另一方沟通，作出合适的沟通安排。

指南9:法院可以指定将其程序的通知发送给其他法域的程序当事人。为法院审理程序而送达的通知、申请、动议和其他材料,可指令以电子方式提供在公开可查阅的系统中,或通过传真、挂号信或快递方式,或以法院据其可适用的程序所指示的其他方式提供给各方当事人。

出　席

指南10:经外国法院之批准,法院可以授权当事人或合适人选在外国法院出庭并接受其审理。

指南11:在其法律允许或其他合适情形下,法院可以授权外国程序中的当事人或合适人选出庭并由其审理,但无须因此受其管辖。

相应条款

指南12:除基于有效根据的适当异议外,法院应当认可并接受,法域中可适用的法律、法规或行政法规以及普遍适用的法院规则是有效的,而无须进一步证明,且仅限于该异议范围内。此类认可和接受并不构成对其法律效力或含义的认可或接受。

指南13:除基于有效根据的适当异议外,法院应当接受其他法域程序中作出的命令已在其相应日期及时与适当地作出或提出,且无须就其法律程序加以进一步的证明而接受该命令,但需符合其法律;而针对实际通过上诉或复议方式提出的程序,法院作出适当的保留是合适的。任何与该命令有关的修订、修改、延期上诉决定的通知,应当在可行范围内尽早地向涉及平行程序的其他法院作出。

指南14:法院根据本指南作出的协议书或命令,可经法院认为适当的修订、修改和延期,并在平行程序中不时地反映出其变化和发展。有关该修订、修改或延期的通知,应当在可行范围内尽早地向涉及平行程序的其他法院作出。

附录A(联合审理)

本指南的附录A是关于对联合审理行为的指导。由于法院不时会对附录A表示认可,附录A应当可适用于且构成本指南的一部分。本指南鼓励当事人在协议或命令中处理附录A中所涉事项。

附录A:联合审理

法院可以与其他法院进行联合审理。以下事项应当适用于联合审理的有关情

形,或者在有关情形下考虑将其包含在协议或命令中:

(ⅰ)本附录的适用不应当剥夺或削减任何法院各自对程序主要事项的独立的管辖权。适用本附录不应视为,法院或任何当事人允许或参与对其他管辖权的独立性的违反。

(ⅱ)每个法院应当对其自身程序以及程序中的听证与事项决定拥有单一且排他的管辖权。

(ⅲ)每个法院应当能够同时对其他法院的程序进行听证;应当考虑如何提供尽可能最好的视听方式。

(ⅳ)应当考虑每个法院提交或将要提交意见与证据的程序与安排之间的协作。

(ⅴ)法院可以作出命令,允许其他管辖权中的外国律师或当事人出庭且对其听证。该命令的作出应当考虑外国律师或当事人是否遵从有关法院的管辖权及/或其职业规则。

(ⅵ)法院应当有权在联合审理前与其他法院沟通,无论律师在场与否,目的在于制定法院有序提交建议及作出判决的程序,协调并解决任何与联合审理有关的程序性、管理性或准备性事项。

(ⅶ)基于联合审理,法院应当有权与其他法院沟通以确定未决事项,无论律师在场与否。应当考虑该事项是否包括程序及/或实体事项,还应考虑是否录制或保留全部或部分交流过程。

从“金指南”看我国破产法的升级与改造

陈夏红*

2016年10月10日、11日两天，新加坡，JIN破产法会议隆重开幕。JIN是“司法破产网络”（Judicial Insolvency Network）英文首字母的缩写，一个全球性、多级别的破产法官交流平台。JIN与“金”谐音，所以我将之翻译成“金网络”。

在首次会议上，来自美国特拉华区破产法院、美国纽约南区破产法院、美国佛罗里达南区破产法院、新加坡最高法院、百慕大最高法院、英格兰和威尔士高等法院、澳大利亚新南威尔士最高法院、韩国首尔破产法院、开曼群岛大法院、加拿大安大略高等法院及荷兰中区法院的代表们齐聚一堂，通过《法院间跨境破产事务沟通与合作指南》（Guidelines for Communication and Cooperation between Courts in Cross - Border Insolvency Matters）。我将这份文件，称为跨境破产法领域的“金指南”。

“金指南”正文共有14条，除导语外，共分为采纳及解释（第1～6条）、法院间合作（第7～9条）、出庭（第10～11条）、相应条款（第12～14条）及联合审理（附件A）等部分。

“金指南”的核心目标，是在跨境破产的平行程序中，从个案层面加强法院间的协调和合作。参与“金指南”的法院承诺，在跨境破产案件中，该指南将作为最佳实践的范本，给予最优先的考量和适用。正文尤其是第7～9条法院间沟通部分，详细规定协调和沟通的技术性细节。归根结底，“金指南”将通过促进协调和合作，尽最大限度提高跨境破产程序的效率，降低经济和时间成本，避免不必要的诉讼程序，实现债务人财产价值最大化。

为了保持适当的灵活性，“金指南”允许缔约的法院按照自己认为合适的方式，将“金指南”适用到个案中。而且“金指南”也特别强调，相关法院的裁令，只会处理

* 陈夏红，中国政法大学破产法与企业重组研究中心研究员，《中国政法大学学报》副编审。

跨境破产协作中的程序性事宜，实体问题还是会交由该法院所在地的破产法处理。

这份“金指南”的发布，引起破产界内外高度重视。2017 年 6 月，美国众达律师事务所(Jones Day)旗下的《全球重组评论》(Global Restructuring Review)编辑部，将该年度的“最重要总体进步奖”(“Most Important Overall Development” award)颁发给“金指南”。2019 年 1 月 22 日，世界执行大会在我国上海召开，新加坡最高法院法官庄泓翔(Steven Chong)在发言中，也特别介绍“金网络”和“金指南”，认为它们是国际破产界对不完美世界完美的回应。

事实上，“金指南”发布后，“金网络”未止步不前。2018 年 9 月、2019 年 4 月，第二届、第三届“金网络”先后举行。这两次会议的重要共识和成果之一，就是 2019 年 7 月 25 日正式发布的《法院对法院沟通方案》(Modalities of Court – to – Court Communication)①。我们姑且将该方案称为“金方案”。

“金方案”在“金指南”的基础上，进一步细化参与法院间在平行破产程序中协调和沟通细节。“金方案”正文共分为范围和定义(第 1 ~ 4 条)、协调人的指派(第 5 ~ 7 条)、沟通的启动(第 8 ~ 9 条)、沟通的安排(第 10 ~ 13 条)、请求法官和被请求法官的沟通(第 14 ~ 16 条)。

按照其框架设计，“金方案”的核心是协调人(Facilitator)的指派，即每个法院都应指派一个或多个法官，担任协调人；协调人的身份信息和联系方式应该通过网站等途径公开发布。在平行程序启动后，请求法官即可启动沟通程序，与被请求法院的协调人取得联系；接下来，两边法院的协调人则可以直接针对个案协调沟通，时间、方式、语言等均已双方接受为前提。如果请求法官和被请求法官均愿意直接沟通，他们也可以绕开双方法官的协调人。

在我看来，无论是“金网络”“金指南”还是“金方案”，对于我国升级和改造跨境破产法律体系，都有极其重要的启迪。

我国 2006 年《企业破产法》第 5 条实现了跨境破产法的“破冰”。按照该条规定，我国的破产程序对债务人在境外的财产自动生效，而境外法院的破产裁定，则要由相关法院按照条约或者互惠原则严格审查，只有不违反中华人民共和国法律的基本原则，不损害国家主权、安全和社会公共利益，不损害中华人民共和国领域内债权人的合法权益，才有可能得到承认和执行。

目前，我国尚未与外国缔结任何涉及破产的双边或多边条约。即便审查外国

---

① 本书“境外看破”专栏中已收录《法院对法院沟通方案》全文的中文版文稿，方便读者查阅。

法院的破产裁定，只能按照互惠原则来审查。事实上，按照上述审查标准，我国法院尚未有依据《企业破产法》第 5 条承认和执行域外法院破产裁定的案例。武汉中级人民法院承认和执行德国蒙塔鲍尔的破产裁定，本来可以成为我国跨境破产承认和执行第一案，但武汉中级人民法院并未援引《企业破产法》第 5 条，而是径直援引《民事诉讼法》关于涉外判决的规定。在此前后，我国法院还多次收到承认和执行域外法院破产裁定的请求，但包括韩国韩进破产案在内，我国法院均未承认和执行。

显而易见，该规定在实际操作中，会面临多种多样的约束和限制。我国《企业破产法》2007 年实施后，跨境破产案例寥若晨星，跨境破产制度几乎成为“睡美人”条款。这里面的原因，既在于对己宽、对人严的制度建构本身的困境，也在于我国司法系统在跨境破产领域对外交往积极性、主动性的不足。

跨境破产法律实施的不彰，涉及很多因素，但立法是主因。这也是为什么学界内外通常都将采纳联合国国际贸易法委员会的《跨境破产法示范法》，作为我国升级和改造跨境破产法律体系的不二法门。这个思路大体不差。从国际化的角度，在未来的《企业破产法》修订中，采纳示范法，从国内立法的角度大幅度升级和改造我国的跨境破产法律体系，对于提高境外债权人和投资人的信心，具有十分正面的意义。

只是，联合国贸易法委员会的《跨境破产示范法》，毕竟是立法本位的方案。这一方案的落实和实施，取决于立法机关的议事日程、各方博弈和共识。在立法机关采纳并将其转化成国内法之前，示范法只具有参考性意义。立法修法，兹事体大，影响性因素众多，很难在短时间有实质性进展。

因此，看到“金网络”、“金指南”及“金方案”越来越丰富，或许我国法院系统在跨境破产法领域可以更为积极主动。最高人民法院可以考虑参与“金网络”，推动各级法院对“金指南”“金方案”的理解和运用，同时也积极参与“金网络”后续规范的形成。如果担心最高人民法院参与与其他各国部分专门法院参与不对等，或有其他不便明说的顾虑，也可以授权低级别法院，以更为灵活的方式参与这一历史性进程中。

跨境破产法最大的特征，既在于其核心目标的确定性，比如加强跨境破产程序沟通和协调、降低跨境破产程序的成本，也在于其实现方式的灵活性、多样性，可以由当事人和当事人之间谈判，也可以由破产执业者和破产执业者之间沟通，更可以由审理案件的法院和法院间沟通。当然，这些选项中，法院之间的沟通和协调，肯定是效率最高的解决方案。

上述特征，给予我们很大的选择余地。甚至再退一步，即便我们对“金网络”、“金指南”及“金方案”不感兴趣，我国法院系统依旧可以参与、发起甚至主导其他更为适宜的跨境破产法网络。这种积极主动的参与，既能够对外展示我国改革开放的国际形象，提升我国跨境破产法的知识储备和见闻，也能够促使我国司法系统在跨境破产法领域“开眼看世界”，更好地为将来制度升级做好知识储备和心理准备。

总之，在未来跨境破产案件中，无论是输入还是输出，司法机构依旧扮演着枢纽性角色，我国的破产法官迟早要和国际同行面对面打交道。与其个案层面被动应对，不如规则层面早做预备，在司法系统积极主动参与国际规范形成的同时，也让法官学会并善于与外国同行沟通和协调。

《美国破产法》第15章:附属或其他跨境案件

陈夏红*译

第1501条　目标与适用范围

(a)本章旨在通过采纳《联合国贸易委员会跨境破产示范法》,在为处理跨境破产案件提供有效机制的同时,实现如下目标:

(1)如下各方之间的合作——

(A)美国法院、美国联邦托管人、托管人、监督人、债务人和经管债务人;以及

(B)涉及跨境破产案件的外国法院和其他主管机构;

(2)对贸易和投资来说更强的法律确定性;

(3)公平且高效管理跨境破产案件,保护所有债权人和包括债务人在内所有利益相关方的利益;

(4)保护并最大化债务人财产的价值;且

(5)促进对财务困境企业的拯救,并因此保护投资、保障就业。

(b)本章适用于——

(1)与外国程序相关的外国法院或者外国代表,在美国寻求协助;

(2)本章的案件,寻求外国协助;

(3)外国程序和涉及同一债务人的本章的案件,均处于未决状态;或者

(4)外国债权人或其他利益相关方,有意请求启动或参与本章的案件或程序。

(c)本章不适用于——

(1)除外国保险公司外,根据第109(b)条排除适用的涉及一个实体的程序;

(2)个人,或者该个人及该个人的配偶,有在第109(e)条专门限定范围内的债务,且其是美国公民,或者在美国拥有合法永久居留权的外国人;或

---

* 陈夏红,中国政法大学破产法与企业重组研究中心研究员,《中国政法大学学报》副编审。

(3)1970 年《证券投资者保护法》(Securities Investor Protection Act of 1970)规定的程序涉及的主体、根据本法第 7 章第 3 节规定的股票经纪人,或者根据本法第 7 章第 4 节规定的商品经纪人。

(d)为了保障美国债权人的利益,法院不应根据本章,针对存款、第三方保管账户、信托基金,或其他任何可适用的州保险法或条例规定的证券,发布纾解令。

第 1 节　总　　则

第 1502 条　定义

基于本章的目的,术语——

(1)"债务人"(debtor)指外国程序涉及的对象;

(2)"营业所"(establishment)亦即债务人展开非临时性经济活动的任何营业场所;

(3)"外国法院"(foreign court)系指控制或监督外国程序的司法或其他主管机构;

(4)"外国主要程序"(foreign main proceeding)指在债务人拥有主要利益中心(center of its main interests)的国家所启动且未决的程序;

(5)"外国非主要程序"(foreign nonmain proceeding)意为除外国主要程序之外,在债务人拥有营业所的国家所启动且未决的其他外国程序;

(6)"托管人"(trustee)包括本法任何一章所规定的托管人、经管债务人,或本法第 9 章说规定的债务人;

(7)"承认"(recognition)意为根据本章,裁令承认外国主要程序或外国非主要程序;且

(8)当用来指代债务人财产时,"在美国法域内"(within the territorial jurisdiction of the United States)是指位于美国境内的动产,以及包括任何可能正在美国联邦或州法院案件中附系或扣押的财产在内,根据适用的非破产法确定的位于美国境内的不动产。

第 1503 条　美国的国际义务

如本章与美国作为一方,与一个或多个国家签署的任何条约或者其他形式协议产生的义务冲突,以该条约或协议的要求为准。

第 1504 条　附属案件的启动

本章案件,通过根据第 1515 条申请承认外国程序而启动。

第1505条　授权在外国履职

托管人或者其他实体(包括监督人),经法院授权,可以代表根据第541条成立的债务人财产,在外国履职。经授权基于本条履职的实体,可以按照所适用的外国法允许的方式履职。

第1506条　公共政策例外

如本章规范的行动明显违反美国的公共政策,本章的任何规定,都不妨碍法院拒绝采取该行动。

第1507条　额外协助

(a)除非本章其他地方有特别限制,如裁令承认,法院可基于本章或者美国其他法律,为外国代表提供额外协助。

(b)在决定是否基于本章或者美国其他法律为外国代表提供额外协助时,法院应考虑该符合礼让原则的额外协助,是否能合理保证——

(1)公平对待所有对债务人财产有请求权或利益的权利主体;

(2)保护美国权利主体在类似外国程序的实现中,免受偏见或不便;

(3)防止债务人财产的偏颇性或欺诈去处置;

(4)严格按照本章规定,分配债务人财产;且

(5)为该外国程序涉及的个人,在适当情况下提供新生机会。

第1508条　解释

在解释本章时,法院应考虑其国际渊源及促进本章适用的需要;该需要应与外国法域采纳并适用的类似法律的需要一致。

第2节　外国代表和债权人在法院的准入

第1509条　直接准入权

(a)外国代表可以通过按照第1515条直接向法院申请承认外国程序,而启动第1504条规定的案件。

(b)如果法院按照第1517条裁令承认,除非法院设置与本章所定政策一致的限制,那么——

(1)外国代表有能力在美国法院起诉或应诉;

(2)外国代表可以直接向法院申请适当的裁令;且

(3)美国法院应对外国代表赋予礼让或合作。

(c)外国代表在其他美国法院,而非裁令承认的法院,提出的礼让或合作请求

时，应附带提交相关法院按照第 1517 条裁令承认的证明复制件。

(d)如果该法院拒绝基于本章而承认，该法院可以发布任何适当的裁令，以必要地防止该外国代表在美国法院获得礼让或合作。

(e)无论该法院是否承认，在不违反第 306 条和第 1510 条时，外国代表可适用非破产相关的法律。

(f)本条还有其他条款的规定，外国代表无论基于本章启动程序还是获取承认失败，都不影响外国代表在美国法院通过诉讼获得或恢复债务人财产上的债权。

第 1510 条　有限管辖

外国代表按照第 1515 条提交申请的单一事实，不影响外国代表基于其他目的，寻求美国其他任何法院的管辖。

第 1511 条　第 301 条、第 302 条或第 303 条案件的启动

(a)一经承认，外国代表可以启动——

(1)第 303 条规定的非自愿案件；或

(2)如果外国程序是外国主程序，第 301 条或第 302 条规定的自愿案件。

(b)按照第(a)款启动的案件，必须附带裁令承认的证明复制件。在按照第(a)款启动案件前，该申请承认的法院必须告诉外国代表启动第(a)款案件的意图。

第 1512 条　外国代表在本法规定案件中的参与

一经承认外国程序，承认程序中的外国代表，有权作为利益相关方，参与本法规定的涉及债务人的其他案件。

第 1513 条　外国债权人准入本法规定的案件

(a)在启动和参与本法规定的案件方面，外国债权人享有与国内债权人同样的权利。

(b)(1)外国债权人基于这些条款的债权，并不会仅仅因为这些债权主体是外国债权人，而赋予其低于无担保债权的优先顺位；除此之外，对于第 507 条或第 726 条规定的优先权，第(a)款并不改变或编纂现行法。

(2)(A)如果外国公法债权人基于本法规定的程序而享有的债权，第(a)款及第(1)段并不改变或编纂现行法对其准入的规定。

(B)外国税收债权或者其他外国公法债权的准入性和优先性，应由任何可适用的美国税收条约对具体条件和情况的规定而决定。

第 1514 条　涉及本法案件时对外国债权人的通知

(a)任何时候本法规定案件涉及通知全体或者任何组别或类型债权人时，该通知亦应送达全体或者特定组别或类型且在美国没有地址的债权人。为通知地址不明的任何债权人,法院可以裁令采取适当措施。

(b)除非法院认为,在特定情境下,其他形式的通知更为适宜,对第(a)款规定外国地址债权人的通知,应该个别送达。这种送达不要求信函或者其他形式。

(c)在破产程序启动的通知送达外国债权人时,该通知应——

(1)指出申报债权及其证据的时间期限,同时特别指明提交该债权证明的地点;

(2)指出担保债权人是否有必要提交债权证明;且

(3)包含其他任何本法规定或法院要求通知债权人时应包括信息。

(d)任何通知或提交债权证明的程序规则或法院裁令,应为外国债权人在特定情况下留出合理的额外时间。

第 3 节　对外国程序的承认和救济

第 1515 条　申请承认

(a)通过提交承认请求,外国破产程序中指定的外国代表,可向法院申请承认外国程序。

(b)承认请求应包括——

(1)经认证的启动该外国程序和指定该外国代表的决定复件;

(2)外国法院开具的确认该外国程序存在及指定该外国代表的证明;或

(3)如缺乏第(1)段和第(2)段提及的证据,任何其他对法院来说可接受,且能够证明该外国程序存在及对该外国代表指定的证据。

(c)承认请求应附带说明外国代表已知的针对该债务人的所有外国程序。

(d)第(b)款第(1)段和第(2)段中提及的文件,应翻译成英语。法院可以要求将其余文件翻译成英语。

第 1516 条　对承认的推定

(a)如果第 1515(b)条提及的决定或证明,能够证明该外国程序是"外国程序",且该人或机构是"外国代表",法院可以推定承认。

(b)无论申请承认时所提交的材料是否经过公证,法院都可以推定其真实。

(c)债务人的注册地或个人的经常居住地,如无相反证据,推定为债务人的主要利益中心。

第 1517 条　裁令承认

(a)除第 1506 条情形外,在通知和听证后,如果满足如下条件,应发布承认外国程序的裁令：

（1）该寻求承认的外国程序，属第1502条规定的“外国主要程序”或者“外国非主要程序”；

（2）申请承认的外国代表是个人或机构；且

（3）该请求满足第1515条规定的要求。

（b）该“外国程序”应被承认为——

（1）如该程序在债务人有主要利益中心的国家悬而未决，承认为“外国主要程序”；或

（2）如该程序在债务人有第1502条规定的“营业所”的国家悬而未决，承认为“外国非主要程序”。

（c）对于请求承认外国程序的请求，应尽早做出决定。承认外国程序裁令的发布，构成本章规定的承认。

（d）如果承认外国程序的理由全部或部分欠缺，或者已不存在，本节条文不影响对承认的修正或终止；但法院在考量修正或终止承认时，应妥善考量仰赖于承认裁令相关各方可能得偏见。本章涉及案件，可以根据第350条规定的方式终止。

第1518条　后续信息

从承认外国程序的请求提交时起，外国代表应及时将涉及如下事项的动态通知法院——

（1）该外国程序状态或外国代表指定状态的任何重大变动；及

（2）外国代表获悉的针对该债务人的任何其他外国程序。

第1519条　对于承认请求可给予的救济

（a）从承认请求提交时起直到法院就该请求做出裁令，如保护债务人财产或债权人利益亟需救济，法院可应外国代表的要求，给予临时性救济，包括——

（1）中止针对债务人财产的执行；

（2）为保护并维持那些由于本身性质或因为其他因素而易变质、可能贬值或处于其他危险之中的财产价值，委托外国代表或其他法院批准的包括监督人在内的人，管理或变现债务人在美国的全部或部分财产；且

（3）任何第1521（a）条第（3）、（4）段或第（7）段提及的救济。

（b）除据第1521（a）（6）条延期外，本条所给予的救济，在法院准许承认请求时终止。

（c）如本条规定的救济会干扰外国主要程序的管理，法院可以拒绝给予救济。

(d)法院不应根据本条规定,责成涉及警察或行政机构的管制行为(包括刑事行动或程序在内)。

(e)适用于禁制令的标准、程序和限制,应适用于本条规定的救济。

(f)不受第 362(a)条所规定中止限制的权利行使,根据第 362(b)条第(6)、(7)、(17)段或第(27)段,或者根据第 362(o)条,不应根据本法任何程序中任何法庭裁令或行政机构而中止。

第 1520 条　承认外国主要程序的效力

(a)一旦承认作为外国主要程序的外国程序——

(1)第 361 条、第 362 条,适用于债务人及债务人在美国境内的财产;

(2)在适用于债务人财产的范围内,第 363 条、第 549 条及第 552 条,适用于债务人在美国境内财产利益的转让;

(3)除非法院另有裁令,外国代表可以运营债务人的业务,并在第 363 条和第 552 条规定范围内行使托管人职责;

(4)第 552 条适用于债务人在美国境内的财产。

(b)在针对债务人保留权利的必要范围内,第(a)款不影响在外国启动个体诉讼或程序的权利。

(c)第(a)款不影响外国代表或主体申请启动本法案件的权利,也不影响任何其他主体在该案件中提交请求或采取适当行动的权利。

第 1521 条　承认外国程序后可给予的救济

(a)为实现本章目的,保护债务人财产或债权人利益,无论是外国主要程序是外国非主要程序,一旦得到承认,法院均可根据外国代表的请求,给予任何适当的救济,包括——

(1)在未按照第 1520(a)条中止的情况下,中止已启动或持续的涉及债务人财产、权利、义务或责任的个体诉讼或程序;

(2)在未按照第 1520(a)条中止的情况下,中止针对债务人财产的执行;

(3)在未按照第 1520(a)条冻结的情况下,冻结对债务人财产的转让、抵押或其他方式处置的权利;

(4)针对债务人财产、事务、权利、义务或责任,提供证人询问、取证或传递信息;

(5)委托外国代表或其他包括监督人在内由法院批准的主体,管理或者变卖债务人在美国境内全部或部分财产;

(6)延展第1919(a)条规定的救济;及

(7)给予除第522条、第544条、第545条、第547条、第548条、第550条及第724(a)条之外托管人可采取的额外救济。

(b)无论是外国主要程序是外国非主要程序,一旦得到承认,法院如确定美国债权人的利益已得到充分保护,即可根据外国代表的请求,委托外国代表或其他包括监督人在内由法院批准的主体,分配债务人在美国境内的全部或部分财产。

(c)在根据本条规定向外国非主要程序的代表给予救济时,根据美国法律,法院必须确认该救济与在该外国非主要程序中管理的资产有关,或确认该程序中要求的信息完备。

(d)法院不能根据本条规定,禁止警察或政府机构采取包括刑事诉讼或程序在内的行动。

(e)适用于禁制令的标准、程序及限制,同样适用于第(a)款第(1)、(2)、(3)段及第(6)段。

(f)根据第362(b)条第(6)、(7)、(17)段或第(27)段或根据第362(o)条,行使不受第362(a)条中止影响的权利,在本章任何程序中,均不应根据法院或行政机构的命令中止。

第1522条　对债权人及其他利害关系人的保护

(a)当且仅当债权人及包括债务人在内其他利害关系主体的利益得到充分保护时,法院可根据第1519条或第1521条给予救济,或者亦可根据第(c)款调整或终止救济。

(b)法院可根据第1519条或第1521条给予救济,或者根据第1520(a)(3)条运行的债务人的业务,必要时可视条件提供担保或保证金。

(c)法院可根据外国代表请求,或根据第1519条或第1521给予救济而受影响的主体请求,亦或根据自身的动议,调整或终止该救济。

(d)第1104(d)条适用于本章对监督人的任命。任何监督人均需符合第322条对托管人设置的资格要求。

第1523条　避免对债权人不利行为的诉讼

(a)一旦承认外国程序,外国代表在本法其他各章涉及债务人的未决诉讼中,有权根据第522条、第544条、第545条、第547条、第548条、第550条、第553条及第724(a)条,提起诉讼。

(b)当外国程序系外国非主要程序,法院必须确认:根据美国法,第(a)款诉讼涉及的财产应在该外国非主要程序中管理。

第 1524 条　外国代表的介入

一旦承认外国程序,外国代表可以介入任何债务人系当事方的美国联邦或州司法程序。

第 4 节　与外国法院及代表的合作

第 1525 条　法院与外国法院或外国代表的合作与直接交流

(a)根据第 1501 条,法院应尽最大可能,直接或通过托管人,与外国法院或外国代表合作。

(b)在尊重利害相关方受通知和参与权的前提下,法院有权与外国法院或外国代表直接沟通、请求提供信息或协助。

第 1526 条　托管人与外国法院或外国代表的合作与直接交流

(1)根据第 1501 条,托管人或包括监督人在内法院批准的其他主体,可以在法院的监督下,尽最大可能,与外国法院或外国代表合作。

(2)托管人或包括监督人在内法院批准的其他主体,在法院的监督下,有权与外国法院或外国代表直接沟通。

第 1527 条　合作的形式

第 1525 条及第 1526 条规定的合作,可以通过包括如下方式在内任何适当的方式实现——

(1)指定包括监督人在内的个人或机构,按照法院的指示履职;

(2)通过法院认为任何适当的方式交流信息;

(3)协调对债务人财产和事务的管理和监督;

(4)批准或执行涉及程序协调的协议;及

(5)协调涉及同一债务人的平行程序。

第 1528 条　承认外国主要程序后本法规定破产案件的启动

承认外国主要程序后,只有在债务人在美国境内拥有财产时,才能启动本法其他章规定的案件。该案件的效果,应限定在债务人在美国境内的财产;为最大限度实现第 1525、1526 条和第 1527 条规定的合作,该案件的效果也应及于债务人在本法第 541(a)法院辖区内的财产,以及按照第 28 号法典第 1334(e)条规定不受本章所承认的外国程序的管辖和控制的财产。

第1529条　本法下案件和外国程序的协调

如果涉及同一债务人的外国程序与本法其他章案件均处于未决状态，法院应根据第1525条、第1526条和第1527条，寻求合作与协调；并应适用下述规定：

(1)如果在寻求承认该外国程序的请求提交时，美国程序处于未决状态——

(A)按照第1519条或第1521条提供的任何救济，必须与该案件在美国获得救济一致；且

(B)即便该外国程序被承认为外国主要程序，第1520条不予适用。

(2)如果本法下美国的程序在承认该外国程序之后启动，或者在请求承认该外国程序的申请提交之后启动——

(A)按照第1519条或第1521条提供救济的效果，应由法院审查；并在与该案件在美国获得的救济不一致时，予以修正或终止；且

(B)如果该外国程序是外国主要程序，第1520(a)条提及的中止和冻结，如果与该案件在美国获得的救济不一致时，予以修正或终止。

(3)在赋予、延展或修正给予外国非主要程序代表的救济时，法院应确认：按照美国法，与救济相关的财产，应由该外国非主要程序管理，或涉及该程序相关的信息。

(4)在按照第1528条和第1529条寻求合作或协调时，法院可以按照第305条的授权给予任何救济。

第1530条　与1个以上外国程序的协调

对于第1501条涉及的事务，尤其是如该债务人涉及1个以上外国程序，法院应根据第1525条、第1526条和第1527条，寻求合作与协调；并应适用下述规定：

(1)在承认外国主要程序后，按照第1519条或第1521条给予外国非主要程序代表的救济，必须与外国主要程序一致。

(2)如果外国主要程序在承认外国非主要程序后被承认，或者在请求承认外国非主要程序申请提交之后被承认，按照第1519条或第1521条给予救济的效果，应由法院审查；并在与外国主要程序救济不一致时，予以修正或终止。

(3)在承认外国非主要程序后，如果还有其他外国非主要程序获得承认，法院基于促进协调相关程序的目的，可给予、修正或终止救济。

第1531条　基于承认外国程序而推定破产

如无相反证据，基于按照第303条启动程序的目的，承认外国程序即证明该债务人已不能清偿到期债务。

第1532条 平行程序中的清偿规则

在无损于担保债权或物权前提下,已根据破产相关法律从外国程序中就其债权获得清偿的债权人,只要对同一顺位其他债权人获得的清偿比例低于该债权人已获得的清偿,将不能就同一债权在本法任何章涉及该债务人的案件中获得清偿。

图书在版编目(CIP)数据

破产债权保障手册 / 陈夏红，闻芳谊主编. -- 北京：法律出版社，2020
ISBN 978-7-5197-4567-7

Ⅰ. ①破… Ⅱ. ①陈… ②闻… Ⅲ. ①破产清算－债权－中国－手册 Ⅳ. ①D922.291.92-6223.3-62

中国版本图书馆 CIP 数据核字(2020)第 107800 号

破产债权保障手册
POCHAN ZHAIQUAN BAOZHANG SHOUCE

陈夏红　闻芳谊　主编

策划编辑　田　浩　赵明霞
责任编辑　田　浩　赵明霞
装帧设计　马　帅

出版　法律出版社
总发行　中国法律图书有限公司
经销　新华书店
印刷　天津嘉恒印务有限公司
责任校对　王晓萍
责任印制　胡晓雅

编辑统筹　法商出版分社
开本　710 毫米×1000 毫米　1/16
印张　20
字数　340 千
版本　2020 年 9 月第 1 版
印次　2020 年 9 月第 1 次印刷

法律出版社/北京市丰台区莲花池西里 7 号(100073)
网址/www.lawpress.com.cn
投稿邮箱/info@lawpress.com.cn
举报维权邮箱/jbwq@lawpress.com.cn
销售热线/400-660-8393
咨询电话/010-63939796

中国法律图书有限公司/北京市丰台区莲花池西里 7 号(100073)
全国各地中法图分、子公司销售电话：
统一销售客服/400-660-8393/6393
第一法律书店/010-83938432/8433　西安分公司/029-85330678　重庆分公司/023-67453036
上海分公司/021-62071639/1636　深圳分公司/0755-83072995

书号:ISBN 978-7-5197-4567-7　**定价**:81.00 元